KNAUR

Melissa Fleming

Doaa – MEINE HOFFNUNG TRUG MICH ÜBER DAS MEER

Ein außergewöhnliches Schicksal, erzählt von der langjährigen Sprecherin der UN-Flüchtlingshilfe Melissa Fleming

Aus dem amerikanischen Englisch
von Elisabeth Liebl

KNAUR

Die englischsprachige Originalausgabe erschien 2017
unter dem Titel »A Hope More Powerful Than the Sea«
bei Flatiron Books, New York.

Besuchen Sie uns im Internet:
www.knaur.de

FSC
www.fsc.org
MIX
Papier aus verantwortungsvollen Quellen
FSC® C083411

Deutsche Erstausgabe

Covergestaltung: NETWORK! Werbeagentur, München
Coverabbildung: Elena Dorfman; Gettyimages / Anadolu Agency
Bildnachweis: Abb. 1 – Computerkartographie Carrle; Abb. 2, 3 – Archiv Doaa Al Zamel; Abb. 5, 8, 9, 12, 13 – Archiv Melissa Fleming; Abb. 4 – Isa Lange; Abb. 6 – Reederei Claus-Peter Offen; Abb. 7, 11 – UNHCR; Abb. 10 – Getty Images / MAKIS KARTSONAKIS; Abb. 14 – Zahra Machaoui
Satz: Sandra Hacke
Druck und Bindung: CPI books GmbH, Leck
ISBN 978-3-426-21407-7

2 4 5 3 1

Für Peter, Alessi und Danny, meine Eltern
und die über fünfundsechzig Millionen Menschen,
die gezwungen wurden, ihre Heimat
zu verlassen und zu flüchten.

INHALT

Die in diesem Buch geäußerten Ansichten sind ausschließlich jene der Autorin und spiegeln nicht die Haltung der Vereinten Nationen wider.

KAPITEL 1

Eine Kindheit in Syrien

Als Doaa zum zweiten Mal dem Ertrinken nahe war, trieb sie mitten auf dem feindlichen Meer, das gerade erst den Mann verschlungen hatte, den sie liebte. Ihr war so kalt, dass sie ihre Füße nicht mehr spürte. Vom Durst war ihr die Zunge im Mund angeschwollen. Verzweiflung drohte, sie zu überwältigen. Wären nicht die zwei kleinen Mädchen in ihrem Arm gewesen, mehr tot als lebendig, hätte sie sich einfach dem Meer überlassen. Es war kein Land zu sehen. Nur Wrackteile, ein paar andere Schiffbrüchige, die Gott um Rettung anflehten, und Dutzende aufgeblähter, treibender Leichen.

Dreizehn Jahre zuvor war es ein kleiner See gewesen, nicht der riesige Ozean, der sie zu verschlingen drohte. Doch zu jener Zeit war Doaas Familie da, um sie zu retten. Sie war damals sechs Jahre alt und die Einzige in ihrer Familie, die nicht hatte schwimmen lernen wollen. Sie hatte Angst vor dem Wasser. Allein bei dem Anblick graute es ihr.

Während der Ausflüge zum nahen See saß Doaa immer alleine am Ufer und sah zu, wie ihre Schwestern, Cousins und Cousinen herumplanschten, tauchten und kopfüber ins Wasser sprangen. So abgekühlt, ließ sich die drückende Hitze des syrischen Sommers gleich besser ertragen. Wenn sie versuchten, Doaa ins Wasser zu locken, weigerte sie sich strikt. Das entschiedene Nein gab ihr ein Gefühl von Stärke. Selbst als kleines Kind war sie schon eigensinnig. »Doaa lässt sich von niemandem sagen, was sie tun soll«, erzählte die Mutter allen mit einer Mischung aus Stolz und Verzweiflung.

Dann beschloss Doaas junger Cousin eines Nachmittags, dass das Ganze idiotisch war. Es wurde Zeit, dass Doaa schwimmen lernte. Er schlich sich von hinten an Doaa heran, die selbstvergessen dasaß, mit dem Finger Muster in den Sand malte und den Blick über die anderen schweifen ließ. Er packte sie um die Taille und hob sie hoch. Sie schrie und trat nach allen Richtungen. Doch der Junge legte sich das Mädchen einfach über die Schulter und trug sie zum See. Ihr Gesicht drückte sich in seine Schultergrube, ihre Beine strampelten vor seiner Brust. Sie rammte ihm das Knie in die Rippen und die Nägel in die Kopfhaut. Die anderen Kinder lachten, als Doaas Cousin sie ins schlammige Wasser fallen ließ. Doaa aber wurde völlig panisch, als sie mit dem Gesicht voran ins Wasser eintauchte, das ihr höchstens bis zur Brust reichte. Doch Doaa war starr vor Angst, weil ihre Füße keinen festen Grund fanden. Statt an der Oberfläche zu treiben, sank sie in die Tiefe. Sie schnappte nach Luft, doch alles, was in ihren Mund eindrang, war Wasser.

Schließlich zogen zwei starke Arme sie heraus, gerade noch rechtzeitig. Jemand trug sie ans Ufer und legte sie ihrer entsetzten Mutter in den Schoß. Doaa hustete alles an Wasser aus, was sie geschluckt hatte. Stoßweise ging ihr Schluchzen, und sie schwor leidenschaftlich, nie, nie wieder auch nur in die Nähe von Wasser zu gehen.

Zu jener Zeit gab es auf der ganzen Welt nichts, wovor sie sich hätte fürchten müssen. Nicht solange ihre Familie da war, um sie zu beschützen.

Die sechsjährige Doaa konnte sich nicht erinnern, jemals allein gewesen zu sein. Sie lebte mit ihren Eltern und fünf Schwestern in einem einzigen Zimmer im zweistöckigen Haus ihres Großvaters. Die drei Brüder ihres Vaters und deren Familien lebten in den anderen Räumen. Diese enge Gemeinschaft mit ihren Verwandten prägte jeden einzelnen Moment in Doaas Leben. Sie schlief Seite an Seite mit ihren Schwestern, aß mit ihnen und hörte den lebhaften Gesprächen zu.

Die Familie Al Zamel lebte in Dara'a, der größten Stadt im Südwesten Syriens, nur wenige Kilometer von der jordanischen Grenze entfernt und ungefähr zwei Autostunden südlich von Damaskus. Dara'a liegt auf einer vulkanischen Hochebene voll der fruchtbarsten roten Erde. Noch im Jahr 2001, damals war Doaa sechs Jahre alt, war die Gegend berühmt für ihren Reichtum an Früchten und Gemüse – Granatäpfel, Feigen, Äpfel, Oliven und Tomaten. Zu der Zeit sagte man, dass die Früchte Dara'as ganz Syrien ernähren könnten.

Jahre später – 2007 – zwang eine schreckliche Dürre das Land in die Knie. Sie dauerte drei Jahre, so dass viele Bauern ihre Felder verlassen und in Städte wie Dara'a ziehen mussten, um Arbeit zu suchen. Nicht wenige Experten sind der Annahme, dass auch diese massive Wanderbewegung zu der Unzufriedenheit führte, aus der schließlich 2011 die Proteste und der gewaltsame Aufstand hervorgingen, die Doaas Leben grundlegend verändern sollten.

Doch Dara'a war 2001 ein friedlicher Ort, als Doaa noch ein kleines Mädchen war. Die Menschen gingen ihren Geschäften nach. Sie glaubten sogar, einen Hoffnungsschimmer für die Zukunft ihres Landes zu erkennen. Im Jahr davor nämlich hatte Baschar al-Assad seinen repressiven Vater Hafiz al-Assad als Präsident des Landes abgelöst. Die Menschen in Syrien hofften, dass der junge Präsident die autokratische Politik seines Vaters beenden und bessere Zeiten für ihr Land anbrechen würden. Baschar al-Assad und seine glamouröse Frau hatten sich beim Studium in England kennengelernt. Ihre Ehe war auch eine politische Symbiose – als Alewit repräsentierte er eine religiöse Minderheit, seine Frau Asma hingegen gehörte wie Doaas

Familie der sunnitischen Mehrheit an. Seine politischen Ziele unterschieden sich von denen seines Vaters, was – vor allem bei der in Damaskus aufgewachsenen jungen Elite des Landes – die Hoffnung weckte, dass unter seiner Führung das achtundvierzig Jahre alte Notstandsgesetz, das schon sein Vater von seinem Vorgänger geerbt und beibehalten hatte, um politische Gegner mundtot zu machen, abgeschafft und damit endlich die Meinungsfreiheit nach Syrien zurückkehren würde. Unter dem Vorwand, die Nation gegen islamische Guerillakämpfer beziehungsweise Angriffe von außen schützen zu müssen, hatte die Regierung die Notstandsgesetze benutzt, um die bürgerlichen Rechte und Freiheiten der Syrer zu beschneiden. So konnten die Sicherheitskräfte Menschen vorbeugend in Haft nehmen, ohne dass diese sich rechtlich hätten wehren können.

Die eher konservative, arme Bevölkerung, wie sie in Dara'a lebte, hoffte in erster Linie auf wirtschaftliche Verbesserungen. Ansonsten nahm sie das, was im Land geschah, meist klaglos und schweigend hin. Ein kollektiver Reflex auf ein Ereignis aus dem Jahr 1982: Damals hatte Präsident Hafiz al-Assad in der Stadt Hama Tausende von Bürgern hinrichten lassen zur kollektiven Bestrafung des Aufstands der Muslimbrüderschaft, die seine Herrschaft bedroht hatte. Der brutale Vergeltungsschlag war im Bewusstsein der Syrer noch sehr lebendig.

Doch nun, da eine neue Generation an der Macht war, hoffte man, dass Hafiz al-Assads Sohn die Restriktionen, die das tägliche Leben so sehr erschwerten, aufheben würde. Zur großen Enttäuschung der Menschen in Syrien blieben die Reformversprechen des neuen Präsidenten bloße Lippenbekenntnisse. Es änderte sich kaum etwas. Und nach den Vorfällen in Hama wagte auch niemand, das autoritäre Regime zu kritisieren.

Als Doaa noch klein war, füllte sich der alte Markt der Stadt – der Souk – mit Menschen, die sogar über die nahe jordanische Grenze kamen, um qualitativ hochwertige Ware günstig einzukaufen und ihrerseits Werkzeuge beziehungsweise bäuerliche Erzeugnisse feilzubieten. Dara'a lag an der wichtigsten Handelsroute zum Persischen Golf. Die Stadt war daher ein beliebter Anziehungspunkt für Menschen aus der ganzen Region, die sich gerne hier trafen, auch wenn sie nur auf der Durchreise waren. Doch den Mittelpunkt dieses geschäftigen Treibens bildete stets die eng verbundene Gemeinschaft der Familien und Freunde, die sich über Generationen entwickelt hatte.

Die Kinder in Dara'a lebten wie im restlichen Syrien lange bei ihren Familien, bis ins Erwachsenenalter hinein. Die Söhne blieben auch nach der Heirat noch mit ihren Frauen im Haus der Familie wohnen, wo sie ihre Kinder großzogen.

Ein typischer syrischer Haushalt wie jener der kleinen Doaa bestand aus einer einzigen großen Familie, in der mehrere Generationen unter einem Dach zusammenlebten. Wenn die oberste Etage für all die neuen Familienmitglieder allmählich zu klein wurde, setzte man einfach noch eine Ebene drauf.

In Doaas Haus gehörte das Erdgeschoss zum Teil Onkel Walid und Tante Ahlam mit ihren vier Kindern. Gleich daneben lebte Onkel Adnaan mit seiner sechsköpfigen Familie. Doaas Großvater Mohamed und Großmutter Fawziyaa hatten ein eigenes Zimmer. Auf dem Flachdach lebte Onkel Nabil mit seiner Frau Hanadi, drei Jungs und zwei Mädchen in einem kleinen Zimmer. Doaas achtköpfige Familie belegte die Räumlichkeiten im Erdgeschoss gleich neben der Küche, dort, wo am meisten los war. Alle größeren Räume lagen um einen offenen Innenhof, wie er für arabische Häuser typisch ist. In diesen Innenhöfen herrschte ein ständiges Kommen und Gehen, denn die Kinder spielten dort nach der Schule und zwischen den Mahlzeiten. Auch das Flachdach bot genügend Platz für Familienzusammenkünfte. In heißen Sommernächten blieb man bis in die frühen Morgenstunden dort oben sitzen. Die Männer rauchten ihre Wasserpfeifen, die Frauen plauderten, und alle tranken den süßen syrischen Tee. In besonders heißen Nächten rollte man auf dem Dach die Matratzen aus und schlief unter den Sternen, um die nächtliche Brise genießen zu können.

Die ganze Familie – Onkel, Tanten, Cousins und Cousinen – aß zusammen im Innenhof. Man setzte sich auf einen Teppich, in dessen Mitte große Schüsseln mit dampfend heißem Essen standen. Zu den Mahlzeiten stürzten Doaa und ihre Schwestern sich förmlich aufs Essen und verputzten, was sie nur kriegen konnten. Sie rollten dünnes Pitabrot zum Löffel und nahmen damit die würzigen Speisen auf.

Doaas Vater liebte diese Momente mit seiner Familie, denn dies war die einzige Zeit des Tages, zu der er seine Töchter zu sehen bekam. Nach dem Essen, wenn er die letzten Tropfen des zuckrigen Tees geleert hatte, stieg er auf sein Fahrrad und radelte zurück in seinen Friseurladen, wo er bis Mitternacht arbeitete.

Eine solche Großfamilie bringt Liebe, Konflikte, Freude und Sorgen, die jeden Moment von Doaas Leben prägten. Umso mehr, als sich unter dem Dach der liebevollen Familie erste Spannungen zu zeigen begannen.

***

Als Doaa zur Welt kam, hatten ihre Eltern bereits drei Töchter. Vonseiten der Familie bestand daher ein gewisser Druck, endlich einem Sohn das Leben zu schenken. In der traditionell patriarchalischen syrischen Gesellschaft galten Jungen mehr als Mädchen, denn sie würden, so glaubte man, die Familie einmal ernähren können. Töchter hingegen würden heiraten und ihre Aufmerksamkeit von da an ganz dem Ehemann und den Schwiegereltern schenken. Shokri, Doaas Vater, sah gut aus mit seinen dunkel gelockten Haaren. Er arbeitete als Friseur, seit er vierzehn war. Sogar in Griechenland und Ungarn hatte er schon gearbeitet. Eigentlich hatte Shokri ja nach Europa zurückgewollt, um dort Arbeit und eine Frau für sich zu suchen, doch nachdem er Hanaa kennengelernt hatte, Doaas Mutter, hatte er seine Pläne geändert. Hanaa war gerade mit der Oberschule fertig, als sie sich bei der Hochzeitsfeier eines Nachbarn begegneten. Sie war klein, hatte lang wallendes schwarzes Haar und leuchtend grüne Augen. Sie und Shokri fühlten sich sofort zueinander hingezogen. Sie fand ihn weltoffener und selbstbewusster als die anderen Jungen, die sie kannte. Und ihr gefiel, wie er sich anzog mit seinen Schlaghosen-Jeans. Außerdem spielte er die Oud, ein Saiteninstrument, das als Vorläufer der Gitarre und der Laute gilt.

Shokri und Hanaa heirateten, als Hanaa gerade mal siebzehn war. Ihre ersten gemeinsamen Jahre waren friedlich und voller Liebe, doch das änderte sich mit der Zeit. Nach der Geburt ihrer dritten Tochter hörte Hanaa zum ersten Mal mit an, wie ihre Schwiegermutter Fawziyaa sich beklagte, dass sie und Shokri keinen Sohn hätten. Hanaa war entsetzt, als Shokris Verwandte ihm ganz offen rieten, sich eine neue Frau zu nehmen, die ihm einen Sohn schenken könne. Shokri aber war, obwohl er gegen tiefsitzende Vorurteile und Erwartungen anzukämpfen hatte, sehr stolz auf seine heranwachsenden Töchter. Seine Mutter allerdings setzte Hanaa immer wieder damit zu, dass Shokri Söhne verdient habe. Das Heim der Familie, das für

Shokri und Hanaa so lange ihr Allerheiligstes gewesen war, wandelte sich zum Alptraum, vor allem als Hanaas Schwägerinnen mit der Schwiegermutter in ein Horn stießen und sich ständig das Maul darüber zerrissen, weshalb Hanaa wohl keine Söhne bekommen könne.

Als am 9. Juli 1995 Doaa zur Welt kam, nahm Hanaa die halbherzigen Glückwünsche der Familie entgegen: »Dann eben nächstes Mal, Inschallah, so Gott will. Vielleicht wird es dann ein Junge.«

Hanaa aber spürte etwas ganz Eigenes in diesem Mädchen mit der feierlich ernsthaften Miene. Als eines Tages eine ebenso angesehene wie reiche Freundin der Familie aus einer anderen Stadt zu Besuch kam, um das Neugeborene zu sehen, tat sie das Ihre, um Doaa ihren Platz innerhalb der Familie zu sichern. Die Frau konnte keine eigenen Kinder bekommen und daher den Druck nachfühlen, den man auf Hanaa ausübte. Sie beschloss, ihr zu helfen. Als die Familie sich in der Küche versammelt hatte, um den hohen Gast zu begrüßen, nahm sie Doaa liebevoll in die Arme und wiegte sie sachte. Sie sah in das ernste Gesichtchen, berührte mit dem Finger ihre Stirn und verkündete: »Dies ist ein ganz besonderes Kind, wahrlich ein Gebet Gottes.« Denn dies ist die Bedeutung des Namens Doaa. Bevor sie das Haus wieder verließ, gab die Freundin Hanaa zehntausend syrische Lira – ein kleines Vermögen – als Geschenk für Doaa. Der Rest der Familie war bass erstaunt. Da diese Freundin aus den reichen Golfstaaten kam, begegnete man ihr mit Achtung. Nach diesem Ereignis bestand Shokris Mutter stets darauf, die kleine Doaa in den Arm zu nehmen, und zumindest für eine Zeitlang verstummten auch die Beleidigungen in Hanaas Richtung.

Als Doaa heranwuchs, bezauberte sie beinahe jeden, der sie kennenlernte. Anders als ihre lebhaften Schwestern war sie außerordentlich scheu. Doch gerade das motivierte die Menschen, sie aus der Reserve zu locken. Sie war ein wirklich süßes Kind, und jedes Mal, wenn Hanaa mit ihr spazieren ging, blieb irgendjemand stehen und bewunderte Doaas schöne schokoladenbraune Augen unter den langen Wimpern und ihren ruhigen, steten Blick. »Wir wussten von Anfang an«, sagte Hanaa, »dass sie der Familie Glück bringen würde.«

Drei Jahre nach Doaas Geburt brachte Hanaa noch eine Tochter zur Welt, Saja, zwei Jahre später folgte das sechste Mädchen mit Namen Nawara. Und natürlich ging es bald wieder um den »armen Shokri«, der keine Söhne hatte. Zu jener Zeit lebte die achtköpfige Familie in einem zwanzig Quadratmeter großen Raum mit nur einem Fenster.

Auch der Rest der Familie wuchs, denn Doaas Tanten und Onkel bekamen ebenfalls mehr Kinder. In Syrien sind große Familien etwas ganz Normales. Es gilt als glückverheißend, wenn ein Kind geboren wird. Ist eine Familie groß, so sagt man, dass das Paar glücklich ist – auch weil es Kinder hat, die im Alter für Vater und Mutter sorgen können. Doch nun lebten mehr als siebenundzwanzig Menschen in einem Haus zusammen. Die Spannungen wuchsen, vor allem unter den Frauen. Es war unmöglich, für so viele Menschen auf einmal zu kochen, daher fanden die gemeinsamen Mahlzeiten, die alle Familienmitglieder im Innenhof vereint hatten, allmählich ein Ende. Stattdessen kochte nun jede Familie abwechselnd und nur für sich. Hanaa hatte die erste Schicht. Daher musste sie jeden Tag zum Markt eilen, das Gemüse putzen und schneiden und das Essen fertig haben, wenn Shokri um drei Uhr nachmittags seine Mittagspause machte. Dies war die Hauptmahlzeit der Familie, und entsprechend viel Wert legte Hanaa darauf. Sie hatte diese Mahlzeit schon immer mit Stolz und Freude zubereitet, jetzt aber musste sie sich auf einmal

beeilen, um Reibereien mit ihrer Schwiegerfamilie zu vermeiden.
Doaa und ihre Familie nahmen Frühstück, Mittag- und Abendessen jetzt in ihrem kleinen Zimmer ein, auf einer Plastiktischdecke, die sie in der Mitte des Raumes ausbreiteten. Dieses Zimmer war nun der Mittelpunkt ihrer Welt. Es war Schlafzimmer, Wohn- und Esszimmer zugleich. Alles, was die Familie tat, spielte sich in diesen vier Wänden ab.
Doch die Mädchen wurden langsam größer und fanden es schwieriger, ihr Leben auf so engem Raum zusammenzudrängen. Am Abend rollten Doaa und ihre Schwestern die Matratzen aus und legten sie irgendwie auf den Boden, jedes kleinste bisschen Platz nutzend, bis das Ganze aussah wie ein Puzzle. Doaa schlief am liebsten direkt unter dem Fenster, damit sie zu den Sternen hinaufsehen konnte, bis sie einschlief. Sobald alle schliefen, balancierten Shokri und Hanaa über die ausgestreckten Arme und Beine der Mädchen hinweg, um in ihre Ecke des Zimmers zu gelangen.
Für Hanaa wurde die Atmosphäre in dem überfüllten Haus bald unerträglich. Ständig lästerten ihre Schwägerinnen, weil sie keine Söhne hatte. Als Hanaa eines Abends wieder hörte, wie man in der Küche über sie sprach, entschied sie, dass es jetzt genug war mit all diesen Vorwürfen, den Streitereien übers Kochen und dem ganzen Lärm. In jener Nacht erwartete sie Shokri mit über der Brust gekreuzten Armen im Türrahmen des Zimmers und kämpfte gegen die Tränen.
»Entweder du findest für uns ein anderes Haus, oder du suchst dir eine andere Frau«, forderte sie. »Hier können wir nicht mehr bleiben.« Sie trat näher an ihren Mann heran. »Es geht ja nicht nur um mich. Ayat ist fünfzehn und Alaa dreizehn. Sie sind Teenager! Sie haben die Nase

voll davon, ständig mit uns in einem Raum schlafen zu müssen. Sie brauchen auch ein bisschen Privatsphäre. Wenn du für uns keine neue Bleibe findest, werde ich dich verlassen und um die Scheidung bitten.«

Shokri hatte die wachsenden Spannungen mit der Familie wohl bemerkt, auch die Schwierigkeiten, die sich durch das Zusammenleben auf engstem Raum ergaben. Und nach sechzehn Jahren Ehe war ihm sofort klar, dass Hanaa meinte, was sie sagte. Ihre fest aufeinandergepressten Lippen und der schneidende Tonfall sagten ihm, dass sie ihre Drohung, ihn zu verlassen, wahr machen würde. Das hieß, dass er eine besser bezahlte Arbeit suchen musste, damit sie sich eine größere Wohnung leisten konnten.

Die sechsjährige Doaa hatte von den Spannungen nichts mitbekommen. Sie hatte keine Ahnung, wie bald sie herausfinden würde, dass ihre Welt nicht so sicher war, wie es schien. Für sie war das große Haus ein Ort wunderbarer Erinnerungen: an die duftenden Fleischgerichte, die auf dem Ofen schmorten; an das unausgesetzte Lachen beim Spiel mit Cousins und Cousinen; an den Innenhof, in dem sich der Duft der Jasminblüten fing; an die warmen Nächte auf dem Dach, wo sie, auf ihre Matratze gekuschelt, den leisen Gesprächen der Erwachsenen lauschte, die um die Wasserpfeife beisammensaßen.

Shokri hatte nichts anderes gelernt als das Friseurhandwerk, aber er fragte zumindest herum, ob er vielleicht mit seinem alten gelben Peugeot Transporte über die jordanische Grenze übernehmen konnte. Das »Yellow Submarine«, wie sie das Auto nannten, war das einzige Transportmittel der Familie und gleichzeitig ihr Running Gag. Rostig und verbeult, wie er war, hatte er, vorzugsweise bei den Wochenendausflügen, des Öfteren mal eine Panne. Doch er war Shokris ganzer Stolz. Nun wurde er zum Hoffnungsträger der ganzen Familie, weil er sie aus dem überfüllten, stickigen Haus bringen sollte. Shokri fand nämlich einen jordanischen Geschäftsmann, der ihn bezahlen wollte, wenn er das »Unterseeboot« mit Päckchen syrischer Kekse füllen und sie über die Grenze nach Jordanien bringen würde.

In den nächsten beiden Monaten verließ Shokri das Haus schon im Morgengrauen. Er fuhr zur Fabrik nach Dara'a, wo er den Peugeot mit Gebäck- und Kuchendosen füllte. Manchmal konnte er durch das Rückfenster kaum etwas sehen, so vollgepackt war das Auto. Wenn es an der Grenze nicht zu lange dauerte, war er in fünf Stunden wieder zu Hause; früh genug, um gemeinsam mit der Familie zu essen. Nachmittags ging er dann wieder in den Friseurladen. Doaa und ihre Schwestern waren von Papas neuer Arbeit begeistert, weil er ihnen jedes Mal Leckereien aus Jordanien mitbrachte. Die Mädchen warteten schon an der Tür auf *kubz ishtiraak,* ein dünnes Pitabrot, das in Syrien nicht erhältlich war, und auf Kartoffelchips der Marke Barbi, die die Mädchen lieber mochten als die, die es zu Hause gab. Doch Shokri brachte ihnen auch Kleider und andere schicke Sachen mit, die sie vorher nicht gehabt hatten.

Dann kam Shokri eines Nachmittags nicht nach Hause. Stunden vergingen, ohne dass eine Nachricht von ihm eintraf. Hanaa und die Mädchen machten sich solche Sorgen. Shokri blieb nie länger weg, ohne ihnen vorher Bescheid zu geben.

Hanaa bat die Familie um Hilfe. Sie ging zu Nachbarn und Freunden. Schließlich brachte Doaas Tante Raja nach zahllosen Telefonaten bei einer jordanischen Freundin in Erfahrung, dass Shokri verhaftet worden war. Die Grenzbeamten waren dahintergekommen, dass er mehr als die erlaubten zweihundertzwanzig Pfund Waren geladen hatte. Außerdem war die Genehmigung zum Warentransport über die Grenze, die der Geschäftsmann Shokri mitgegeben hatte, gefälscht. Shokri saß in Jordanien im Gefängnis.

Die Familie wusste, dass die Haftbedingungen dort schlimm waren, und machte sich daher schreckliche Sorgen. Sie stellten sich vor, wie er in einer überfüllten Zelle auf dem Fußboden schlief, wie er hungerte und sich nicht waschen konnte. Einen Anwalt konnte man sich nicht leisten. Wie also sollten sie sich mit der jordanischen Gerichtsbarkeit auseinandersetzen?

Die Tage vergingen, und der Sorgenberg wuchs. Es war ja nicht nur die Sorge um Shokri. Hanaa und die Kinder hatten ohne ihn schlicht nichts zu essen. Sie hatten ja schon Schwierigkeiten gehabt, mit seinem Lohn als Friseur zurechtzukommen. Jetzt aber verfügten sie über gar kein Einkommen mehr. Hanaas Familie half. Sie brachten ihr Lebensmittel und gaben ihr Geld, soweit sie es erübrigen konnten. Die Al Zamels waren arm. Sie hatten keine Verbindungen zu einflussreichen Leuten in der Regierung, die ihnen vielleicht hätten helfen können. Und sie wagten nicht, die Beamten vor Ort davon in Kenntnis zu setzen, dass Shokri in Jordanien im Gefängnis saß, damit er nach seiner Rückkehr nicht noch mehr Probleme bekäme.

Man erlaubte der Familie nicht, Shokri im Gefängnis zu besuchen oder mit ihm zu telefonieren. Also hörten sie nur sporadisch von ihm, wenn in Jordanien lebende Bekannte etwas in Erfahrung brachten. Die Botschaften aber waren verwirrend. Umso mehr fürchtete man, dass er dort schlecht behandelt würde. Doaa und ihre Schwestern weinten sich jeden Abend in den Schlaf. Auch Hanaa weinte, aber erst, wenn die Mädchen eingeschlafen waren. Ob ihr Mann wohl je wieder nach Hause kommen würde?

Schließlich wurde ein Familienrat einberufen, um Wege zu finden, Shokri nach Hause zu holen. Vier Monate nach

Shokris Festnahme bezahlte ein Freund seines Bruders mit Namen Adnaan einem jordanischen Anwalt mit guten Verbindungen zehntausend syrische Lira (damals etwa fünfhundert Dollar), um Shokri freizubekommen. Der Anwalt kannte sich aus mit der jordanischen Gerichtsbarkeit: Er wusste, dass er Gefängnisaufseher und Richter würde bestechen müssen, um Shokri die Freiheit zu sichern.

Mit den zehntausend Lira kaufte Adnaan das beste syrische Olivenöl, das zweihundert Lira pro Kilo kostet – für die Beamten, die mit dem Fall befasst waren. Und das bestmögliche Fleisch für den Richter. Er überzeugte den Richter, dass der Fabrikbesitzer Shokri hereingelegt hatte und dass dieser ein einfacher Mann war, der hart arbeitete, um seine Familie zu ernähren. Das Schmiergeld erfüllte seinen Zweck, und Shokri wurde am Ende doch noch freigelassen.

Doaa und ihre Familie erkannten den dünnen, bärtigen Mann, der da spätnachts an ihrer Türschwelle auftauchte, beinahe nicht wieder. Doch sobald sie seine vertraute Stimme hörten, stürzten die Mädchen auf ihn zu und umarmten ihn. Nach vier Monaten hatte Doaa ihren Vater wieder und hätte ihn am liebsten nie wieder fortgelassen.

Nach Shokris Freilassung ging das Leben bald weiter wie gewohnt. Er ging wieder in seinen Friseurladen, Hanaa bereitete die Mahlzeiten für die Familie zu. Gemeinsam träumten sie von einem Heim nur für sich und die Mädchen. Schließlich fanden sie eine bezahlbare Wohnung in einem der günstigeren Viertel von Dara'a. Schon am nächsten Tag packten sie die Mädchen ein und zogen um.

***

Doaas zweites Zuhause war eine Dreizimmerwohnung im kaum entwickelten, armen und sehr konservativen Viertel Tareq Al-Sad. Shokri und Hanaa hatten Monate gebraucht, um diese stark heruntergekommene Wohnung zu finden, in der sich der Schmutz häufte. Doch hier hatten sie keine Streitereien mehr mit Onkeln und Tanten, und die Kinder konnten frei herumlaufen und tun, was sie wollten. Also packten die Mädchen mit an und halfen ihren Eltern, die Wohnung sauber zu machen und hübsch einzurichten. Doaas Schwestern liebten das neue Heim.

Doaa selbst allerdings konnte sich nicht dafür begeistern. Sie hasste Veränderungen und vermisste ihre Cousinen und Cousins. Vor allem aber vermisste sie ihre alte Schule. Sie hatte lange gebraucht, um sich mit Lehrern und Schulkameraden anzufreunden, und jetzt musste sie ganz von vorn anfangen. In der neuen Schule zog sie sich ganz in sich selbst zurück, während ihre Schwestern schnell neue Freunde fanden. Oft schützte sie Krankheiten vor, um nicht zur Schule zu müssen. Doch Doaa war ein Kind, dem andere stets mit Liebe begegneten, und so fand auch sie sich allmählich in der neuen Umgebung ein und gewann Freunde.

Im Jahr 2004 konnte die Familie die Geburt eines Neuankömmlings feiern: Doaa bekam einen Bruder namens Mohammad, Spitzname Hamudi. Nun hatte die Familie endlich auch einen Sohn. Die Mädchen waren ganz verrückt nach ihm und stritten sich, wer sich um ihn kümmern dürfe. Nun, wo der Familie ein Junge geboren worden war, bat man Hanaa und ihre Familie, doch zurück ins alte Haus zu kommen. Hanaa aber lehnte ab. Sie hatten sich in ihrem neuen Heim und in der neuen Umgebung gut eingelebt.

Aber als Doaa vierzehn wurde, erfuhr die Familie, dass der Eigentümer der Wohnung, die sie lieben gelernt hatten, sie für sich selbst brauchte. Sie mussten also wieder umziehen. Doaa, die jede Veränderung hasste, würde einmal mehr in ihrem Leben neu wurzeln müssen.

Mit Shokris bescheidenem Gehalt eine neue Wohnung zu finden, schien eine fast unlösbare Aufgabe. Mittlerweile zogen immer mehr Menschen nach Dara'a, um Arbeit zu finden. Die Mieten stiegen. Nach dreimonatiger Suche fand man schließlich eine Wohnung, die alle Erwartungen übertraf: eine Dreizimmerwohnung im grünen El-Kashef, mit einer hellen, kleinen Küche und einem Dach, auf dem Weinreben wuchsen. Shokri und Hanaa bekamen ein eigenes Schlafzimmer, und die Mädchen schliefen in dem Raum, der tagsüber als Wohnzimmer genutzt wurde. Zu der Zeit hatte Ayat, die älteste Tochter, schon geheiratet und war zu ihren Schwiegereltern gezogen.

Doaa allerdings freute sich kein bisschen auf die neue Wohnung, würde sie durch den Umzug doch all ihre Freunde verlieren, Menschen, die sie verstanden, ohne dass sie sich dafür anstrengen musste. Wieder litt sie in ihrer neuen Umgebung unter einer fast unüberwindlichen Schüchternheit.

In der neuen Schule weigerte sie sich, den Mund aufzutun, und bekam deshalb immer schlechtere Noten. Anfangs lehnte sie jede freundliche Geste nur schroff ab. Sosehr ihre älteren Schwestern Asma und Alaa sie auch drängen mochten, sich doch neue Freunde zu suchen, zog Doaa sich doch ganz in sich selbst zurück. Niemand konnte sie zwingen, etwas zu tun, was sie nicht tun wollte. Ihre Schüchternheit und ihre fast unüberwindbare Sturheit waren ihr Schutzwall, der ihr erlaubte, mit ungewohnten Situationen umzugehen. Doaa brauchte lange, bis sie Vertrauen zu anderen Menschen aufbaute und sich zeigte, wie sie wirklich war.

Doch wie nach dem ersten Umzug begann Doaas Schutzwall auch hier allmählich zu bröckeln. Irgendwann kam sie heraus aus der dicht verschlossenen Muschel, gewann neue Freunde und begann, mit ihnen lange Spaziergänge durch die Nachbarschaft zu unternehmen. Die Mädchen besuchten sich gegenseitig zu Hause, lernten miteinander und plauderten, meist über Jungs. Am liebsten traf man sich auf dem Dach von Doaas Haus – ihrem Lieblingsplatz –, wo man sich gut sonnen konnte. Am Abend gingen die Mädchen hinein und legten arabische Popmusik auf. Sie stellten sich im Kreis auf und tanzten, während sie den Text laut mitsangen.

Während Doaa sich allmählich in ihrer neuen Umgebung einlebte, zeigte sich immer deutlicher, dass das traditionelle Leben eines syrischen Mädchens für sie wohl zu wenig war. Ihre kindliche Halsstarrigkeit entwickelte sich zu fester Entschlossenheit: Sie würde etwas aus sich machen. Dara'a war eine eher konservative Gemeinde, aber Doaa wusste aus Fernsehserien und Filmen, dass es Frauen gab, die studierten und arbeiteten, selbst in Syrien. Der syrische Staat hatte offiziell die Gleichberechtigung der Frau für wünschenswert erklärt. Auch aus diesem Grund entstanden neue Fraktionen und dementsprechend Spannungen: Da waren jene, die glaubten, Frauen müssten sich ausnahmslos ihren Vätern und den von diesen auserwählten Ehemännern unterwerfen, und jene, die fanden, Frauen dürften durchaus eine höhere Schulbildung anstreben, einen Beruf erlernen und sich ihren Mann selbst aussuchen. Doaas Lieblingslehrerin war eine Frau, die ihren Schülerinnen Dinge sagte wie: »Ihr müsst lernen, um die Besten eurer Generation zu werden. Denkt an eure Zukunft, nicht nur an die Ehe.« Als Doaa dies hörte, spürte sie in sich den heftigen Drang, die Erwartungen, die alle in sie setzten, zu durchkreuzen. Sie wollte ein unabhängiges Leben führen.

Nach der sechsten Klasse wurden Jungen und Mädchen nicht mehr gemeinsam unterrichtet. Doaa und ihre Freundinnen redeten zwar ständig über Jungs, aber in ihrer Kultur galt es als nicht angemessen, *mit* ihnen zu sprechen. Mit vierzehn waren sie und ihre Freundinnen im heiratsfähigen Alter. Die anderen Mädchen schlossen schon Wetten ab, welche von ihnen als Erste heiraten würde. Dachte Doaa über ihre Zukunft nach, war alles, was sie wollte, ihre Familie zu unterstützen.

Wenn sie nicht in der Schule oder zu Hause war, hielt sie sich am liebsten im Friseursalon ihres Vaters auf. Sie wollte ihm beweisen, dass sie eine gute und nützliche Arbeitskraft war, auch wenn sie kein Junge war. Daher ging sie Shokri schon im Alter von acht Jahren zur Hand. Während Shokri seinen Kunden die Haare schnitt oder den Bart kürzte, kehrte Doaa die Haare auf dem Boden zusammen. Immer wenn er mit einer Rasur zu Ende war, stand sie da und hielt ihm ein sauberes, trockenes Handtuch hin. Kamen neue Kunden, schlüpfte Doaa in die kleine Küche hinter dem Salon, um wenige Minuten später mit einem Tablett aufzutauchen, auf dem heißer Tee oder bitterer arabischer Kaffee serviert wurde.

Jeden Donnerstag nach der Schule ließ Shokri sich von Doaa elektrisch rasieren. Er musste immer lachen, weil sie mit solchem Ernst an die Aufgabe heranging, so dass er sie »seine Expertin« nannte. Dieser Spitzname machte sie stolz und bestärkte sie darin, eines Tages Geld zu verdienen, um ihren Vater unterstützen zu können.

Als ihre Schwestern Asma und Alaa mit siebzehn und achtzehn heirateten, begann ihre Familie, sie aufzuziehen: »Du bist die Nächste!« Doch Doaa ließ keinen Zweifel daran, dass sie nicht daran interessiert war, so bald wie möglich zu heiraten, und bat sie, von etwas anderem zu sprechen. Anfangs reagierten ihre Eltern darauf noch überrascht, doch mit der Zeit gewöhnten sie sich an den Gedanken, dass Doaa einen anderen Weg einschlagen würde als die anderen Mädchen. Hin und wieder träumten sie gar davon, dass Doaa die Erste aus der Familie sein könnte, die ein Studium an der Universität abschließen würde. Hanaa hatte immer bedauert, dass sie diese Möglichkeit nicht gehabt hatte. Sie fand die Vorstellung, dass eine ihrer Töchter diesen Traum verwirklichen könnte, wunderbar.

Aber bald darauf überraschte Doaa jedermann mit einem ungewöhnlichen Berufswunsch: Sie wolle Polizeibeamtin werden. »Polizeibeamtin?«, fragte Hanaa. »Du solltest Lehrerin werden oder Rechtsanwältin.«

Auch Shokri fand die Idee nicht gut. Er wollte nicht, dass seine Tochter auf der Straße Streife ging und sich mit allen möglichen Menschen abgeben musste, vielleicht sogar mit Kriminellen. Außerdem traute er der Polizei nicht. Diesbezüglich war Shokri altmodisch. Er fand, es sei Aufgabe des Mannes, die Gesellschaft, vor allem die Frauen zu beschützen, nicht umgekehrt. Aber Doaa bestand darauf. Sie sagte, sie wolle ihrem Land dienen und zu jenen gehören, an die andere Menschen sich wandten, wenn sie in Not gerieten.

Doaas Vater hielt davon gar nichts, und ihre Schwestern zogen sie ob dieses ungewöhnlichen Traums auf. Ihre Mutter hingegen redete mit ihr. Sie wollte ihre Tochter und ihre Beweggründe verstehen. Doaa erklärte ihr, sie fühle sich in ihrer Rolle als Mädchen eingesperrt. Warum konnte sie nicht unabhängig sein, sich ein eigenes Leben aufbauen? Warum musste es immer mit dem eines Mannes verknüpft sein?

Hanaa gestand ihrer Tochter, dass sie Shokri zwar liebte, es aber bedauere, schon mit siebzehn geheiratet zu haben. Hanaa war in der Schule die Beste gewesen, vor allem in Mathematik und Wirtschaft. Sie hatte gehofft, an die Universität zu gehen und studieren zu können. Doch damals blieb Frauen nicht viel anderes übrig, als zu heiraten und eine Familie zu gründen. Für Doaa aber, so hoffte Hanaa, könnte es möglicherweise anders laufen.

Als Doaa von ihren Tanten eine Einladung nach Damaskus erhielt, die kosmopolitische Hauptstadt, erlaubte Shokri ihr die Reise, weil er hoffte, dass diese Doaas Abenteuerlust ein für alle Mal befriedigen würde. Das Gegenteil war der Fall: Sie kam bestärkt zurück. Doaa war hingerissen von der lebendigen Stadt. Sie stellte sich vor, wie sie durch die Straßen gehen, die wunderbare Umayyad-Moschee besichtigen und im Souk mit den Händlern palavern würde. Und sie hoffte natürlich, selbst eines Tages über den belebten Campus der Universität zu gehen, wenn sie dort ihr Studium aufnehmen würde. Damaskus öffnete Doaa die Augen. Nun war sie sicher, dass sie für sich eine andere Zukunft wollte, als die Tradition es vorschrieb.

Leider sollten ihre Träume nur zu bald zerschellen. Am 17. Dezember 2010 versammelte sich die Familie nach dem Abendessen wie üblich vor dem Fernseher, um über Satellit Nachrichten zu sehen. Der Sender Al Jazeera berichtete über einen jungen Straßenverkäufer in Tunis namens Mohamed Bouazizi. Dieser hatte sich selbst verbrannt, nachdem die Polizei seinen fahrbaren Gemüsestand beschlagnahmt hatte. Da sein Land wirtschaftlich nur wenige Möglichkeiten bot, war er dazu gezwungen, Obst und Gemüse zu verkaufen. Als ihm auch noch das letzte bisschen Würde genommen wurde, setzte er seinem Leben mit diesem schrecklichen Fanal des Protestes ein Ende. Seine Tat war der Beginn dessen, was man später als »Arabischer Frühling« bezeichnete. Dieser sollte die gesamte Region verändern.

Auch in Dara'a. Doch leider nicht auf die Weise, wie sich die Menschen in Doaas Heimatstadt dies erhofft hatten.

KAPITEL 2

Der Krieg beginnt

Es begann mit einigen Graffiti, die ein paar Schuljungen an die Wand gesprüht hatten.

Man schrieb Februar 2011, und die Menschen in Dara'a hatten mitverfolgt, wie in der arabischen Region ein autoritäres Regime nach dem anderen vom Volk in Frage gestellt wurde und stürzte. In Tunesien identifizierte sich die Jugend mit dem verzweifelten Mohamed Bouazizi, der sich selbst den Tod gegeben hatte, und steckte Autos in Brand und warf Schaufenster ein, um ihrem Protest Ausdruck zu verleihen. Der tunesische Präsident, der Hardliner Zine el-Abidine Ben Ali, seit 1987 an der Macht, versprach seinem Volk Arbeit und Pressefreiheit. Außerdem sicherte er seinen Rücktritt zum Ende der Wahlperiode zu. Das allerdings konnte die aufgebrachte Bevölkerung nicht besänftigen. Der Aufstand breitete sich über das ganze Land aus. Das Volk verlangte den sofortigen Rücktritt des Präsidenten. Ben Ali reagierte, indem er den Notstand ausrief und die Regierung auflöste. Doch der eiserne Griff, in dem er Tunesien hielt, lockerte sich. Seine Unterstützer in Militär und Regierung wandten sich von ihm ab. Am 14. Januar 2011, weniger als einen Monat nach der Selbstverbrennung von Mohamed Bouazizi, musste er zurücktreten und mit seiner Familie nach Saudi-Arabien fliehen. Zum ersten Mal hatten die Proteste der Bevölkerung in der arabischen Welt dazu geführt, dass ein Diktator gestürzt wurde. Die Menschen in Syrien, Menschen wie Doaa und ihre Familie, registrierten dies aufmerksam. Niemand hatte sich je vorstellen können, sich gegen das syrische Regime aufzulehnen. Dabei waren alle aus irgendeinem Grund mit der Regierung unzufrieden – sei es wegen der dauerhaft geltenden Notstandsgesetze, der sich verschlechternden wirtschaftlichen Lage oder der fehlenden Meinungsfreiheit –, doch das Volk hatte gelernt, sich mit der Situation zu arrangieren. Alle hatten immer das Gefühl gehabt, dass sich sowieso nichts ändern ließe. Der Sicherheitsapparat hatte seine Augen überall, sein starker Arm reichte in jedes Viertel. Man hatte die Protestierenden unter Kontrolle. Politische Aktivisten aus Damaskus, die nach dem Tod des einstigen Präsidenten Hafiz al-Assad Reformen gefordert hatten, waren in den Gefängnissen verschwunden. Man schüchterte die Menschen ein. Es war verboten, die Regierung zu kritisieren oder Forderungen zu stellen. Jetzt aber änderte sich alles schlagartig. Der Aufstand in Tunesien ließ die Syrer plötzlich hoffen, dass alles möglich war.

Doaa war mittlerweile sechzehn Jahre alt. Ihre Schwestern drängten die Eltern, ihnen zu erklären, was in der arabischen Welt geschah. Sie wollten wissen, ob so etwas auch in Syrien möglich wäre. Ihr Vater aber dämpfte die allgemeine Begeisterung ein wenig. Er wollte sie nicht ermutigen. Syrien sei nicht Tunesien, sagte er. Die Regierung hier sitze sicher im Sattel. Was in Tunesien geschehen war, sei einzigartig gewesen. Zumindest dachte er das.

Es folgten Ägypten, dann Libyen und der Jemen. In jedem Land verliefen die Proteste anders, doch die Forderung war überall dieselbe: Freiheit. Die Verzweiflungstat eines einzelnen Mannes hatte ein Leuchtfeuer der Revolte im Mittleren Osten entzündet. Der Arabische Frühling war geboren und weckte die Hoffnung bei den Unzufriedenen, vor allem bei den jungen Menschen. Und die Angst bei denen, die über sie herrschten. Als der Aufstand über Ägypten hinwegfegte, verfolgten die Syrer die Ereignisse besonders aufmerksam. Die beiden Länder hatten sich

1958 nämlich für kurze drei Jahre zur Vereinigten Arabischen Republik zusammengeschlossen. Syrien trat aus der Republik 1961 wieder aus, doch die kulturellen Bindungen an Ägypten waren nach wie vor stark. Als am 11. Februar 2011 der ägyptische Präsident Hosni Mubarak zum Rücktritt gezwungen wurde, feierten viele unzufriedene Syrer dies als Sieg, als sei es ihre eigene Regierung gewesen, die da stürzte.

Doaa und ihre Familie verfolgten mit angehaltenem Atem in den Nachrichten, wie Abertausende von Demonstranten auf dem Tahrir-Platz in Kairo freudig feierten und jubelnd »Allahu Akbar« (Gott ist groß) und »Misr hurr« (Ägypten ist frei) riefen.

Dara'a war für Präsident Assad und seine Baath-Partei immer eine verlässliche Bastion gewesen. Doch nach dem Fall Mubaraks begannen auch die Bürger dieser Stadt, hinter vorgehaltener Hand ihr autoritäres Regime in Frage zu stellen. Wer aber würde es wagen, die syrische Regierung herauszufordern? Assad war bekannt dafür, dass er abweichende Meinungsäußerungen gewaltsam erstickte. Vielleicht konnten ganz normale Menschen, die sich gegen ein allmächtiges System erhoben, ihr Los ja in anderen Ländern wenden, in Syrien wäre dies unmöglich. Dessen war man sich sicher.

Eine Gruppe übermütiger junger Männer, gerade der Pubertät entwachsen, zog in Syrien die Aufmerksamkeit auf sich. In einer ruhigen Nacht Ende Februar 2011 sprühten diese ersten Dissidenten, inspiriert vom Arabischen Frühling, an die Wände ihrer Schule: *Ejak Al Door ya Duktur* (Du bist der Nächste, Doktor!). Das war eine Anspielung auf Baschar al-Assads Ausbildung zum Augenarzt. Nachdem sie fertig waren, liefen die Jungs lachend und feixend nach Hause, so stolz waren sie auf ihren harmlosen Streich, eine recht milde Form zivilen Ungehorsams. Sie wussten, dass die Sicherheitskräfte sich über die Graffiti empören würden, doch dass ihr Tun in Syrien eine Revolution auslösen und zu einem Bürgerkrieg führen könnte, der das ganze Land teilen und zerstören würde, hätten sie sich wohl kaum träumen lassen.

Am nächsten Morgen entdeckte der Direktor der Schule die Sprühereien und rief die Polizei. Fünfzehn Jungen wurden aus den Klassen geholt und, einer nach dem anderen, zum Verhör ins Büro für politische Sicherheit gebracht, jener Abteilung innerhalb des syrischen Geheimdienstes, dem die Überwachung von »Dissidenten« obliegt. Dann brachte man sie nach Damaskus ins gefürchtetste Gefängnis des Geheimdienstes.

Doaas Familie kannte einige der Jungs und ihre Angehörigen, was allerdings auf so gut wie alle Familien zutraf. In der eng miteinander verwobenen Gemeinschaft der Bürger von Dara'a stand jeder irgendwie dem anderen nahe, entweder durch Heirat oder durch nachbarschaftliche Bande. Allerdings wusste keiner, welcher der in Gewahrsam genommenen Jungen tatsächlich für die Graffiti mitverantwortlich war. Man übte auf die Jungen Druck aus, um aus ihnen ein Geständnis oder zumindest die Täternamen herauszupressen. Andere wurden nur verhört, weil sie sich irgendwann mal mit Namen auf der Schulmauer verewigt hatten, lange bevor die Graffiti überhaupt entdeckt worden waren. Keiner konnte fassen, dass man die Jungen wegen solch einer Lappalie verhaftet hatte.

Etwa eine Woche später wurden die Familien der Verhafteten bei Atef Najib vorstellig, einem Cousin von Präsident Assad, der der politischen Polizei Syriens vorstand. Man bat um Freilassung der Jungen. Unbestätigten Berichten zufolge, die bald in aller Munde waren, legte Najib den Vätern nahe, ihre Kinder zu vergessen. Sie würden nun bestraft dafür, dass man ihnen keine besseren Manieren beigebracht hätte. Er soll sich sogar über die Männer lustig gemacht haben: »Mein Rat an Sie ist, dass Sie einfach vergessen, dass Sie diese Kinder je hatten. Gehen Sie nach Hause, schlafen Sie mit Ihrer Frau, damit diese neue Kinder in die Welt setzt. Wenn Sie dazu nicht imstande sind, bringen Sie Ihre Gattinnen hierher. Dann erledigen wir das für Sie.«

Dies war die Beleidigung, die für die Bürger von Dara'a das Fass zum Überlaufen brachte. Am 18. März gingen sie auf die Straße und verlangten die Freilassung der Jungen. Drei Tage, nachdem Hunderte von Menschen in der Altstadt von Damaskus demonstriert und demokratische Reformen eingefordert hatten, das Ende der Notstandsgesetze und die Freilassung politischer Gefangener. Bei dem Protestmarsch skandierten sie: »Friedlich, friedlich«, um die Natur ihrer Bewegung klarzustellen. An jenem Tag wurden sechs Protestierende verhaftet.

Am 18. März gingen auch die Menschen in Damaskus, Homs und Baniyas auf die Straße, um die Forderung der Bürger von Dara'a zu unterstützen: die Freilassung der Jugendlichen. Alle intonierten sie: »Für Gott, Syrien und die Freiheit«.

Doaa stand vor dem Haus ihres Vaters und sah den Protestierenden zu, die immer wieder laut riefen: »Schluss mit den Notstandsgesetzen!« Darüber hinaus forderte man nur die Freilassung der politischen Gefangenen, also auch der Jugendlichen aus Dara'a. Doaa stand auf dem Bürgersteig, direkt vor der Haustür, als die Demonstranten an ihr vorüberkamen, so nah, dass sie sie hätte berühren können. Die Energie, die Hoffnung, die diese Menschen ausstrahlten, versetzten sie in Hochstimmung. Ihr Leben lang hatte man ihr gesagt, dass die Syrer niemals gegen ihre Regierung protestieren würden und sie die Dinge akzeptieren müsse. Doch als sie die Demonstranten sah, verspürte sie

einen Augenblick lang den Drang, sich ihnen anzuschließen, um ein Teil des neuen Syrien zu werden. Da begann auf einmal der Aufruhr. Die Polizei feuerte wie aus dem Nichts heraus plötzlich Tränengasgeschosse, holte mit Wasserwerfern die Demonstranten von den Beinen. Ihre Euphorie verwandelte sich in Panik, als die Demonstranten alle schreiend auseinanderliefen oder zu Boden gingen. Innerhalb weniger Minuten war die Straße vor ihrem Haus zum Kriegsschauplatz geworden. Entsetzt flüchtete sie sich in die Sicherheit der eigenen Mauern.
Noch am selben Tag versammelten sich Demonstranten vor der Al-Omari-Moschee zu einem Sit-in. Sie erklärten den Freitag des Protests zum Tag der Würde und forderten die Freilassung der Jugendlichen und den Rücktritt des Gouverneurs von Dara'a. Diesmal beließen es die Sicherheitskräfte vor der Moschee nicht beim Tränengas. Man schoss auf die Demonstranten. Mindestens vier Menschen wurden getötet.
Dies waren die ersten Todesfälle in einem Krieg, der mindestens 250000 Todesopfer fordern und die Hälfte der Syrer heimatlos machen sollte. Über fünf Millionen Syrer sind mittlerweile im Ausland auf der Flucht, noch einmal 6,5 Millionen sind Vertriebene im eigenen Land. In Dara'a musste der Großteil der Bevölkerung das Heim verlassen. Schulen und Krankenhäuser wurden in Grund und Boden gebombt.
Dass in Dara'a auf friedliche Demonstranten geschossen worden war, entwickelte sich weltweit zum Tagesgespräch. Und die internationale Gemeinschaft reagierte. Der Generalsekretär der Vereinten Nationen Ban Ki-moon ließ durch seinen Sprecher verkünden, dass der Einsatz von Gewalt gegen friedliche Demonstranten unerhört sei. Er drängte »die syrischen Behörden, auf Gewalteinsatz zu verzichten und sich, was die Menschenrechte angehe, an

die international eingegangenen Verpflichtungen zu halten. Zu den Menschenrechten gehörten auch Meinungsfreiheit, Redefreiheit, Pressefreiheit und Versammlungsfreiheit.«

Des Weiteren meinte der Generalsekretär, es sei »die Verantwortung der Regierung in Syrien, die legitimen Wünsche des Volkes anzuhören und ihnen durch politischen Dialog und echte Reformen zu begegnen, nicht durch Repressionen«.

Die syrische Regierung allerdings verbreitete eine andere Version der Ereignisse. Syriens staatlicher Pressedienst SANA ließ verlautbaren: »Am Freitagnachmittag unterwanderten Infiltratoren eine friedliche Bürgerversammlung vor der Omari-Moschee in der Stadt Dara'a. Durch deren Gewalttaten, die sich gegen privates und öffentliches Eigentum richteten, brach Chaos aus.« SANA behauptete, die bewussten Personen hätten Autos und Läden angezündet und die Sicherheitskräfte angegriffen.

Trotz der brutalen Reaktion der Regierung weiteten sich die Demonstrationen auf ganz Syrien aus, da die zornigen Bürger endlich Reformen sehen wollten. Am Muttertag, der in Syrien am 21. März gefeiert wird, zitierte SANA eine Quelle aus der Assad-Regierung. Es hieß, man habe eine Untersuchungskommission gebildet, um die gewaltsamen Zusammenstöße in Dara'a zu untersuchen. Diese habe beschlossen, eine Reihe »junger Männer« freizulassen.

Die Jugendlichen aus Dara'a erhielten ihre Kleidung und ihre Rucksäcke zurück und wurden in ihre Heimatstadt gebracht. Man ließ sie am Al-Saraya-Platz unter den Jubelrufen der dort versammelten Menge frei. Der Jubel allerdings schlug schnell in Entsetzen um, als man feststellte, dass einige von ihnen, der Jüngste zwölf Jahre alt, gefoltert worden waren. Ihre Rücken waren übersät von klaffenden

Wunden, die nur von Kabeln stammen konnten, die die Wächter als Peitschen benutzt hatten. Im Gesicht trugen sie kreisrunde Brandmale von glühenden Zigaretten. Einigen hatte man die Fingernägel herausgerissen. Der Zustand der Jugendlichen ließ den Zorn noch leidenschaftlicher aufflammen. Selbst für ein Regime, das abweichende Meinungen gnadenlos verfolgte, galt die Folter von Kindern als unvorstellbare Schandtat. Die Jugendlichen von Dara'a wurden Ikonen der aufkeimenden Revolution. Die Proteste nahmen zu.

Die Regierung hatte wohl gehofft, dass die Freilassung der Jungen die Bewegung im Keim ersticken würde. Man schickte einen Botschafter aus dem Büro des Präsidenten, der zu der Menge sprechen sollte. Er erinnerte die Demonstranten daran, dass der Präsident selbst die gefangenen Jugendlichen freigelassen hatte und dass er sich mit den Forderungen der Demonstranten auseinandersetzen werde. Er sagte auch, dass es eine Untersuchung geben würde, wer für die gewaltsamen Vorfälle vor der Omari-Moschee verantwortlich sei. Man nehme an, dass es Personen gewesen seien, die sich als Sicherheitskräfte verkleidet hätten. Dann fügte er noch hinzu, dass Präsident Assad persönliche Vertreter zu den Familien der Opfer schicken wolle, um ihnen sein Beileid auszusprechen.

Diese leeren Gesten genügten niemandem. Als die Proteste weitergingen, beschuldigte die Regierung die Demonstranten, den guten Willen des Präsidenten zu ignorieren, da ihr letztendliches Ziel die Übernahme der Macht im Staate sei. Eiligst wurde die Stadt von den Sicherheitskräften überrannt. Im staatlichen Fernsehen hieß es, die Demonstranten seien mit Terroristen im Bund. Die Schuld schob man »Gesetzlosen« zu, zum Beispiel Präsident Assads Cousin Ribal Rifaat al-Assad, der schon als Kind aus Syrien verbannt worden war und zu einem der lautstärksten Kritiker des syrischen Regimes geworden war. Oder Abdul Halim Khaddam, der ehemalige Vizepräsident aus den Reihen der Opposition, der sich von der Regierung abwandte, nach Paris ging und von dort lautstark einen Regimewechsel einfordert. Assad behauptete auch, das Ausland versuche, das Land zu zerstören.

An jenem Muttertag veränderte sich Doaas Welt für immer. Jahr für Jahr hatten sie, ihre Mutter, ihre Schwestern und ihr kleiner Bruder, wie die Familientradition es verlangte, ihren Großvater besucht. Dann war man zum Friedhof gegangen, um über dem Grab der Großmutter die Al-Fatiha zu lesen, das erste Kapitel des Korans. Doaa liebte dieses Ritual. Nach der Lesung reichten die Kinder den anderen Besuchern des Friedhofs mit Datteln gefüllte Ma'amul-Kekse und Blumen. Natürlich bekamen sie im Gegenzug ähnliche kleine Gaben.

An jenem Tag aber wollte Hanaa zu Hause bleiben. Die Straße vor dem Haus, die gewöhnlich von Leben erfüllt war, lag seit dem Morgengrauen unheimlich still da. Man erzählte sich, dass sich überall Heckenschützen verschanzt hätten und dass es zwischen den Demonstranten und den Regierungstruppen zu Scharmützeln käme. Um das Haus ihres Vaters zu besuchen, hätten Hanaa und die Kinder mitten durchs Stadtzentrum fahren müssen, wo die Zusammenstöße wohl am heftigsten waren. Außerdem war Shokri noch im Friseursalon und würde erst später nach Hause kommen, um sie zu begleiten.

Doaa allerdings wollte davon nichts wissen. Sie freute sich jedes Mal auf das alte Haus ihrer Großeltern mit dem schönen Garten, wo sie mit ihren jüngeren Cousins und Cousinen spielen konnte. An jenem Tag erwartete man mindestens dreißig Familienmitglieder. Solch eine Gelegenheit wollte sie nicht verpassen.

»Mama«, drängte sie. »Wir gehen doch jedes Jahr. Wir

können doch nicht einfach aufhören, alles zu tun, was uns Spaß macht.«
Schließlich gab Hanaa nach. Sie fürchtete, dass Doaa sonst allein losziehen würde, und dann hätte sie sich zu Hause nur noch mehr Sorgen gemacht. Hanaa hatte sich sehr bemüht, ihrer Familie während der aufkeimenden Unruhen in Syrien ein Gefühl der Normalität zu geben. Allerdings war an dem bevorstehenden Ausflug zu den Großeltern alles andere als normal.
Hanaa beschloss, zur Sicherheit mit dem Taxi zu fahren. Und so legten sie alle ihre besten Kleider an und packten die Dosen mit Keksen und Schokoladenkuchen gut ein. Dann brach man auf.
Zu Anfang schienen Hanaas Befürchtungen unbegründet. Hanaa, Doaa, Saja, Nawara und Hamudi verließen das Haus und sahen sich erst in ihrer Straße im El-Kashef-Viertel um. Die Straße war leerer als sonst, doch die Läden waren geöffnet, und die Leute gingen ihren Geschäften nach. Doaa sah, dass sich auf dem schattigen, kleinen Platz wie üblich die Nachbarn zum Plausch versammelt hatten. Vor dem beliebten Falafelladen von Abu Youssef standen die Leute wie immer Schlange, und auch der Laden an der Ecke, in dem Doaa und ihre Schwestern gerne Süßigkeiten oder Chips kauften, hatte die Türen weit geöffnet. Einen Augenblick lang konnte man vergessen, dass Gewalt wie eine Drohung über der Stadt lag und in das friedliche Leben der Menschen eindrang. Doaa schlenderte die Straße hinunter, und bei dem Gedanken, das Grab der Großmutter zu besuchen und einen Tag mit ihrer Familie zu verbringen, stahl sich ein Lächeln auf ihr Gesicht.
Die Fahrt zu Großvaters Haus dauerte nur fünfzehn Minuten. Normalerweise waren Taxis jederzeit zu finden. Das Taxifahren war billig: etwa fünfunddreißig Lira von El Kashef bis ins Stadtzentrum. An jenem Tag aber hatten

die wenigen Taxis, die auf der Straße vorüberrollten, die Fenster geschlossen. Keines reagierte auf Hanaas Winken. Als einer der Fahrer schließlich doch anhielt, kurbelte er das Fenster herunter und nannte ihnen den Preis: zweihundertfünfzig Lira, eine Preissteigerung um über 500 Prozent. Er meinte, das sei seine »Risikoprämie«. Doaa war entsetzt, dass der Mann so viel verlangte, doch wenn sie zum großväterlichen Haus wollten, mussten sie wohl oder übel bezahlen, was er forderte.
Sie quetschten sich alle in das Taxi und achteten darauf, nur ja den Kuchen nicht zu zerdrücken oder die guten Sachen zu verknittern. Doaa warf einen Blick in den Seitenspiegel und zog ihren hübsch gemusterten Schleier glatt. Schließlich wollte sie bei der bevorstehenden Feier gut aussehen.
Der junge Fahrer war extrem nervös. Er schnaubte ständig und warf immer wieder ängstliche Blicke über die Schulter. Als sie durch die Stadtgebiete fuhren, wo das Militär aufgezogen war, vernahmen sie Gewehrfeuer. Der Fahrer zuckte bei jedem Knall zusammen, und zum ersten Mal drängte sich Doaa der Eindruck auf, die Ängste ihrer Mutter seien doch nicht ganz unbegründet gewesen. An jeder Straßenkreuzung war eine Sperre, an der sie kontrolliert wurden. Der Fahrer versuchte, sie zu umgehen, indem er Gässchen und Schleichwege nahm. Mittlerweile hieß es schon, er würde die Familie so nahe ans Ziel bringen wie irgend möglich.
Als sie dem Stadtzentrum näher kamen, sah Doaa grauen Rauch über einem Häuserblock aufsteigen. Einmal um die Ecke, und sie standen vor einer in Flammen aufgegangenen Polizeistation. Feuerzungen schlugen aus dem Dach und den Fenstern. Beißender Rauch drang ins Taxi, brannte in den Augen und im Hals. Polizeibeamte liefen aus dem Gebäude, um den Flammen zu entkommen. Der Fah-

rer trat auf die Bremse. »Die Demonstranten haben es angezündet!«, rief er, während der Wagen quietschend zum Stehen kam. Aber Doaa hörte ihn kaum, so laut waren das Feuer und die Schreie der Menschen auf der Straße. Als sie durch die Windschutzscheibe spähte, erkannte sie durch den Rauch hindurch, dass sich vor der Polizeistation eine Menschenmenge gebildet hatte und Steine geworfen wurden. Die Demonstranten brüllten den fliehenden Polizisten etwas nach. Doaa drückte das Gesicht an die Scheibe, um besser zu sehen.

»Jetzt bricht die Hölle los!«, meinte der Fahrer, und die Angst in seiner Stimme erschreckte Doaa noch mehr. »Es tut mir leid, aber ihr müsst aussteigen. Haltet euch nahe an der Wand, sonst erschießen sie euch womöglich.« Doaa konnte es einfach nicht fassen. Der Fahrer ließ sie mitten im größten Chaos sitzen? Und warum sollte ihre eigene Regierung sie erschießen, nur weil sie auf der Straße unterwegs waren? Widerstrebend gab Hanaa dem Fahrer das Geld, und die Familie stieg aus. Hanaa hielt Hamudi nah bei sich, die Mädchen bildeten eine eigene kleine Gruppe. Die Hitze des Feuers lag ihnen im Nacken, als sie eiligst das Weite suchten, sich ständig ängstlich umschauten. Doaas Herz schlug ihr bis zum Hals, als sie merkte, dass ihre Mutter vollkommen recht gehabt hatte. Hier lief alles aus dem Ruder. Die Demonstranten trugen längst keine Olivenzweige mehr oder warfen höchstens einmal mit Steinen. Jetzt steckten sie alles in Brand, dessen sie habhaft wurden, und die Sicherheitskräfte schlugen zurück: mit Wasserwerfern, Tränengas und Gewehrfeuer. Und Doaas Familie war mittendrin. Sie hatte darauf bestanden, dass der Ausflug nicht ausfiel. Sie war der Grund dafür, dass ihre Familie jetzt in Gefahr war.

Als das Gewehrfeuer näher rückte, packte Hanaa Hamudis Hand und fing zu laufen an. Sie suchten alle im nächs-

ten Gebäude Schutz. Kugeln pfiffen über ihre Köpfe hinweg. Da man nicht sah, wo das Feuer herkam, war nicht klar, wie man sich am besten davor schützen sollte. Doaas Verstand weigerte sich zu begreifen, dass man auf sie schoss. Ein Teil ihrer selbst konnte einfach nicht glauben, was um sie herum geschah: dass ihr ruhiges, normales Leben in einem Augenblick hinweggefegt wurde und ihre Familie nun Angst haben musste vor den Kugeln und vor den Flammen. Ein anderer Teil aber blieb vollkommen ungerührt und fasste einen Plan zum Schutz ihrer Familie. Sie wusste, dass sie weitergehen mussten. Nach Hause zurückzukehren, war genauso gefährlich wie der Weg zum Haus des Großvaters, daher entschieden sie sich für Letzteres. Einmal krochen sie sogar auf Händen und Füßen vorwärts. »Bleibt nahe an der Wand!«, rief Doaa ihren Geschwistern zu. Hamudi und Nawara fingen an zu weinen. Doaa aber ignorierte den sauren Geschmack der Angst in ihrem Mund und tröstete sie: »Habt keine Angst! Lauft los! Jetzt!« Sie wusste, dass sie vermutlich getötet werden würden, wenn sie sich von der Panik übermannen ließ. Die Familie warf den Kuchen weg, stand auf und bewegte sich vorsichtig so nah an der Wand entlang wie nur möglich. Sie retteten sich in die Seitenstraßen und sicherten erst den Weg, bevor sie weitergingen. Ein Fußweg von zehn Minuten dauerte so gut eine Stunde.
Schließlich erreichten sie das Haus im Abassiya-Viertel und hämmerten an die Tür. Doaas Onkel öffnete ihnen und zog sie hinein. Er erbleichte, als ihm klarwurde, dass sie mitten durch das Gewehrfeuer gekommen waren. »Bist du verrückt?«, schrie er Hanaa an, als sie alle sicher im Haus waren. »Habt ihr denn nicht gewusst, was da draußen los ist?«
Saja, Nawara und Hamudi standen unter Schock. Sie verkrochen sich sofort in den hintersten Räumen des Hauses,

wollten nur weg vom Knallen, weg vom Tod, zitternd vor Angst. Doaa hingegen wollte wissen, was geschah. Nur wenige Minuten, nachdem sie ihre Verwandten begrüßt und die Kekse auf den Tisch gelegt hatte, lief sie aufs Dach hinauf. Von dort aus, so wusste sie, würde sie den Platz vor dem Haus ihres Großvaters überblicken können. Hanaa rief ihr nach, sie solle wieder herunterkommen, aber Doaa hörte nicht auf sie.

Sie stieß die Tür zum Flachdach auf und versteckte sich hinter der schulterhohen Brüstung. Schwer atmend schielte sie auf den Platz hinunter. Doaa hatte Stunden auf diesem Dach zugebracht und den Blick über den ruhigen Platz mit seinen Läden und Häusern schweifen lassen. Nun hatten sich Hunderte von Demonstranten dort versammelt und skandierten: »Wir wollen Freiheit.« Sie schwenkten Protesttafeln und Olivenzweige und bewegten sich auf eine Reihe schwarzgekleideter Sicherheitskräfte zu. Anders als die Proteste einige Blocks weiter verlief diese Demonstration friedlich.

Die Demonstranten standen höchstens fünfhundert Meter entfernt. Sie hatte also sozusagen einen Logenplatz und konnte die Ereignisse minutiös verfolgen. Die Demonstranten hatten Reihen gebildet und gingen langsam über den Platz. Die Sicherheitskräfte begannen, Tränengaspatronen abzufeuern. Die Patronen trafen vereinzelt Demonstranten, bevor sie zu Boden fielen und das Gas freisetzten. Einige der Demonstranten liefen weg, die anderen aber marschierten weiter und skandierten neue Slogans: »Weg mit den Notstandsgesetzen!« Und: »Das syrische Volk lässt sich nicht mehr einschüchtern.« Dann fielen einige von ihnen auf die Knie, rieben sich die tränenden Augen. Das Tränengas erschwerte ihnen zunehmend das Atmen. Dann sah Doaa zu ihrem Entsetzen, wie die Sicherheitskräfte die Gewehre in Anschlag brachten und in die Menge feuerten. Sie hörte sich selbst rufen: »Lieber Gott!«, dann stieg eine Tränengaswolke auf, und sie konnte nicht mehr atmen. Das Gas brannte ihr in den Augen, sie hustete und hustete. Obwohl sie sich schon ganz schwach fühlte, richtete sie dennoch den Blick noch einmal auf den Platz hinunter. Dort stürzten Menschen zu Boden. Einige schienen verwundet, andere bewegten sich nicht mehr. Selbst aus der Ferne konnte man sehen, dass sie tot waren. Doaa begann zu schluchzen, weil diese Menschen einen so brutalen Tod gestorben waren. Die Regierung, der sie als Polizistin hatte dienen wollen, schoss auf ihr eigenes Volk, auf die Menschen, die sie kannte. In diesem Moment wurde ihr klar, dass alles, was sie über ihr Land zu wissen glaubte, falsch war.

»Komm sofort herunter!« Doaa hörte die Panik in der Stimme ihrer Mutter. Halbblind von Rauch und Tränen, robbte sie zur Treppe zurück. Beim Anblick ihrer Mutter brach sie zusammen. Sie zitterte. Der Schock war zu groß. Doaa hatte zum ersten Mal Menschen sterben sehen. Und sie hatte nichts für sie tun können, hatte ohnmächtig zusehen müssen.

Da ihre Augen tränten, mussten Doaa und ihre Mutter sich den Weg ins Haus ertasten. Sie zogen sich in eins der Schlafzimmer zurück und versuchten zu begreifen, was Doaa erzählte.

Nach einigen Minuten bat der Großvater sie beide, herauszukommen. Er wollte das Ritual des Muttertagessens aufrechterhalten. Die Stille lastete schwer auf der Familie, während man sich zur Mahlzeit versammelte. Doaa brachte keinen Bissen hinunter, obwohl es sich um ihre Lieblings-Leckerbissen handelte. Als sie beim Dessert waren, kam auch ihr Vater dazu. Shokri trank mit ihnen Kaffee und aß ein paar Süßigkeiten. Dann aber meinte er, sie müssten noch vor der Dunkelheit los. Das Schießen hatte aufgehört, die Demonstranten hatten sich zurückgezogen, doch die Atmosphäre war immer noch angespannt. »Wir können Großmutters Grab an einem anderen Tag besuchen.« Diesmal protestierte Doaa nicht.

Dicht aneinandergedrängt verließen sie das Haus. Draußen waren Blutflecken zu sehen, wo es zu der Schießerei gekommen war. Die Straßen waren leer. Nur ein paar Männer brachten Verwundete zu Autos und nahmen sie mit. Das Tränengas war immer noch deutlich zu spüren. Ihnen tränten die Augen. Shokri führte die Familie zu einer Straße, in der das Leben weiterging, als sei nichts gewesen. Und doch waren nur einen Block entfernt gerade Menschen gestorben. Er winkte ein Taxi heran, um die Familie nach Hause zu bringen.

Später hörten sie, dass die Demonstranten auch den Hauptsitz der Baath-Partei in Brand gesteckt hatten und ein Gerichtsgebäude. Zwei Filialen der Syriatel, der Mobilfunkgesellschaft, die Rami Makhlouf gehörten, Präsident Assads milliardenschwerem Cousin, waren ebenfalls angegriffen worden. Augenzeugenberichten zufolge starben an jenem Tag fünfzehn Demonstranten. Viele weitere wurden verletzt. Die Regierung in Damaskus versuchte, die Unruhen einzudämmen, und gab bekannt, dass die Todesfälle untersucht werden sollten. Gleichzeitig hieß es aber, Beamte in Dara'a trügen wohl die Schuld. Danach nahmen die Proteste weiter zu, und es kam immer wieder zu Zusammenstößen zwischen Polizei und Demonstranten. Die Zahl der Todesopfer stieg. Die Brutalität der Regierung führte dazu, dass Teile der Opposition, die zuerst nur eine friedliche Protestbewegung war, sich zu bewaffnen begannen.

Einen Monat nach den Vorfällen am Muttertag besuchte Hanaa zusammen mit ihren Schwestern eine Freundin der Familie, die Mutter des vierzehnjährigen Ahmad. Er war einer der wegen der Graffiti verhafteten Jugendlichen. Als Hanaa von diesem Besuch nach Hause kam, war sie in Tränen aufgelöst. Ahmad war dünn und eingefallen gewesen, ein Schatten seiner selbst. »Wir haben ihn fast nicht wiedererkannt, als er nach Hause kam«, hatte seine Mutter erzählt. Während des ganzen Besuches hatte Ahmad wortlos neben ihnen gesessen, den Blick ins Leere gerichtet. Er war nicht fähig zu antworten, wenn man ihn ansprach. Sein geschwollenes Gesicht war immer noch mit roten, glänzenden Wunden bedeckt, die Arme voller Blutergüsse. Die Knöchel der Hand wiesen Wunden auf, und ihm fehlten sämtliche Fingernägel. Seine Mutter erklärte, dass man ihm mit Kabeln auf die Hände geschlagen hatte. Zur Strafe für die Graffiti.

Wie sehr die Jugendlichen im Gefängnis misshandelt worden waren, machte bald die Runde. Als die Zahl der Todesopfer bei den Protesten weiter stieg, gingen immer mehr Menschen zu den Demonstrationen vor der Moschee. Nun forderten die Demonstranten nicht mehr nur das Ende der Notstandsgesetze und der Korruption. Sie wollten einen Regierungswechsel. Die Protestmärsche wurden größer und häufiger. Immer mehr Soldaten wurden von Damaskus nach Dara'a geschickt, um die Bewegung zu unterdrücken.

Doaa hörte, dass man auch Frauen ermutigte, an den Demonstrationen teilzunehmen. Nach dem, was sie vom Dach des großväterlichen Hauses aus gesehen und was ihre Mutter ihr über Ahmad erzählt hatte, wollte Doaa unbedingt mitmachen. Etwas in ihr hatte sich grundlegend gewandelt. Das scheue Mädchen, das jede Art Veränderung gehasst hatte, wollte nun Teil der Revolution sein.

Bald wurde auch in Doaas Viertel demonstriert. Viele reisten sogar aus der näheren Umgebung an, um daran teilzunehmen. Es herrschte Aufbruchstimmung. Die Menschen von Dara'a glaubten allmählich daran, auch in ihrem Land etwas verändern zu können. Als Doaa die Parolen der Demonstranten hörte, die sich ihrem Haus näherten, rief sie ihre Geschwister und ihre Freundinnen Amal und Hoda zusammen. Das Grüppchen schloss sich einer Reihe Frauen und Mädchen an, die am Schluss des Zuges gingen. Doaa war ganz aufgeregt. Zum ersten Mal in ihrem Leben hatte sie das Gefühl, einem höheren Zweck zu dienen. Und sie wollte etwas beitragen zu dieser Bewegung, die sich für einen friedlichen Wandel in dem Land einsetzte, das sie liebte.

An je mehr Protestmärschen sie teilnahm, desto mutiger wurde Doaa. Sie fand viele Wege, der guten Sache zu dienen. So hatte sie immer Stoffstücke und Zitronensaft dabei, wenn es zur Demonstration ging. Diese gab sie den Leuten, damit sie sie über die vom Tränengas gereizten Augen legen konnten. Auch eine aufgeschnittene Zwiebel half, da durch die vermehrte Tränenflüssigkeit die Chemikalien aus dem Auge ausgeschwemmt wurden. Eine ihrer gefährlicheren Aktionen war es, die abgefeuerten Tränengasgranaten aufzuheben und auf die Polizisten zurückzuwerfen. Die heißen Kartuschen verbrannten ihr die Hände, und wenn eine von ihnen losging, solange Doaa sie in der Hand hielt, bekam sie selbst die volle Ladung Tränengas ab. Und natürlich war da das Risiko, die Aufmerksamkeit der Sicherheitskräfte auf sich zu ziehen, aber das war Doaa egal. Sie war nun Feuer und Flamme für die Revolution. Allmählich begannen auch ihre Freundinnen, sich zu engagieren.

Die Proteste wurden bald zum sozialen Event, wo die jungen Leute ihre Hoffnungen für die Zukunft austauschten. Amal und Hoda begleiteten Doaa und ihre Schwestern häufig, wenn die Demonstrationen nach der Schule oder am Wochenende stattfanden und ihre Mütter es erlaubten. Die meisten von Doaas Freundinnen aber mussten zu

Hause bleiben und konnten es daher gar nicht erwarten, dass Doaa vorbeikam und ihnen erzählte, was passierte. Jetzt drehten sich Doaas Gespräche mit ihren Freundinnen nicht mehr nur um Jungs, Heirat oder Nachbarschaftsklatsch. Jetzt redeten die Mädchen über Widerstand und Rebellion.

Abends saß Doaa nicht mehr vor dem Fernseher, sondern brachte ihre freie Zeit damit zu, sich neue Slogans auszudenken. Die malte sie dann auf Pappdeckel, die sie an die Mitdemonstranten verteilte. Und sie machte Armbänder und Ringe aus Perlen in den Farben der Revolution: rot, schwarz und grün. Sie brauche für jedes mehrere Stunden, und wenn die Perlen alle waren, musste sie ihren Vater bitten, ihr doch mehr zu kaufen. Anfangs weigerte sich Shokri, weil er fand, dass Doaa mit dem Revolutionsschmuck ein Risiko einging. Aber am Ende gab er doch nach. Doaa trug die Armbänder an beiden Handgelenken und schenkte sie auch ihren Freundinnen. Und sie zeigte ihnen, wie sie die Armbänder unter den Ärmel schieben konnten, wenn die Sicherheitskräfte ihre Kontrollgänge machten. Sie wusste, dass es gefährlich war, mit solchen Perlenarmbändern erwischt zu werden, aber sie wollte das Ihre zu der großen Sache beitragen. Hanaa stand Todesängste aus, jemand könnte herausfinden, dass ihre Doaa diese kleinen Symbole der Revolution fertigte. Da sie eine Verhaftung fürchtete, versteckte sie Doaas Perlen, wenn das Mädchen aus dem Haus war, doch Doaa fand sie unweigerlich wieder und knüpfte die Armbänder nachts, wenn ihre Eltern schliefen.

»Ich werde sonst verrückt«, erklärte sie ihren Eltern. Sie konnte nachts nicht demonstrieren gehen, das blieb den Männern vorbehalten. Andererseits konnte sie es auch nicht ertragen, tatenlos herumzusitzen.

Die Demonstrationen fanden ganz in der Nähe statt. Doaa

hörte die Parolen, wenn der Protestzug vorübermarschierte, und hätte sich den Demonstranten am liebsten angeschlossen. Tagsüber aber schlüpfte sie in Jeans und T-Shirt und verknotete die Flagge der Revolution über ihren Schultern, um damit loszuziehen. Ihre Mutter flehte sie an, doch zu Hause zu bleiben, sich nicht in Gefahr zu bringen.

»*Hayati*«, bat ihre Mutter, »mein Leben. Bitte geh nicht. Die Polizisten werden dich erkennen und sich rächen.«

Aber Doaa hörte nicht auf Hanaa. »Mama, wir können nicht zu Hause sitzen und nichts tun.«

Hanaa wusste, dass es auf einen Kampf hinauslaufen würde, wenn sie Doaa am Verlassen des Hauses hindern wollte. Und tief in ihrem Innern war sie ja auch stolz auf den Mut und die Entschlossenheit ihrer Tochter, die unbedingt Teil der Revolution sein wollte, die Syrien verändern konnte. Also ließ sie sie ziehen.

Mit der Zeit bemerkte Hanaa an Doaa eine Verwandlung. Sie war nicht mehr scheu und ängstlich und gegen jede Veränderung. Doaa wollte jetzt, dass etwas anders wurde. Ihre Begeisterung war förmlich mit Händen zu greifen, wenn sie erzählte, wo sie demonstrieren war und was dabei alles vorgefallen war.

Shokri hingegen konnte sich der Furcht nicht erwehren, wenn er Doaas Geschichten hörte. Er hatte Angst um seine Töchter. Er hatte Geschichten über Frauen gehört, die von den Sicherheitskräften nackt ausgezogen und vor den Augen ihrer Angehörigen vergewaltigt worden waren. Andere waren schlicht verschwunden. Das war sein schlimmster Alptraum, und daher erstickte er fast an seiner Sorge, wenn er Hanaa und die Mädchen allein lassen und zur Arbeit gehen musste.

Wenn er aber zu Hause war, hatten die Mädchen Ausgangsverbot, die Schule ausgenommen. Dagegen wehrte

Doaa sich. »Baba, du sagst uns doch dauernd, wir müssten für unsere Rechte kämpfen, und jetzt lässt du uns nicht zu den Demonstrationen«, klagte sie.
Shokri aber schüttelte den Kopf. »Es ist meine Aufgabe, dich und deine Schwestern zu beschützen. Überlasst die Demonstrationen den Männern dieser Stadt.« Und er bestand darauf, dass auch Hanaa die Mädchen nicht vor die Tür ließ, wenn er im Friseurladen war. Doch Doaa widersprach trotzig. Sie weinte und redete tagelang nicht. Manchmal weigerte sie sich auch zu essen. Sie fühlte sich nutzlos eingesperrt im Haus.
Wenn die Anspannung besonders schlimm wurde, schlich sie sich aus dem Haus und nahm an einer Demonstration teil. Shokri tobte, als er entdeckte, dass sie nicht daheim war. Tun aber konnte er nichts. Schließlich gab er es auf, sie im Haus halten zu wollen, fern der Gefahr. Doaa erwies sich als noch sturer als ihr Vater.
Die Proteste wurden bald zum Alltag. Männer, Frauen und Kinder trafen sich auf Demonstrationen oder gingen, um sich eine »anzuschauen«. Häufig traf Doaa dort Cousins oder Schulfreundinnen. Wenn sie ihre beste Freundin Amal traf oder ein anderes Mädchen, das ebenfalls Doaa hieß, dann fassten sie sich an den Händen, marschierten gemeinsam und sangen dabei die Lieder der Revolution.
Am 30. März 2011 hielt Präsident Assad eine Rede vor dem Parlament und sprach zum ersten Mal die Unruhen im Lande an. Als er den Sitzungssaal betrat, erhoben sich die Abgeordneten, klatschten begeistert und riefen laut: »Für Gott, Syrien und Bashar!« Doaa saß vor dem Fernseher und sah zu. Sie hoffte ehrlich, dass die Forderungen der Demonstranten angesprochen würden. Der Präsident gestand zwar die Todesfälle ein, nannte sie aber nur »Einzelfälle, die auf einen bedauerlichen Fehler« zurückgingen. Jeder Bürger, so sagte er, habe Klagen. Die Regierung

täte ihr Bestes, um diesen nachzukommen. Nun aber, warnte er, seien »Verschwörer« am Werk, die nach »dem Plan der Israelis« vorgingen. Sie hätten all jene Syrer beeinflusst, die nun in gutem Glauben auf die Straße gingen. Hinter dieser Verschwörung steckten »ausländische Agenten«, hieß es, die Demonstranten seien »Terroristen«, und auch die arabischen Satelliten-TV-Stationen seien Teil dieser Verschwörung, die es sich zur Aufgabe gemacht habe, »unter dem Vorwand der Reform das Chaos zu schüren«. Er verkündete, er werde über einige Veränderungen am System nachdenken, jedoch nur, wenn das Land zur Stabilität zurückkehre und die wirtschaftliche Lage sich verbessere. Er behauptete, all die Filme und Fotos, die Regierungskräfte zeigten, wie sie Demonstranten überwältigten, seien Fälschungen. Er schwor, dass er den Forderungen jener, die er als Terroristen betrachte, niemals nachgeben würde. Der Premierminister, der ebenfalls zuhörte, rief am Ende lauthals: »Für Gott, Syrien und Bashar!«

Doaa war verstört. Waren die Leute, die Assad als »Terroristen« bezeichnete, dieselben, die sie kannte? Ihre Angehörigen, Freunde, Nachbarn? »Wir sind keine Terroristen!«, dachte sie wütend. Als es hingegen um die Schüsse auf unbewaffnete Demonstranten in Dara'a ging, sagte Assad nur, es seien »Fehler« gemacht worden, denn »nicht alle Demonstranten waren Verschwörer«. Er verurteilte die Akte brutaler Repression nicht, die von den Sicherheitskräften begangen worden waren. In diesem Augenblick wurde Doaa klar, dass der Kampf gerade erst begonnen hatte und ihr Land drohte, in einen Bürgerkrieg zu geraten.

Nach dieser Rede vor dem Parlament weiteten sich die Unruhen weiter aus. Proteste flammten auf in Damaskus, Homs, Aleppo, Douma und Latakia. Eine ganze Weile schien es so, als arbeite die Zeit für die Demonstranten,

denn inzwischen wandten sich die Menschen in ganz Syrien gegen die Regierung. Das machte den Demonstranten Mut, und so schworen sie, ihre Protestmärsche nicht aufgeben zu wollen, bis ihre Forderungen erfüllt würden. Zu ihrer Überraschung verkündete Präsident Assad dann am 21. April, also zwei Monate nach dem Graffiti-Vorfall, im staatlichen Fernsehen, dass die Notstandsgesetze, unter denen Syrien seit 1963 regiert wurde, aufgehoben würden. Für die Opposition kam dieses Einlenken zu spät und war zu schwach. Die Abschaffung der Notstandsgesetze reichte ihnen nicht mehr. Die Menschen hatten sich auf einen Regimewechsel gefreut, doch bald wurde klar, dass Präsident Assad einen Wandel nach seinem Muster beabsichtigte: Er wollte seine Macht stärken, indem er das alte System, das er von seinem Vater übernommen hatte, durch ein neues ersetzte. Den Vorwand dazu lieferte ihm der Kampf gegen den Terrorismus. Assad änderte die Gesetze so, dass nun jeder, dessen Handeln als schädlich für die Nation, als beleidigend für die herrschende Partei und ihre Führer, betrachtet werden konnte, unter dem Verdacht der »Begünstigung des Terrorismus« verhaftet werden konnte. Das galt auch für alle Demonstranten und für Menschen, die Waffen trugen.
Die Reaktion des Volkes erfolgte auf dem Fuß: Die Proteste verstärkten sich. Der Tag nach dieser Ankündigung war der sogenannte »Große Freitag«, an dem Demonstrationen in über zwanzig Städten im ganzen Land stattfanden. Einmal mehr wurden die Proteste mit Tränengas und Waffengewalt unterdrückt.
Auf den Straßen von Dara'a wurden die Auseinandersetzungen zwischen Demonstranten und Regierungssoldaten immer heftiger. Das aber hielt Doaa nicht von der Teilnahme ab. Eines Abends ging eine der Demonstrationen, an der Doaa, Nawara, Ayat und Saja mitmarschierten, gerade

ihrem Ende entgegen, als plötzlich die Sicherheitskräfte auftauchten und sich mit erhobenem Gewehr auf die Menge zubewegten. Jeder wusste, was nun passieren würde – Tränengas und Knüppel, möglicherweise sogar der Tod. Die Leute brachen in Panik aus und liefen schreiend in alle Richtungen davon. Doaa verlor ihre Schwestern im Gewühl aus den Augen. Doch während die Menschen flohen, hörte Doaa hinter sich eine Stimme. Es war einer der Organisatoren.

»Versteck das Megafon und diese Tabla-Trommel«, rief er und hielt ihr die beiden Dinge entgegen. »Wenn sie uns damit erwischen, nehmen sie uns fest.« Jeder, der mit etwaigen Protest-Utensilien gefasst wurde, hatte ganz offensichtlich an der Demonstration teilgenommen und konnte als Helfershelfer oder als Terrorist verhaftet werden.

Ohne zu zögern, schnappte sich Doaa die kleine Trommel und das Megafon und verbarg sie unter ihrer Abaya. In jenen Tagen bestand Shokri darauf, dass die Mädchen die Abaya trugen, den langen, schwarzen Umhang, der sie von Kopf bis Fuß verhüllte, wenn sie aus dem Haus gingen. Frauen in Abaya zogen die Aufmerksamkeit der Polizei weniger auf sich. Außerdem war es so einfacher, sich unter die Passanten zu mischen. Auf diese Weise wären Doaa und ihre Schwestern besser geschützt. Anfangs wehrte sich Doaa dagegen. Sie hasste das formlose Ding, in dem ihr ständig heiß war und das ihre Identität verbarg. In jener Nacht aber war sie dankbar für den Schutz, den es ihr bot. Unter der Abaya versteckt, konnte sie die Tabla und das Megafon an einen sicheren Ort bringen. Ihr Zuhause lag nur zwei Straßen entfernt, also ging sie in diese Richtung.

Doch schon nach wenigen Schritten hielten mit quietschenden Reifen zwei Autos direkt vor ihr. Eines war mit

Demonstranten gefüllt, das andere mit Sicherheitskräften, die sie verfolgten. Die Polizisten sprangen aus dem Wagen, um die Demonstranten zu ergreifen. Jetzt war Doaa tatsächlich in Gefahr. Wenn sie sie mit der Trommel und dem Megafon erwischten, würde sie ebenfalls verhaftet werden, vielleicht noch Schlimmeres. Nervös blickte sie sich um und entdeckte hinter sich ein verlassenes Gebäude. Eilig schlüpfte sie durch das Tor. Die Polizisten waren so auf die Demonstranten fixiert, dass niemand groß auf sie achtete. Klopfenden Herzens lief Doaa in den zweiten Stock und versteckte sich hinter einer Säule. Dort wartete sie und versuchte, ihren schweren Atem zu beruhigen. Doch nur wenige Minuten später waren die Polizisten in das Haus eingedrungen, um darin nach Demonstranten zu suchen. Doaa hielt den Atem an und gefror innerlich. Ihr Mund war trocken, die Brust wurde ihr eng. Die Finger taten ihr weh, die Arme zitterten. Wenn ihr nun die Trommel und das Megafon aus der Hand fielen? Dann würde man sie sicher fassen. Still begann Doaa zu beten.

Nach einigen grauenhaften Minuten hörte sie, wie die Polizisten das Gebäude verließen, um draußen weiter nach Demonstranten zu suchen. Mit einem Seufzer der Erleichterung setzte Doaa Trommel und Megafon zu Boden, um die Arme zu entlasten. Sie spähte aus einem der Fenster und sah, wie die Polizei die umliegenden Läden und Restaurants durchsuchte. Schließlich, als kein Beamter mehr zu sehen war, nahm Doaa die Trommel und das Megafon und schlüpfte hinaus auf die Straße. Jetzt konnte sie endlich nach Hause. In dem Moment, als sie ihren Fuß auf das Pflaster setzte, wurde ihr klar, dass sie einen Fehler gemacht hatte. Einer der Polizisten war zurückgeblieben. Er stand direkt vor dem Haus, nur hundert Meter von ihr entfernt. Natürlich bemerkte er sie sofort.

»Schnappt sie!«, rief er und zeigte auf Doaa. »Sie gehört zu den Demonstranten!«
Fast blind vor Angst, lief Doaa, so schnell sie nur konnte. Dabei hielt sie immer noch Trommel und Megafon fest. Um ihre Schultern war die Flagge der Revolution geknotet. Aus dieser Situation würde sie sich sicher nicht herausreden können. Sie rannte um die nächste Ecke. Für einen Moment war sie den Blicken der Polizisten entzogen. Sie klopfte an die nächstbeste Tür, die sie sah.
»Lassen Sie mich rein«, flehte sie durch den Türspalt. »Bitte verstecken Sie mich, oder sie nehmen mich fest!«
Da ging tatsächlich die Tür auf. Ihr war, als hätte Gott selbst ihr Flehen erhört. Eine Frau etwa im Alter ihrer Mutter zog sie ins Haus und schloss die Tür. Hinter ihr erklangen Gewehrschüsse. Sie schob Doaa eilig in eines der Hinterzimmer.
»Zieh dich um. Jetzt sofort. Leg die Abaya meiner Tochter an und einen anderen Schleier. Wenn sie kommen, sage ich, dass du meine Tochter bist.«
Doch Doaa wollte die Kleider der Frau nicht anziehen. Sie wollte nicht lange bleiben, und sie wollte die liebe Dame nicht in Gefahr bringen. Sie kauerte sich zitternd in einer Ecke des Raumes zusammen und wartete, bis die Schüsse draußen verhallt waren. Alle paar Minuten kam die Frau herein: »Bleib sitzen. Du bleibst hier bis zum Abend, *Binti* [meine Tochter], dann kannst du sicher nach Hause. Wir können deine Sachen verstecken, bis du sie abholen kannst.«
Als nach etwa einer Stunde die Dämmerung hereinbrach, dankte Doaa der Frau, weil sie ihr das Leben gerettet hatte. Das Mädchen wusste, dass sie so schnell wie möglich nach Hause musste. Vorsichtig öffnete sie die Tür einen Spalt weit und trat hinaus. Draußen suchten Sicherheitskräfte immer noch die Gegend ab, doch ohne die Flagge der

Unabhängigkeit sah Doaa in ihrer Abaya kein bisschen verdächtig aus. Die Beamten sahen nur ein ganz normales syrisches Mädchen, das bescheiden den Kopf gesenkt hielt. Doaas Heim lag nur wenige Schritte von ihrem Versteck entfernt. Der Sicherheit so nah, fing Doaa an, so schnell zu gehen, wie sie konnte, ohne Aufmerksamkeit auf sich zu ziehen. Sie sah, dass Ayat, ihre älteste Schwester, vor der Tür stand.

»Doaa«, schrie diese schon von weitem, »wo warst du denn bloß? Wir haben uns solche Sorgen gemacht!«

Die Polizisten begannen, die beiden plötzlich interessiert zu mustern. Voller Panik, dass man sie vielleicht wiedererkennen könnte, lief Doaa auf das Haus zu. Ihre Schwester kam ihr entgegen. Sobald sie einander erreicht hatten, packte Doaa ihre Schwester heftig am Arm.

»Halt doch den Mund!«, zischte sie, als sie über ihre Schulter sah. »Du lenkst noch die Aufmerksamkeit auf uns.«

Tatsächlich sahen ein paar Beamte zu den Mädchen herüber und deuteten mit dem Finger auf sie. Doaa und Ayat gingen langsam auf das Haus zu. Sobald sie an der Tür waren, zog Hanaa beide ins Haus und umarmte Doaa. Sie war fast verrückt geworden vor Sorge, als die anderen Mädchen ohne Doaa nach Hause gekommen waren. Die ganze Familie fürchtete, sie sei vielleicht verhaftet worden.

Als sich alle um sie versammelten, erzählte Doaa, was passiert war. Ihre Geschwister waren sehr beeindruckt von ihrer Tapferkeit. Hanaa war einfach zu erleichtert, um böse zu sein.

»*Habibti,* mein Liebling«, sagte Hanaa und strich sanft über Doaas Haar. »Ich weiß, dass du mutig bist, aber du bist doch ein Mädchen, und Gott weiß, was sie dir antun werden, wenn sie dich erwischen. Du musst vorsichtig sein.«

Doaa wandte sich an ihren Vater. Sie erwartete, dass auch er sie in die Arme nehmen würde. Doch ihr Vater stand mit geballten Fäusten vor ihr, das Gesicht weiß vor Wut. Doaa tat einen Schritt auf ihn zu, aber als sie erkannte, wie wütend er war, blieb sie stehen. Shokri wurde so gut wie nie wütend, wenn er jedoch erst einmal in Rage geriet, dann war er furchterregend. Und Doaa hatte ihn noch nie so wütend gesehen. Dies allein sagte ihr, dass sie diesmal zu weit gegangen war.

»Ich verbiete dir, je wieder an einer Demonstration teilzunehmen«, donnerte er.

Saja und Nawara traten erschrocken zurück und sahen Doaa an. Hanaa versuchte, ihren Mann zu beruhigen. Doaa aber fing zu weinen an. Sie wollte die Protestbewegung nicht im Stich lassen. Doch Shokri blieb eisern. Die Vorstellung, Doaa könnte vielleicht verhaftet werden, jagte ihm Angst ein. Es gab Gerüchte, dass man Mädchen auf offener Straße vor den Augen ihrer Eltern vergewaltigt hatte, weil sie sich den Protesten angeschlossen hatten. Andere Frauen hatte man verhaftet, und niemand wusste, wo sie waren. Shokri verkündete, dass er seine Tochter im Haus einsperren würde, wenn er sie anders nicht von der Straße und der Gefahr fernhalten konnte. Zum ersten Mal in Doaas Leben ließ er sich von ihren Tränen nicht rühren: »Das ist mein letztes Wort!«, sagte er.

Trotz ihrer Dickköpfigkeit war Doaa im Herzen doch ein traditionell erzogenes syrisches Mädchen. Sie wusste, wann sie ihrem Vater zu gehorchen hatte. Ihr war klar, dass sie dieses Verbot nicht würde umgehen können, also blieb sie im Haus, wenn auch nur widerwillig. Doch ihr Gehorsam sollte nicht lange andauern. Ihr Herz gehörte der Revolution.

KAPITEL 3

Die Besetzung von Dara'a

Montag, der 25. April 2011, hatte begonnen wie jeder beliebige strahlende Frühlingstag. Doaa stieg soeben aufs Dach hinauf, um die Wäsche aufzuhängen. Das machte sie immer gern, denn so konnte sie mit Amal, ihrer besten Freundin, plaudern, deren Balkon gleich schräg darüber lag. Außerdem hatte sie auf dem Flachdach den besten Aussichtsposten und konnte genau sehen, was in der Nachbarschaft vor sich ging.

Also stieß sie mit der Hüfte die Tür auf und zwängte sich mit dem Wäschekorb voller Kleider, Schals und T-Shirts, den sie auf die andere Hüfte gestützt hatte, durch die schmale Öffnung. Die Sonne schien ihr ins Gesicht, aber eine angenehm kühle Brise spielte mit ihrem Schleier. Gerade als sie sich den Korb mit einem kleinen Schubs zurechtrückte, um ihn besser halten zu können, hörte sie ein tiefes Rumoren wie fernes Donnergrollen. Erschrocken setzte sie den Korb nieder und lief zur Brüstung. Vom vierten Stock aus konnte sie die Straßen von El Kashef bestens überblicken, die Bäckerei gegenüber, die Gehsteige, auf denen die Kinder spielten. Doch wo es normalerweise ruhig zuging, herrschte die schiere Panik. Menschen rannten in alle Richtungen. In der Ferne sah sie große, dunkle Schatten, die auf das Haus zuhielten. Sie lehnte sich weit nach vorne, um besser sehen zu können. In diesem Moment erkannte sie, was los war. Panzer rollten die Straße entlang, auf ihr Haus zu. Das Gewicht der tonnenschweren Fahrzeuge riss den Straßenbelag auf. Sie spürte, wie das Dach unter ihren Füßen bebte. Neben den Panzern marschierten Hunderte bewaffneter Soldaten. Über

sich hörte Doaa Hubschrauber, deren lautes Propellergetöse den üblichen Straßenlärm übertönte.
Doaa hielt sich an der Brüstung fest. Der rauhe Beton riss ihr die Hand auf. Urplötzlich packte sie die Angst. Was hatte sie über die Stadt Hama gehört? Über das, was dort vor dreißig Jahren geschehen war? Man schätzte, dass bei der Einnahme von Hama zwischen zehn- und vierzigtausend Menschen getötet worden waren. Das Massaker von Hama war den Menschen in Syrien ein abschreckendes Beispiel geworden. Und die Notstandsgesetze, die bei dieser Gelegenheit eingeführt wurden, taten das Übrige.
Während Doaa sich an der Brüstung festklammerte und beobachtete, wie die Panzer in die Stadt rollten, war ihr Vater im Friseurladen und ihre Mutter auf Besuch bei Verwandten. Hamudi und die Mädchen aber spielten vor dem Haus. Ayat, Doaas älteste Schwester, die mit ihren beiden Kindern zu Besuch war, passte auf sie auf. Sie hielten sich genau in der Straße auf, die die heranrollenden Panzer und Soldaten nahmen.
Also riss Doaa sich los und rannte, zwei Stufen auf einmal nehmend, die Treppe hinunter. Wenige Sekunden später stand sie vor dem Haus und warnte ihre Geschwister. »Kommt herein, um Himmels willen«, schrie sie. »Ihr werdet alle umgebracht!« Sie packte Hamudi am Arm und zog ihn ins Haus, während ihre Schwestern ihr folgten. Ayat war wütend.
Sie packte ihre beiden kleinen Jungs und rannte ihnen nach. »Hast du den Verstand verloren?«, schrie sie. »Was ist denn los mit dir? Ist etwas passiert?«
Doaa zog Ayat zu einem der Vorderfenster, von wo aus man einen guten Blick auf die Straße hatte. »Das ist los!«, sagte Doaa mit ausgestrecktem Finger. »Sie werden uns alle auslöschen!«
Aus der Nähe betrachtet, sahen die Panzer noch furcht-

erregender aus. Durch die Luken erspähte Doaa schwarzgekleidete Männer mit Sturmhauben. Die Geschütze schienen sich direkt auf Doaas Haus und ihre Familie zu richten.
Voller Angst lief sie zum Telefon, um ihre Mutter anzurufen. Doch niemand hob ab. Verzweifelt drückte sie immer wieder auf Wahlwiederholung, doch das Telefon läutete nur ins Leere. Ihr Vater hatte kein Handy, der Friseurladen verfügte noch nicht einmal über ein Telefon. Und so läutete Doaa ununterbrochen bei ihrer Mutter durch. Sie starrte das Telefon an, als könne sie ihre Mutter so dazu bringen, endlich dranzugehen.
Während die Soldaten in die Stadt einmarschierten und Ayats Kinder weinten, jagten sich in Doaas Kopf die Gedanken. Wo sind meine Eltern? Ob sie wohl in Sicherheit sind? Und wenn sie nicht mehr nach Hause kommen? Sie und ihre Geschwister hatten sich alle in das hinterste Zimmer geflüchtet, wo sie am weitesten weg von der Straße waren. Doaa hasste es, so hilflos zu sein, doch sie konnte nichts tun, um ihre Familie vor der Bedrohung zu schützen, die draußen auf der Straße aufzog.
Nach einer gefühlten Ewigkeit kam endlich Hanaa nach Hause. Das Haus, in dem sie zu Besuch gewesen war, lag zwar nur einige Minuten entfernt, aber sie hatte fast eine Stunde gebraucht, um heimzukommen, weil ihr Taxi ständig angehalten und kontrolliert worden war. Sie sah erschöpft aus. Tiefe Sorge stand in ihren Augen, als sie Ayat und ihre Enkel begrüßte, um sich dann Hamudi, Doaa, Saja und Nawara zuzuwenden. Hamudi lief auf sie zu. Hanaa fiel auf die Knie und nahm ihren Sohn in die Arme. Die Mädchen drückten sich an sie. »Draußen sieht es aus, als wäre der Tag des Jüngsten Gerichts angebrochen. Wo ist Shokri?«, fragte Hanaa atemlos, als sie bemerkte, dass ihr Mann nicht zu Hause war.

Die Familie befürchtete das Schlimmste. Was, wenn Shokri bei dem Chaos draußen verhaftet und ins Gefängnis gesteckt worden war? Die Familie wartete stundenlang und behielt durch die vorderen Fenster die Straße im Auge. Doaa versuchte, sich selbst einzureden, dass ihr Vater nur durch die unzähligen Kontrollen aufgehalten wurde, wie es ihrer Mutter passiert war. Aber die Angst nahm ihr trotzdem fast den Atem. Schließlich sahen die Mädchen ihn durchs Fenster. Geduckt schob er sein Rad auf das Haus zu. Seine gewöhnlich untadelige Kleidung war verknittert, sein schwarzes Haar hing ihm in dunklen Strähnen in die Stirn. Hanaa riss die Tür auf. Kaum war er im Haus, sah er sich um, wie Hanaa es getan hatte, und kontrollierte, ob alle da waren. Als er erkannte, dass die Familie vollzählig war, atmete er erleichtert auf. Die Familie sammelte sich um ihn, und er berichtete, was er gesehen hatte. An allen wichtigen Orten der Stadt waren Soldaten postiert, die jederzeit angreifen konnten. Er sah Ayat und ihre Kinder an: »Ihr könnt heute nicht nach Hause. Es ist zu gefährlich. Ihr müsst über Nacht hierbleiben.«

Als der Himmel draußen sich langsam verdunkelte, griff Doaa nach dem Lichtschalter und legte ihn um. Nichts. Sie versuchte es noch einmal, in zwei anderen Zimmern. Da wurde ihr klar, dass der Strom abgestellt worden war. Hanaa ging in die Küche, um Tee zu kochen, doch als sie den Wasserhahn aufdrehte, kamen nur ein paar spärliche Tropfen. Es gab auch kein Wasser aus der Leitung. Ganz durcheinander kehrte sie ins Wohnzimmer zurück und nahm Hamudi auf den Schoß. Doaa, Saja und Nawara blickten aus den Fenstern. Sie sahen zu, wie die Soldaten sich für die Nacht einrichteten. Offensichtlich würden sie nicht so schnell abziehen, so locker, wie sie sich an die Panzer lehnten. Da dämmerte es der Familie allmählich, dass dieser

Zustand sich länger hinziehen könnte, als es zunächst den Anschein hatte.
Daraufhin machte Shokri das batteriebetriebene Radio an, um Nachrichten zu hören.
Dara'a sei im Belagerungszustand, verkündete der Sprecher. Die Armee sei in die Stadt entsandt worden, um die Terroristen ausfindig zu machen, die versuchten, das Land zu zerstören.
Eine düstere Wolke schien sich über die Familie zu legen, während sie die Nachricht langsam verdauten. Jeder fragte sich, wie sich das Leben in Zukunft wohl gestalten würde.
Später, als die Familie längst schlief, lag Doaa noch wach. Sie wurde das Gefühl nicht mehr los, dass etwas ganz Schreckliches passieren würde. Sie lag ganz still und horchte auf Sajas und Nawaras Atemzüge. Von draußen drangen die lauten Stimmen der lachenden Soldaten herein. Schließlich fiel auch sie in einen unruhigen Schlaf, aus dem sie gegen 4.30 Uhr morgens der Wecker riss. Die Morgengebete! Sie tastete nach dem Gerät. In dem Moment, in dem sie es ausschaltete, gingen die Lichter an, die man gestern nicht ausgemacht hatte. Offensichtlich war der Strom in ebenjenem Moment wieder angestellt worden, als ihr Wecker zu läuten begonnen hatte. Verwirrt blieb Doaa einen Augenblick lang auf dem Bett sitzen und versuchte, sich zu orientieren. Da hörte sie auf der Straße Schreie und das Knattern von Gewehren. Mit einem Mal war sie hellwach. Sie eilte zum vorderen Fenster und beobachtete, wie die Panzer sich in Marsch setzten, wie Menschen davonliefen. Ayat trat neben sie. Bald war die ganze Familie auf den Beinen und sah entsetzt zu, wie die Sicherheitskräfte in die Häuser eindrangen. Männer und Jungen, die jüngsten um die elf Jahre alt, wurden in den Straßen zusammengetrieben. Man fesselte ihnen die Arme auf dem Rücken und zwang sie, mit gesenktem Kopf in

Autos zu steigen. Die Soldaten schrien sie ständig an, sie seien Terroristen.
Was da auf den Straßen geschah, erschütterte Doaas Familie zutiefst, und so suchten sie Zuflucht im Koran. Sie mussten sich förmlich zwingen, weg von den Fenstern und ins Wohnzimmer zu gehen, wo sie gemeinsam die Morgengebete lasen, während ihnen dämmerte, dass der Belagerungszustand so schnell wohl nicht enden würde.
Später am Vormittag machte Hanaa eine Bestandsaufnahme von allem, was sie in der Küche hatte – ein paar Brocken Käse, etwas Joghurt und Salat im Kühlschrank. Und dann noch Marmelade, sauer eingelegtes Gemüse, Oliven und ein paar Gemüsekonserven. Sie fand einen Sack Reis, was allerdings nicht viel half, denn es gab kein Wasser, um ihn zu kochen. Dazu kam noch, dass Ayat mit ihren Kindern ja nicht nach Hause konnte. Das wenige, was sie hatten, musste also drei Leute mehr satt machen. Nach Sichtung sämtlicher Vorräte verkündete Hanaa, dass es von nun an nur einmal am Tag eine kärgliche Mahlzeit geben würde. So konnten sie das Vorhandene strecken, bis das Einkaufen wieder erlaubt wäre.
Bei den Mahlzeiten tat Hanaa ihr Bestes, um für jeden eine Portion zu zaubern. Und jeder nahm winzige Schlucke Wasser aus einem Glas, aus dem die ganze Familie trank. Sie hatten nur noch wenige Flaschen Wasser übrig. Da abends der Strom abgestellt wurde, saß die Familie bei Kerzenlicht zusammen und las aus dem Koran. Abwechselnd trugen sie einige Verse vor. Meist begann die Lesung mit der Sure Ayat al Kursi, in der Gott, der Allmächtige, um seinen Schutz in der Nacht angefleht wird.
Als alle Kerzen aufgebraucht waren, saßen sie im Dunkeln zusammen und horchten aneinandergekuschelt auf das Gewehrfeuer, die Explosionen und die Schreie vor der Tür. Manchmal trafen Querschläger die Mauern ihres

Hauses. Jeden Abend gingen sie hungrig zu Bett und fragten sich, wie lange sie wohl noch eingesperrt sein würden. Eine Woche verging, und ihr einziger Kontakt zur Außenwelt waren die Uniformierten, die mit ihren verdreckten Stiefeln fast die Tür eintraten, wenn sie das Haus durchsuchen wollten. Dieses erschreckende Ritual wiederholte sich mindestens dreimal pro Tag. Shokri erhob sich, um sie einzulassen. Er zeigte sich stets kooperativ und willfährig, um seine Familie zu schützen. Manchmal kamen die Soldaten mit gezogenem Gewehr herein und richteten den Lauf nacheinander auf jedes einzelne Familienmitglied. »Wir suchen nach Terroristen«, hieß es dann. »Damit bin ich gemeint«, dachte Doaa bei sich, denn nunmehr wurde jeder, der je an einer Demonstration teilgenommen hatte, vom Staat als Terrorist betrachtet. Sie war sicher, dass die Soldaten Bescheid wussten über sie und ihre Schwestern, über die Demonstrationen, und dass sie versuchten, ihnen durch Einschüchterung ein Geständnis zu entlocken.

Einmal sah einer der Soldaten Doaa direkt in die Augen und sagte: »Ihr wollt Freiheit, ihr Hunde? Wir geben euch Freiheit.« Dann fegten er und seine Männer alles von den Regalen, was sie finden konnten – Bücher, Vasen und alle möglichen anderen Dinge, die dabei zu Bruch gingen. In der Küche zerschmetterten sie die letzte Flasche kostbares Olivenöl und dazu die restlichen Gläser mit eingekochtem Obst und Gemüse. Die Familie musste danach alles sauber machen. Panik erfasste sie bei dem Gedanken, wovon sie nun leben sollten.

Ein andermal nahm einer der Soldaten Doaa ihr Handy weg und durchsuchte es nach Fotos oder Videos, die bewiesen, dass sie an einer Demonstration teilgenommen hatte. Doch man hatte sie gewarnt, und Doaa hatte klugerweise darauf verzichtet, auch nur eine Aufnahme zu machen.

Ein Soldat richtete den Gewehrlauf sogar auf den sechsjährigen Hamudi. Zitternd vor Angst, klammerte er sich an seine Mutter. Hanaa hatte solche Angst, dass sie ihn verhaften würden wie die anderen kleinen Jungen, die man mitgenommen hatte. Sie nahm ihren Sohn in die Arme und betete, dass die Soldaten wieder abziehen mögen. Als sie schließlich das Haus verließen, überfiel Hanaa eine solche Erleichterung, dass sie sich setzen musste. Doch die Angst, ein Mitglied der Familie könnte verhaftet werden, flackerte bei jeder Durchsuchung von neuem auf.
Eines Tages schloss Doaa eben die Tür hinter einem Trupp Soldaten, dic das Haus durchsucht hatten, als plötzlich andere Soldaten hereindrängten. Einer von ihnen rammte ihr den Gewehrkolben in den Bauch und warf sie zu Boden.
»Warum hast du uns die Tür vor der Nase zugemacht?«, bellte er und drückte das Gewehr weiter in ihre Magengrube.
Doaa lag mucksmäuschenstill, starr vor Angst. »Ihre Kameraden waren gerade hier«, sagte sie und sah zu ihm auf. »Sie haben gerade unser Haus durchsucht.«
Ein paar Sekunden später senkte er die Waffe und wandte sich an Shokri. »Bringen Sie mich aufs Dach«, befahl er. Die Familie musste vorangehen – für den Fall, dass sich dort Rebellen versteckt hielten, sollten sie als Erste erschossen werden. Shokri ging voran, die Familie hinter sich. Als Doaa über die Schulter ihrer Mutter hinweg ins Gesicht des Soldaten blickte, spürte sie Zorn in sich aufwallen. Das war ihr Heim, ihre Familie. Welches Recht hatte dieser Soldat, sie herumzukommandieren und zu bedrohen? Sie fand es schlimm, wie ihr sonst so stolzer Vater diesen jugendlichen Rowdys gehorchte. Sie musste sich auf die Lippen beißen, um die Beschimpfungen zu unterdrücken, die sie ihnen am liebsten an den Kopf geworfen

hätte. Es war schnell festgestellt, dass niemand auf dem Dach war, und Doaa seufzte auf, als die Soldaten das Haus verließen. Einmal mehr war die Familie einer drohenden Gefahr entgangen.

Shokri fürchtete bei jeder Durchsuchung von neuem, dass man die Mädchen mitnehmen würde. Er ließ Doaa und ihre Schwestern in der langen Abaya schlafen, damit sie bei einer nächtlichen Hausdurchsuchung stets züchtig bekleidet wären. Und die meisten Hausdurchsuchungen fanden mittlerweile nachts statt. Außerdem gab er jeder seiner Töchter ein Messer zum Schutz. »Rammt es jedem Mann in den Leib, der euch zu nahe tritt«, riet er und zeigte ihnen, wie sie das Messer während der Durchsuchungen unter der Abaya verbergen konnten.

Am nächsten Abend versammelte Doaa ihre Schwestern um sich. Die Mädchen schlossen einen Pakt. »Wenn ein Soldat versuchen sollte, uns zu vergewaltigen«, flüsterte sie so leise, dass ihre Eltern davon nichts mitbekamen, »müssen wir bereit sein, uns den Tod zu geben. Wir können mit solch einer Schande nicht weiterleben. Unsere Ehre ist alles, was wir noch haben.« Die dreizehnjährige Saja und die zehnjährige Nawara nahmen ihre Hände und nickten grimmig.

Bald darauf kamen wieder Soldaten und durchsuchten das Hinterzimmer, in dem Doaa sich mit der Familie aufhielt. Einer von ihnen war etwa Anfang zwanzig und hatte lange schwarze Locken. Er beäugte Doaa auf eine Weise, die sie als ausgesprochen unpassend empfand. Unruhig rutschte sie unter diesem unausgesetzten Blick hin und her. Obwohl Shokri ihnen eingeschärft hatte, nur ja keine Aufmerksamkeit auf sich zu ziehen und keinem Soldaten je zu widersprechen, brachte Doaa es nicht fertig, still zu bleiben. Sie starrte wutentbrannt zurück, ohne sich auch nur die geringste Mühe zu geben, ihren Ärger zu verbergen.

»Warum starrst du mich so an?«, fauchte der Soldat.
»Ich bin ein freier Mensch«, schleuderte sie ihm widerborstig entgegen. »Ich kann machen, was ich will.« Doaa war klar, dass er darauf einsteigen würde.
Wutentbrannt trat er auf sie zu und fragte sie nach ihrem Ausweis.
»Ich habe keinen«, gestand sie.
»Du hast keinen? Wieso nicht? Wie alt bist du?«
»Fünfzehn.«
»Warum hast du keinen Ausweis?«
»Ich habe versucht, einen zu bekommen. Ich habe bei der Meldebehörde einen Ausweis beantragt, aber sie haben mir keinen ausgestellt.«
Der Soldat lachte, als er das hörte. »Warum gehst du dann nicht dafür demonstrieren?«
Da erkannte Doaa, dass ihre Teilnahme an den Demonstrationen kein Geheimnis mehr war. Das Herz rutschte ihr in die Magengrube, als ihr das klarwurde. Aber sie wollte ihre Furcht nicht zeigen. »Ja, vielleicht mache ich das«, gab sie naseweis zurück.
Der Soldat blitzte sie wütend an. »Hör auf, Widerworte zu geben«, befahl er.
Die Familie erstarrte. Und wenn er jetzt ausrasten würde? Doch nachdem er Doaa eine Zeitlang wütend angesehen hatte, senkte der junge Mann den Gewehrlauf und ging zur Tür. Dabei sagte er leise: »Sei vorsichtig. Vergiss nicht, wir haben dich auf dem Radar.«
Als die Tür hinter ihm ins Schloss fiel, fauchte Hanaa ihre Tochter an. »Untersteh dich, noch einmal so mit den Soldaten zu reden! Du bringst dich ja selbst in Gefahr!«
»Du bringst uns alle in Gefahr!«, fiel Shokri ein. Er war aufgestanden. »Von jetzt an wirst du kein Wort mehr sagen, wenn einer von ihnen im Haus ist.«
Doaa war zu aufgewühlt und wütend, um etwas darauf zu

erwidern. Sie nickte nicht einmal zum Zeichen, dass sie sich an den Befehl ihrer Eltern halten würde. Stattdessen senkte sie den Kopf und starrte verstockt zu Boden. Im Grunde war sie froh, dass sie dem Soldaten ordentlich herausgegeben hatte, aber sie wusste, dass sie das ihrer Familie nicht sagen durfte. Als ihre Schwestern ihr nachmittags zuflüsterten, dass sie sie für ihren Mut bewunderten, platzte Doaa fast vor Stolz. Und sie meinten, sie würden ihre einst so schüchterne Schwester kaum wiedererkennen.

Am Morgen des 5. Mai, elf Tage nach der Besetzung Dara'as, stand Hanaa eines Morgens vor dem leeren Vorratsschrank und fragte sich, wie sie von nun an die Familie satt bekommen sollte. Da drangen von draußen Lautsprecheransagen an ihr Ohr. Niemand wagte, das Fenster zu öffnen, denn dies war seit Beginn der Besatzung verboten. Also presste man das Ohr an die Scheibe. Offensichtlich war es ein Polizeiwagen, der draußen vorüberfuhr und über Lautsprecher eine Ansage machte: »Von heute an gelten folgende Regeln: Von sieben Uhr morgens bis ein Uhr mittags müssen Sie in Ihren Häusern bleiben. Von ein bis zwei Uhr mittags dürfen die Frauen aus dem Haus, um Einkäufe zu machen. Alle Frauen, die auf die Straße treten, werden durchsucht. Ab zwei Uhr nachmittags gilt wieder Ausgangssperre.« Die Ausgangssperre wurde also aufgehoben, wenn auch nur für kurze Zeit.

Hanaa seufzte erleichtert auf. Nun konnte sie wenigstens Lebensmittel für die Familie nach Hause bringen. Shokri hingegen war wütend. Im Islam war es absolut undenkbar, eine Frau zu berühren. Seiner Ansicht nach war diese neue Regel nur ein Versuch der Regierung, die Männer in Dara'a zu unüberlegten Handlungen zu provozieren.

»Ich werde nicht zulassen, dass jemand Hand an dich legt, solange ich lebe«, sagte Shokri und weigerte sich, Hanaa

vor die Tür zu lassen. Doch Hanaa kannte diesbezüglich kein Pardon. Die Kinder wurden jeden Tag dünner, und Ayats Kleine weinten ständig, weil sie Hunger hatten.
»Wir müssen unsere Familie ernähren. Es gibt nichts mehr zu essen hier im Haus«, flehte Hanaa ihren Mann an und sah ihm in die Augen. »Wenn ich diese unwürdige Behandlung erdulden muss, dann werde ich es eben tun.«
Shokri ließ seinen Blick über die geschwächten Familienmitglieder wandern und willigte widerstrebend ein.
Als Hanaa vor die Tür trat, sah sie, dass überall in der Nachbarschaft Soldaten, Panzer und Waffen standen. Nur wenige hundert Meter vom Haus entfernt saßen etwa hundert Soldaten an mehreren langen Tischen, die reich gedeckt waren. Während ihre Familie und die ihrer Nachbarn Hunger litten, hatten die Soldaten vor ihren Toren Feste gefeiert.
Hanaa steuerte vorsichtig auf die Bäckerei gegenüber zu. Die Blicke der Soldaten machten ihr den Weg schwer. Es schien, als starre sie jeder der dort Sitzenden an. Aus Angst vor einer Durchsuchung beschloss sie am Ende doch, wieder zurück ins Haus zu eilen, in die Sicherheit.
Einige Minuten später klopfte es. Shokri öffnete die Tür einen Spaltbreit.
»Wer ist die Frau, die soeben das Haus verlassen hat?«, drang eine Männerstimme herein. »Ich möchte sie sprechen!«
Shokri holte Hanaa, die zur Tür kam. Vor ihr stand ein großer, ernst dreinblickender General mit einer Maschinenpistole.
»Ich war das, General. Ich wollte Brot für meine Familie kaufen.«
»Warum haben Sie es dann nicht getan?«
»Ich hatte zu viel Angst, General.« Hanaa hatte den Blick

respektvoll niedergeschlagen. »Es waren so viele Männer auf der Straße.«
Als der Mann Hanaa zuhörte, blitzte ein Funke Verständnis in seinen Augen auf. Sein Tonfall wurde freundlicher. »Ich bestehe darauf, dass Sie für Ihre Familie einkaufen gehen. Aber gehen Sie bitte jetzt. Im Augenblick sind keine Heckenschützen aktiv. Zwischen zwölf Uhr Mittag und vier Uhr nachmittags sind sie nicht draußen.«
Hanaa und Shokri waren vollkommen verblüfft. Offensichtlich wollte der Mann ihnen helfen. »Danke sehr, General, vielen, vielen Dank. *Allah ma'ak*, möge Gott mit Ihnen sein«, antwortete Hanaa. Dann nahm sie ihre Einkaufstasche und folgte ihm vor die Tür. Er kehrte zu seinem Trupp Soldaten zurück, ließ Hanaa jedoch nicht aus den Augen. Sie verschwand in der Bäckerei und kehrte mit sechs Laib Brot zurück. Als sie auf dem Rückweg an ihm vorüberkam, fragte er leise: »Hat Sie jemand belästigt?« Sie schüttelte den Kopf, die Augen immer noch zu Boden gerichtet.
»Gut«, sagte er. »Und jetzt gehen Sie besser nach Hause.«
Hanaa eilte ins Haus zurück. »Es gibt doch noch Menschlichkeit«, meinte sie, als sie das Brot auspackte. Die Familie versammelte sich zu einem frugalen Festmahl.
Die Besatzung dauerte an, und Doaas Familie machte bald die Erfahrung, dass viele der jungen Soldaten ihnen nichts wollten. Die vier Soldaten, die vor ihrem Haus Wache hielten – der dunkelhaarige, gutaussehende Ali, der grünäugige Bahar, der stämmige, jungenhafte Nero und der große Abdul Aziz –, verhielten sich stets freundlich zur Familie. Ali war der Netteste von allen. Er ließ Hanaa oft einen Laib Brot und ein paar Tomaten zukommen, wenn er im Dienst war. Die Hausdurchsuchungen, die diese jungen Männer durchführten, waren mehr als halbherzig. Sie gingen schnell durch die Räume, ließen die Regale un-

berührt und öffneten keine einzige Schublade. Manchmal blieben sie im Haus, luden dort ihre Handys auf und plauderten über die neuesten Nachrichten oder spielten mit Ayats Kindern. Nicht selten gaben sie Shokri sogar Geld für Lebensmittel. Doaa und ihre Schwestern fühlten sich von diesen jungen Männern beschützt. Jedenfalls hielten sie während dieser Besuche nicht ständig die Hand am Messergriff. Doaa wurde klar, dass diesen freundlichen, jungen Soldaten ebenso wenig an ihrer Anwesenheit in Doaas Haus gelegen war wie ihrer Familie.

Eines Tages klopfte jemand verzweifelt an ihre Tür. Doaa erwartete eine neue Hausdurchsuchung und öffnete. Vor ihr stand ein Mann Anfang zwanzig, zitternd vor Angst. Er hatte ein Gewehr bei sich und eine Kaffiya, einen schwarz-weißen Schal, der den unteren Teil seines Gesichts verdeckte.

»Helfen Sie mir!«, flehte er. »Ich gehöre zur FSA, die Regierung ist hinter mir her. Die Soldaten werden mich töten!« Doaa hatte gehört, dass viele der jungen Männer, die früher auf den Demonstrationen friedlich für ihre Forderungen eintraten, mittlerweile einen bewaffneten Kampfverband gegründet hatten, um den Regierungstruppen etwas entgegensetzen zu können. Sie nannte sich die Freie Syrische Armee, kurz FSA.

»Kommen Sie herein«, sagte Doaa unwillkürlich und sandte einen prüfenden Blick die Straße hinauf und hinunter. Sie konnte ihn nicht einfach seinem Schicksal überlassen, aber natürlich durfte er hier auch nicht gefunden werden. Aber Doaa hatte schon einen Plan gefasst. Sie und Saja nahmen vier Kartons und ließen den jungen Mann in der Ecke eines Raumes Platz nehmen, in dem tagsüber die Tische und Matratzen aufbewahrt wurden. Dann arrangierten sie die Schachteln um ihn herum und legten eine Decke darüber. Es sah fast aus wie ein Sessel, nicht so ganz glatt, aber

wenn die netten Soldaten die Hausdurchsuchung durchführten, mochte es angehen.
Sie warteten gut eine Stunde, und dann kam das unvermeidliche Klopfen. Zu ihrer großen Erleichterung stand Ali in der Tür. Direkt hinter ihm aber erblickten sie einen Offizier, den sie noch nie gesehen hatten. Das Herz schlug ihnen bis zum Hals.
Die Soldaten kamen herein, und Ali sah sich in dem bewussten Raum um. »Niemand da«, meinte er. Doaa war sicher, dass er den neuen »Sessel« bemerkt hatte, aber er sagte nichts. Sie hielt den Atem an. Hoffentlich würden die Soldaten jetzt gehen. Dann aber bat der unbekannte Offizier Ali, ihn aufs Dach zu führen. Die beiden gingen hinauf, die Familie wartete unten. Nach einigen Minuten kehrten die Soldaten zurück, sie waren offensichtlich zufrieden. Kaum hatten sie das Haus verlassen, zogen Doaa und Saja die Decken weg und befreiten den jungen Mann aus seiner unbequemen Lage. Hanaa brachte ihm ein Glas Wasser. Er nahm es und schüttete es in einem Zug hinunter. Dann ergriff er Hanaas Hand und küsste sie. Er sah die Familie an: »Danke! Sie haben mir das Leben gerettet!« Nach einigen hastig gewechselten Abschiedsworten begab er sich aufs Dach und entkam über die Flachdächer.
Als Doaa ihn fortlaufen sah, erfüllte ein Gefühl des Triumphes ihre Brust. Nach Wochen der Buckelei vor den Soldaten, der absoluten Ohnmacht, hatten sie nun einen winzigen Sieg erzielt gegen jene Männer, die ihre Heimat besetzt hielten. Und sie fragte sich allmählich, ob sie nicht noch mehr tun könnte.
Elf Tage nach Beginn der Belagerung verkündete die staatliche Nachrichtenagentur SANA, dass die Regierung ihre Mission, »terroristische Elemente auszumerzen« und »Sicherheit, Frieden und Stabilität« in Dara'a »wiederherzustellen«, nun erfüllt hatte. General Riad Haddad, Chef der

politischen Abteilung des Militärs, verkündete, die Armee werde ihre sechstausend Soldaten allmählich abziehen. Die Stadt würde also Schritt für Schritt zur Normalität zurückkehren. Doch während der elf Tage, an denen Doaa und ihre Familie unter Hausarrest gestanden hatten, hatte die Welt Notiz vom Geschehen in Dara'a genommen. Journalisten verbreiteten die Nachricht, dass es über zweihundert Tote und gut eintausend Verhaftungen gegeben hatte. Den syrischen Staatsmedien zufolge waren achtzig Soldaten gestorben. Als diese Nachrichten weltweit bekannt wurden, warnte Hillary Clinton, damals Außenministerin der USA, die Regierung von Syrien, dass »diese brutale Maßregelung Konsequenzen nach sich ziehen« würde. Auch in Europa begann man, sich über Sanktionen Gedanken zu machen. Menschenrechtsorganisationen gaben bekannt, dass in den sieben Wochen, in denen man in Syrien begonnen hatte, gegen die Demonstranten vorzugehen, mindestens sechshundert Menschen den Tod gefunden hatten. Achttausend weitere waren verhaftet worden oder auf andere Weise von der Bildfläche verschwunden.

Doaa war erleichtert, als die Panzer aus ihrer Straße abzogen und nur noch wenige Soldaten Patrouille gingen. Trotzdem war an Normalität nicht zu denken. Die Leichen von Demonstranten lagen tagelang auf den Straßen. Der Gestank verrottenden Fleisches erfüllte die Luft. Und die Zerstörung war unübersehbar. Die Mädchen waren seit Beginn der Besatzung nicht mehr zur Schule gegangen. Jetzt aber wollten sie ihre Freunde sehen und sich wieder dem Lernen widmen. Doch die Schule blieb geschlossen. Die Straße, die dort hinführte, war gesäumt von narbigen Häusern voller Einschusslöcher. Die meisten waren verlassen. Die Türen standen offen. Jeder konnte hineingehen und sehen, wie die Menschen dort einst gelebt hatten.

Auch Shokri wollte unbedingt zurück zur Arbeit. Das Geld war während der langen Belagerung knapp geworden. Doch wann immer er zum Friseurladen ging, fragten die Kinder sich, ob er zurückkommen würde. Immer wieder wurde berichtet, dass Heckenschützen der Regierung willkürlich und zum Spaß auf Menschen schossen, auf Männer und Frauen, Alte und Junge ohne Unterschied. Auch wenn Angehörige der Getöteten wagten, die Leichen ihrer Lieben zu bergen, wurden sie gnadenlos erschossen. Niemand war sicher in diesem mörderischen Chaos. Hanaa bat Shokri inständig, doch vorsichtig zu sein. Sie erinnerte ihn daran, dass sie selbst gesehen hatte, wie ein Mann, der nach dem Gebet aus der Moschee trat, einfach niedergeschossen worden war. Ein Video kursierte, in dem eine hochschwangere Frau auf der Straße verblutete, weil man sie in den Bauch geschossen hatte.
Wachsam, aber fest entschlossen, seine Familie weiterhin zu ernähren, fuhr Shokri Tag für Tag auf dem Rad an all den Kontrollposten vorbei und öffnete seinen Friseurladen. Allerdings kamen die meisten seiner Kunden nicht, weil sie Angst hatten. Shokris Laden lag mitten im Al-Saraya-Viertel, wo die Regierung während der Besatzung ihr Hauptquartier eingerichtet hatte. Dort verübte die mittlerweile gut bewaffnete Opposition einen Anschlag nach dem anderen. Und so saß Shokri in seinem Laden und sah zu, wie sich Regierung und Aufständische rund um das Gericht und andere Regierungsgebäude Gefechte lieferten.
»In dieser Stadt herrscht Krieg, und du glaubst tatsächlich, dass sich die Leute noch die Haare schneiden lassen? Bist du denn vollkommen verrückt?«, fragten seine Nachbarn. Aber Shokri war sicher, dass einige seiner alten Kunden sich nach wie vor Bart und Haare schneiden lassen würden, und er brauchte den Umsatz, um seine Familie ernäh-

ren zu können. »Ich werde sterben, wenn Gott es will«, antwortete er dann.

Eines Nachmittags Ende Juni schnitt er einem Kunden die Haare, als er Gewehrfeuer vernahm. Er spähte aus der Tür und sah einige Männer, die sich vor den Schüssen in Sicherheit brachten.

»Jetzt geht es wieder los«, sagte er zu seinem Kunden und machte sich ungerührt wieder an die Arbeit. An die Schüsse hatte Shokri sich mittlerweile gewöhnt, ja, er war stolz darauf, dass er sich von den Unruhen um ihn herum nicht beeindrucken ließ.

»Wieder ein Tag der Revolution«, meinte sein Kunde resigniert. »Aber ich brauche jetzt wirklich einen Haarschnitt. Das letzte Mal liegt Monate zurück. Gott verfluche sie alle.«

Plötzlich hörten beide Männer ein lautes Rumpeln. Im Spiegel sahen sie ein großes Fahrzeug direkt auf den Laden zuhalten. Es sah aus, als würde es den Friseurladen plattmachen wollen. Der Kunde sprang vom Stuhl auf, riss sich das Handtuch vom Hals und warf es zu Boden.

»Aber ich bin noch nicht fertig«, meinte Shokri fast flehentlich und versuchte, den Mann zu beruhigen. Doch dieser verschwand mit halb geschnittenem Haar schleunigst um die nächste Ecke. Der Panzer machte halt und rumpelte nun auf die Mitte des Platzes zu.

Doaa hatte in der Zwischenzeit gelernt, die Stimmung in der Stadt nach der Anzahl der Einschusslöcher in den Mauern vor ihrem Haus zu beurteilen. Sie hätte gerne weiterhin an den Demonstrationen teilgenommen, die wieder angefangen hatten, aber die Teilnehmer waren deutlich weniger geworden, und die Märsche verliefen nicht mehr friedlich. Sie wusste, ihr Vater würde ihr nie erlauben, bei den immer gefährlicher werdenden Protestaktionen mitzumarschieren.

Nachdem der Großteil der Panzer und Soldaten abgezogen war, zeigte sich bald eine neue Gefahr – die Stadt wurde bombardiert. An Sommerabenden saß die Familie auf dem Dach. Ein neues Ritual hatte begonnen: Man sah zu, wie die Raketen fielen, und zählte, wie lange es dauerte, bis sie einschlugen. Dann versuchte man, von der Wolke, die sich nach dem Einschlag bildete, auf das Ausmaß des Schadens zu schließen. Statt des Vogelgesangs erklang nun schwere Artillerie.

»*Alhamdullilah,* Gott sei Dank, hier ist nichts eingeschlagen«, sagten sie und fühlten sich schuldig, weil der Krieg sie hart gemacht hatte. Manchmal sahen sie, wie die Freie Syrische Armee mit einer Rakete ein Flugzeug vom Himmel holte. Dann jubelten alle.

Alles, was Doaa und ihre Schwestern jetzt noch tun durften, war, auf der anderen Straßenseite Nahrungsmittel aus dem Supermarkt zu holen oder Brot aus der Bäckerei. Doch die Preise hatten sich fast verdoppelt. Qualitativ hochwertige Lebensmittel waren sogar noch teurer.

Eines Tages war der Familie das Brot ausgegangen, und so gingen Doaa, Saja und Nawara welches holen. Sie hatten die Bäckerei fast schon erreicht, als Soldaten ihnen zuriefen: »Wo wollt ihr denn hin? Geht wieder rein!«

Doaa antwortete: »Wir kaufen nur Brot.« Doch die Soldaten bestanden darauf, dass sie die Straße räumten. Die Mädchen blieben stehen und steckten die Köpfe zusammen. Flüsternd beratschlagten sie, denn sie waren so hungrig, dass allen der Magen schmerzte. Sie hatten zwar Angst, den Soldaten ganz offen nicht zu gehorchen, doch noch einen Tag ohne Essen würden sie auch nicht überstehen. Also taten sie so, als gingen sie wieder nach Hause. In Wirklichkeit aber wollten sie zu dem palästinensischen Flüchtlingslager, das zu Fuß in nur dreißig Minuten zu erreichen war. Dort sollte es Lebensmittel geben. Sie waren noch etwa zweihundert Meter vom Lager entfernt, als die Soldaten sie entdeckten. Aufgebracht, dass die Mädchen gewagt hatten, sich ihnen zu widersetzen, schrien sie sie an: »Zurück, ihr Hündinnen!«

Dieses Mal aber wurde Doaa richtig zornig. Sie waren nicht hier, um gegen die Regierung zu protestieren. Sie stellten für die Soldaten keinerlei Bedrohung dar. Sie und ihre Schwestern versuchten nur, die Familie vor dem Hungertod zu bewahren, was die Soldaten zu verhindern versuchten. Das war reine Schikane. Sie drehte sich nicht einmal um, als sie über die Schulter zurückbrüllte: »Wir brauchen etwas zu essen! Ihr lasst uns ja verhungern!«

»Wir wollen nur Lebensmittel holen«, fügte Saja hinzu.

Bevor die Soldaten antworten konnten, hörten die Mädchen Schüsse. Ein Panzer schien in ihre Richtung zu rollen. Sie wussten nicht, ob das Militär sie aufs Korn nahm, weil sie den Anordnungen der Soldaten nicht Folge geleistet hatten, oder ob sie in ein Feuergefecht geraten waren. Auf der Stelle warfen sie sich zu Boden und schlugen hart auf dem Asphalt auf. Doaa spürte, wie die Luft aus ihren Lungen entwich, während sie das Gesicht auf den Boden presste. Kugeln flogen über sie hinweg wie zornige Hornissen. Nawara spürte, wie eine ihren Rücken streifte. Zwei Zentimeter tiefer, und sie wäre tot gewesen.

Sobald die Schüsse aufhörten, halfen Doaa und Saja Nawara beim Aufstehen und rannten mit ihr zum Lager. Dort versteckten sie sich in den Gassen, bis sie das Gefühl hatten, sicher nach Hause zurückkehren zu können. Sie gaben den Gedanken ans Einkaufen auf. Die Angst vor dem Tod war stärker als der Hunger. Als sie sich ihrem Haus näherten, begannen sie zu zittern. Erst da wurde ihnen klar, wie knapp sie dem Tod entronnen waren. Nawara hatte Brandspuren am Rock, dort, wo die Kugel sie gestreift hatte. Ali war auf Patrouille vor dem Haus. Er und seine Kameraden merkten sofort, dass die Mädchen völlig verstört waren. Sein sympathisches, freundliches Gesicht wurde sorgenvoll, als er fragte, was denn geschehen sei. Saja und Nawara eilten ins Haus, wo Hanaa sie erwartete. Doaa aber blieb stehen und erzählte dem Soldaten, dass sie keine Lebensmittel hatten kaufen können, weil man auf sie geschossen habe. Niedergeschlagen kehrte sie ins Haus zurück. Sie war traurig, dass sie nichts zu essen hatte auftreiben können. Eine Stunde später klopfte es. Ali stand vor der Tür und drückte Hanaa einen Laib Brot und eine Plastiktüte voller reifer Tomaten in die Hand. Dankbar nahm Hanaa das Geschenk an. Drinnen bereitete sie daraus eine Mahlzeit zu, um ihre erschütterten Töchter zu beruhigen.

Nun, da der Belagerungszustand aufgehoben war und die Proteste wieder aufflammten, verbrachte Doaa viel Zeit auf dem Dach. Dort konnte sie hören, was unten auf der Straße vorging. Da sie nicht persönlich an den Demonstrationen teilnehmen konnte, musste sie sich damit zufriedengeben.

Gemeinsam mit ihren Schwestern rief auch sie Parolen vom Dach: »Allahu Akbar, Gott ist groß!« Und dann: »Wie könnt ihr eure eigenen Söhne töten!« Oder: »Freiheit!« Das war ihre Art, sich am allgemeinen Protest zu beteiligen. Doaa wusste, dass sie dabei sehr vorsichtig sein mussten. Gerade auf dem Dach gaben sie für Heckenschützen eine gute Zielscheibe ab. Wann immer ein Soldat auch nur einen Blick auf sie warf, begann ihr Herz, wie verrückt zu schlagen. Doch trotz ihrer Furcht fühlte sie sich oben auf dem Dach, wo sie die Menschen sehen und gemeinsam mit ihnen ihre Parolen rufen konnte, der Opposition verbunden.

Eines Tages hatte sie sich wieder hinter der Brüstung ver-

steckt und stimmte in die Parolen der Demonstranten ein. Da wurde sie von einem Soldaten entdeckt, der von einem höher gelegenen Gebäude aus die Demonstration beobachten sollte und gelegentlich in die Menge feuerte.
»Geh sofort hinein, *irhabiya,* du Terroristin«, schrie er. Als Doaa sich nicht rührte, drohte er: »Wenn du nicht reingehst, erschieße ich dich.«
An jenem Tag aber versetzte ihr die Angst einen Adrenalinstoß, und sie schrie zurück: »Du bist der Terrorist! Du bringst die Leute um! Ich habe dich gesehen!«
Bei diesen Worten hob der Mann den Gewehrlauf an, so dass er direkt auf Doaa zeigte. In dem Moment wurde ihr klar, dass der Kerl wirklich schießen würde. Mit einem Satz war sie an der Tür. Sie spürte einen Luftzug am Ohr, eine Kugel flog an ihr vorbei und traf die Eisentür direkt vor ihrer Nase. Die Kugel hinterließ einen Abdruck in der Tür, um dann als Querschläger irgendwo in einer Mauer zu landen. Wäre sie zwei Zentimeter näher an der Tür gewesen, wäre sie jetzt tot.
Sie riss die Tür auf und verbarg sich im sicheren Heim. Doch obwohl die Kugel so nahe an ihr vorbeigeflogen war, merkte Doaa verwundert, dass sie keine Angst mehr hatte. Ob sie mittlerweile dagegen immun war? Jeden Tag hörte sie, dass Bekannte von Soldaten erschossen worden waren. Doaas Glaube half ihr, in dieser Zeit nicht zu resignieren. Sie wollte nicht, dass die Angst sie oder ihre Familie überwältigte. Und sie war fest entschlossen, weiter auf diese Weise zu leben.
Im Herbst und in dem folgenden langen Winter, der von Gewalt und dem Mangel an Nahrungsmitteln, Strom und Wasser geprägt war, taten die Al Zamels wie alle anderen Familien ihr Möglichstes, um in einer Stadt zu überleben, die mittlerweile Kriegsgebiet war. Shokri brachte gerade so viel Geld nach Hause, dass es fürs Essen langte. Und

Angehörige und Nachbarn halfen sich, wo sie nur konnten.
Eines Tages im Juni 2012 kam Shokri jedoch in seinen Laden und musste feststellen, dass zwei Raketen das Dach getroffen hatten. Der hintere Teil des Geschäfts lag in Trümmern. Über dreißig Jahre lang war der Salon Al Fananeen sein Lebensunterhalt, ja sein Lebensinhalt gewesen. Und nun lag er in Schutt und Asche.
Shokri versuchte, sich ein Bild von der Lage zu machen. Er kehrte die Splitter des zerschellten Spiegels weg und befreite die Stühle von den Trümmern. Dann sammelte er seine Scheren und Bürsten zusammen und machte sie sorgfältig sauber, bevor er sie vorsichtig auf das halb kaputte Regal legte. Er schaffte die Trümmer des Daches beiseite und rückte den einzigen unbeschädigten Stuhl an die Fensterscheibe. Den ganzen Tag wartete er auf Kunden. Es kamen keine.
Als er an jenem Abend nach Hause zurückkehrte, bemerkte Doaa eine Veränderung an ihrem Vater. Er ließ die Schultern hängen, seine Miene war ausdruckslos. Irgendwie sah er kleiner aus als sonst. »Baba«, fragte sie, »was ist denn los? Was ist passiert?«
»Der Laden …«, war alles, was er herausbrachte. Die Familie versuchte, ihn aufzumuntern. Es sei doch wunderbar, wenn er von nun an jeden Tag zu Hause bleiben könne. Dann müssten sie sich wenigstens um ihn keine Sorgen mehr machen. Doch ihre Worte trösteten ihn nicht. Mit seinem Laden hatte Shokri auch seinen Kampfgeist eingebüßt. Er blieb für den Rest des Tages in der Ecke sitzen und rauchte eine Zigarette nach der anderen. Den Mund tat er nur auf, wenn jemand ihm eine Frage stellte. Doaa verstand ihn nur zu gut. Dass er nicht mehr für seine Familie sorgen konnte, war, als habe er seine Autorität als Familienoberhaupt verloren. Sie hätte ihm so gerne gehol-

fen, doch sie konnte nur versuchen, ihm gut zuzureden. »Du wirst sehen, Baba, es ist bald vorbei. Wir müssen nur Geduld haben.«

Shokris Laden war nicht der einzige, der in Schutt und Asche lag. Der so beliebte Baklava-Laden von Ayats Ehemann ein paar Häuser weiter wurde ebenfalls von einer Bombe zerstört. Er war an jenem Tag zu spät zur Arbeit gekommen, Minuten, nachdem die Bombe fiel. »Gott hat mich gerettet«, erklärte er der Familie. Tage später zerstörte eine weitere Bombe sein Auto. »Das war alles, was ich hatte«, sagte er zu Ayat. Dann erzählte er ihr von seinen Plänen: Er wollte in den Libanon fliehen, wo sein Bruder lebte. Dieser könne ihm helfen, Arbeit zu finden. Dann würde er für sie und die Kinder Geld schicken. Ayats Ehemann wollte nicht am bewaffneten Kampf teilnehmen, weder auf der einen noch auf der anderen Seite. Er wollte einfach nur weiter Geld für seine Familie verdienen. Also bestach er – wie ein immer größer werdender Teil der syrischen Bevölkerung – die Soldaten an den Checkpoints, um in den benachbarten Libanon zu fliehen und dort zu warten, bis der Krieg vorüber wäre. Ayat und die Kinder sollten ihm folgen. Sie würden einen Schleuser beauftragen, sie an die Grenze zu bringen und den Soldaten an den Kontrollposten zu sagen, dass sie Verwandte besuchen wollten.

Mehr und mehr Menschen begannen, aus Dara'a fortzugehen. Doaa wäre nie auf diese Idee gekommen. Sie war zutiefst überzeugt, dass der Aufstand bald zu Ende sein würde und dass sie dann wieder ein ganz normales Leben führen könnten. In ihren Augen ließen die Flüchtlinge diejenigen im Stich, die für Demokratie und Freiheit kämpften. Sie selbst konnte sich überhaupt nicht vorstellen, ihre innig geliebte Heimat zu verlassen.

Doch das Leben in Dara'a wurde mehr und mehr zum

Lotteriespiel zwischen Leben und Tod. Der Kampf ums Überleben forderte einen hohen Preis. Die Mädchen litten unter Schlaflosigkeit und Panikattacken. Sie waren immer nervös, stritten ständig aus dem geringsten Anlass. Hamudi fing zu weinen an, sobald er ein lautes Geräusch hörte. Und beim Geräusch der fallenden Bomben bekam er hysterische Anfälle. Er klammerte sich an Hanaa und folgte ihr durchs ganze Haus. Sobald er sie aus den Augen verlor, weinte er vor Angst.

Auch bei Doaa machte sich der Stress bemerkbar. Sie verlor jeglichen Appetit und wurde immer dünner. Hanaa hatte den Verdacht, dass sie unter Blutarmut litt. Sie bekam ständig Gerstenkörner im Auge. Eines Morgens wachte sie auf und merkte, dass ein Augenlid vollkommen angeschwollen war.

»Wir müssen zum Doktor, *hayati,* mein Leben«, sagte Hanaa, als sie Doaa so sah. »Dein ganzes Auge ist entzündet.« Doch die Fahrt zur Klinik war riskant. Sie mussten dazu die Kampfgebiete durchqueren und wären mindestens eine Stunde lang unterwegs. Hanaa rief trotzdem dort an und ließ sich einen Termin geben. Dann trieb sie sogar ein Taxi auf, das sie mitnehmen wollte. An jeder Straße standen Soldaten; Zivilisten hingegen waren kaum unterwegs. Als Hanaa und Doaa vor der Klinik ankamen, huschten sie eilig hinein.

Der Arzt war ein entfernter Verwandter. Er warf einen einzigen Blick auf Doaas Auge und meinte, man müsse das Gerstenkorn sofort aufstechen. Hanaa meinte, die Familie habe kein Geld, um die fünfhundert Lira für die Operation zu bezahlen.

»Keine Sorge, meine Liebe, das mache ich euch umsonst. Schließlich sind wir verwandt«, meinte der Arzt und lächelte Doaa an. »Ich möchte ja nicht, dass du dein hübsches Auge verlierst.« Doaa war viel zu nervös, um zu-

rückzulächeln. Sie hielt die Hand ihrer Mutter fest, denn so ganz geheuer war ihr die Prozedur nicht.
Als sie die lange Nadel sah, mit der der Arzt zur örtlichen Betäubung schritt, und die messerscharfe Klinge für die eigentliche Operation, brach Doaa in Tränen aus. Der Arzt tröstete sie. Dann wies er sie an, die Augen zu schließen, als ob sie schliefe. Doaa gehorchte, und er machte sich sogleich an die Arbeit. Das Auge wurde betäubt und abgedeckt. Nach dem Eingriff gab er ihr ein Rezept für ein Antibiotikum und schickte Doaa und ihre Mutter nach Hause. In einer Woche sollten sie wiederkommen.
Die Operation hatte länger als eine Stunde gedauert. In dieser Zeit war es auf der Straße erneut zu Auseinandersetzungen gekommen, daher war kein Taxi zu finden. Doaa fühlte sich nach dem Eingriff ausgesprochen schwindlig. Zum Haus von Hanaas Schwester waren es nur etwa fünfzehn Minuten zu Fuß, also rief Hanaa an und sagte ihr, dass sie beide in Kürze vorbeikommen würden. Doaa aber war so schwach, dass sie am liebsten auf dem Gehsteig sitzen geblieben und den Kopf auf die Knie gelegt hätte. Sie fühlte sich hilflos, wie sie da auf ihre Mutter gestützt die Straße entlangging, und hielt sich an der Hand ihrer Mutter fest. Als sie so dahinhumpelten, fuhr ein Auto, augenscheinlich voller Regierungssoldaten, langsam neben ihnen her.
»Na, Schätzchen, wo willst du denn hin?«, sagten die Männer zu Doaa. »Und was ist mit deinem hübschen Auge passiert?«
Hanaa packte Doaas Hand nur noch fester und flüsterte: »Sag nichts, *habibti.* Schau einfach zu Boden.«
Doaa konnte ohnehin nicht antworten, denn ihre Kehle war ausgetrocknet vor Angst. Außerdem war sie immer noch schwach von der Betäubung. So tat sie, wie von ihrer Mutter geheißen.

»He, gib uns gefälligst eine Antwort«, schrie einer der Kerle. »Es ist unhöflich, nicht zu antworten.«
Hanaa und Doaa schwiegen, weil sie fürchteten, dass eine Reaktion ihrerseits die Männer noch anstacheln könnte. Mittlerweile waren sie beim Haus von Doaas Tante angekommen, das auf der gegenüberliegenden Straßenseite lag. Die Männer hatten die Geduld verloren und wurden offensichtlich wirklich wütend.
»He, du Schlampe«, schrie einer von ihnen. »Ich habe gesagt, du sollst antworten, wenn ich mit dir rede.« Die anderen Männer fingen zu lachen an. Offensichtlich war all das für sie nur ein Spiel, das ihnen auch noch Spaß machte. Doaa sah sich nach Hilfe um, doch außer ihnen war niemand auf der Straße. Also gingen sie weiter, während das Auto langsam hinter ihnen herrollte. Es fehlten nur noch wenige Schritte zur Haustür, als sie hörten, wie hinter ihnen die Wagentür aufging. Die Männer stiegen aus. Das war kein Spiel mehr, die Typen kamen immer näher.
Hanaa und Doaa wurde klar, dass ihnen jetzt nur noch die Flucht nach vorn helfen würde. »*Ukhti,* Schwester!«, rief Hanaa ganz laut und trommelte an die Tür. »Mach auf, sie versuchen, Doaa zu entführen!«
Sekunden später öffnete Iman, Doaas Tante, die Tür und ließ sie herein. »Ich habe zu Gott gebetet, dass ihr es schafft«, sagte sie und knallte die Tür hinter ihnen zu.
Doaa war bleich vor Angst. Hanaa fürchtete, sie könnte ohnmächtig werden, und führte sie zum nächsten Stuhl. Iman stellte sich ans Fenster, um nachzusehen, ob das Auto noch da war.
»Ihr seid in Sicherheit, sie hauen ab«, sagte sie.
»Leg dich hin«, meinte Hanaa beruhigend zu Doaa. »Gleich beginnt die Ausgangssperre. Wir sind hier sicher.«
»Ihr habt keine Ahnung, was für ein Glück ihr hattet«, meinte Iman. »Erst gestern habe ich gesehen, wie sie ein

paar Mädchen zu dem Park auf der anderen Straßenseite geschleift haben. Dort werden Menschen misshandelt! Ich hörte jede Nacht die Schreie!« Bei diesen Worten wurde Doaa ganz anders. Sie dachte an ihr Messer. Sie hätte sich damit selbst den Tod gegeben. Niemals würde sie sich so erniedrigen lassen, wie die Männer dies vorgehabt hatten. Für den Augenblick war Doaa in Sicherheit, doch ihr Leid war noch nicht zu Ende.

Bei Einbruch der Nacht beschlossen Hanaa und Doaa, nach Hause zu gehen. Es war zwar ein gewisses Risiko, nach Beginn der Ausgangssperre auf der Straße erwischt zu werden, doch sie mussten das Rezept für Doaas Auge einlösen, andernfalls würde sich dieses entzünden. Also nahmen sie das Risiko auf sich und machten sich auf den Weg nach Hause. Iman packte ihnen etwas zu essen ein und gab den beiden je fünfhundert Lira. Vorsichtig schlüpften sie hinaus in die Dunkelheit.

Auf dem Weg nach Hause entdeckten sie eine kleine Apotheke, in der noch Licht brannte. Doaa stolperte hinter ihrer Mutter hinein. Die Apothekerin sah die beiden Frauen überrascht an. Sie war schockiert, um diese Zeit noch zwei Frauen draußen zu sehen: »Es ist gefährlich, um diese Uhrzeit auf die Straße zu gehen. Was wollen Sie denn?«

»Wir brauchen Medikamente. Meine Tochter ist heute am Auge operiert worden«, sagte Hanaa.

Als die Apothekerin Doaas Auge sah, nahm sie das Rezept sofort an. Doaa war jetzt richtiggehend schwindlig, sie konnte sich kaum noch auf den Beinen halten. Tränen der Wut und der Frustration stiegen ihr in die Augen.

Die Apothekerin gab ihnen die Medikamente und meinte: »Und jetzt gehen Sie bitte. Schnell. Man hat draußen gerade erst einen Mann getötet. Ich habe die Schüsse gehört und gesehen, wie sie seinen Leichnam in den Müllcontainer warfen.«

Entsetzt holte Hanaa das Geld heraus, um die Frau zu bezahlen. Diese aber weigerte sich, es anzunehmen. *»Allah ma'aku«,* sagte sie, »möge Gott Ihnen beistehen. Gehen Sie, und halten Sie den Blick fest zu Boden gerichtet. Sehen Sie ja nicht zum Müllcontainer hin.«
Doch natürlich ließ sich das nicht vermeiden. Das Blut tröpfelte auf die Straße. Doaa wurde übel, als ihr klarwurde, was geschehen war, aber sie mussten weitergehen. Ein wenig weiter die Straße hinunter vernahmen sie das Geräusch eines sich nähernden Autos. Hanaa verschwand mit Doaa im Schatten des nächsten Hauses. Dort warteten sie. Ein paar Männer stiegen aus dem Wagen, öffneten den Kofferraum und trugen einen weiteren Leichnam zum Container. Sie warfen ihn hinein. »Schieß noch mal, damit er auch sicher tot ist«, hörten sie. Dann ertönten neuerlich Schüsse. Die Männer stiegen wieder ins Auto und verschwanden um die nächste Straßenecke.
Doaa und ihre Mutter wagten sich hervor und setzten ihren Weg fort. »Mama«, sagte Doaa unvermittelt, weil ihr so schlecht war. »Ich kann nicht mehr weitergehen. Ich glaube, ich werde ohnmächtig.«
Hanaa stützte ihre Tochter. *»Hayati,* du musst. Wir gehen ganz langsam. Stütz dich auf mich.«
Doaa nahm den Rest ihrer Kraft zusammen und folgte ihrer Mutter. Eine volle Stunde schlichen sie an den Wänden entlang, bemüht, möglichst nicht aufzufallen. Als sie schließlich die Lichter ihres Hauses erkannten, wurde Doaa ganz schwach in den Beinen vor Erleichterung. Hanaa sprach ein Dankgebet. Sie hatten nie zuvor so viel Angst ausgestanden wie an diesem Tag.
In jener Nacht hatten Hanaa und Shokri eine Unterredung, während die Kinder schliefen. Sie beschlossen, dass es an der Zeit sei, Syrien zu verlassen. Es war naiv zu glauben, dass das Leben hier bald wieder zur Normalität

zurückkehren würde. Beide wussten, dass sie Doaa an diesem Tag beinahe verloren hätten. Shokri hatte schon seinen Laden eingebüßt. In seinen Augen war es nur eine Frage der Zeit, wann er die Mädchen verlieren würde. Die Nachbarschaft leerte sich Tag für Tag mehr. Alle Männer im wehrfähigen Alter waren schon weg, weil sie sich entweder der Freien Syrischen Armee angeschlossen hatten oder verhaftet und getötet worden waren.

Am Morgen griff Shokri zum Telefon und rief den einzigen Menschen mit Geld und Verbindungen an, den er kannte – seinen Schwiegersohn Islam in Abu Dhabi. Als dieser abhob, sagte Shokri: »Wir gehen weg. Hilf uns, nach Ägypten zu kommen.«

KAPITEL 4

Leben auf der Flucht

Doaa kniete auf dem Rücksitz des Autos. Nur durch einen Tränenschleier nahm sie wahr, was der Blick aus dem Rückfenster zeigte, als ihre Stadt hinter ihr außer Sicht geriet. Saja, Nawara und Hamudi saßen dicht neben sie gezwängt. Sie konnte kaum atmen. Ihre Eltern teilten sich den Vordersitz. Khaled, der Freund ihres Vaters, der sie außer Landes bringen wollte, saß am Steuer und starrte unentwegt auf die Straße. Durchs Fenster drang gedämpft das Geräusch von Schüssen herein. Doaas Verzweiflung wuchs, als sie sich noch einmal klarmachte, dass dies kein kurzer Ausflug sein würde. Sie schluchzte heftig. Vielleicht würde sie ja nie wieder zurückkehren!

Doaa wollte nicht weg. Sie hatte sich selbst geschworen, die Revolution nie im Stich zu lassen, und ihren Vater angebettelt, sie doch in Dara'a zu lassen. »Jetzt aus Syrien wegzugehen, ist, als würde mir meine Seele genommen«, sagte sie mit zitternder Stimme.

»Ich bin dein Vater, und es ist meine Aufgabe, deine Seele am Leben zu erhalten«, antwortete er.

Erst am Abend zuvor, nur wenige Stunden, bevor sie losfuhren, hatten sie erfahren, dass es nun losgehen würde. Also hatten sie sich von ihren Freunden verabschiedet. Auch von Asma, Doaas ältester Schwester, die mit ihrem Mann und den Kindern zurückblieb, hatte es einen tränenreichen Abschied gegeben. Sie telefonierten auch mit Ayat, die wenige Wochen zuvor zu ihrem Mann in den Libanon gegangen war. Der Anruf von Islam, dem Mann von Doaas Schwester Alaa, kam um zehn Uhr abends. Er sagte ihnen, dass er ihnen Geld für die Fähre von Jordanien nach Ägypten überwiesen hatte, und riet ihnen, sich augenblicklich nach Jordanien aufzumachen. Doaa, Saja und Nawara schluchzten, als sie ihre Sachen packten. Immer wieder umarmten sie Asma und ihre Cousins. »Ihr kommt doch wieder zurück«, versuchte Asma, sie zu trösten. »Aber wann?«, fragte sich Doaa und sah lange ihre Schwester an, um sich ihr Gesicht einzuprägen.

Am nächsten Morgen um neun Uhr packten sie die Koffer ins Auto von Shokris Freund und drängten sich alle zusammen in den Wagen. Am letzten Checkpoint vor der Grenze murmelte Doaa hörbar: »Das fühlt sich an, als würde der Deckel meines Sargs zugenagelt.« Sie sah aus dem Fenster und sagte allem, was sie sah, Lebwohl. »Lebt wohl, Straßen. Lebt wohl, Bäume. Leb wohl, Dara'a. Leb wohl, Wetter. Lebt wohl.« Eine Träne tropfte auf den Autositz, als sie sich aus dem Fenster lehnte, um ein wenig Luft zu bekommen.

Shokri drehte sich auf dem Vordersitz um und sah Doaa an. Mit sorgenvoller Miene betrachtete er seine Tochter. Er wusste, dass seine Familie unter der Abreise litt. Doch er hatte die schwere Entscheidung getroffen, das Leben, das sie sich aufgebaut hatten, hinter sich zu lassen, eben weil er die Seinen beschützen wollte. Ihm war klar, dass Doaa und ihre Geschwister seinen Entschluss jetzt möglicherweise noch nicht verstehen konnten, doch er wollte zumindest versuchen, ihnen zu erklären, dass er das seiner Ansicht nach einzig Mögliche tat.

»Glaubst du denn, ich würde Dara'a freiwillig verlassen?«, fragte er und bemühte sich, seiner Stimme einen festen Klang zu geben. Er würde alles tun, um seiner Familie Leid zu ersparen. »Ich habe einfach keine Wahl. Ich werde nicht das Risiko eingehen, dass man euch Mädchen entführt.«

Nun weinten alle drei Mädchen. Khaled sprang seinem

Freund bei: »Euer Vater hat recht, euch aus diesem Irrsinn wegzubringen. Er will euch doch nur in Sicherheit wissen.«

Doaa vertraute Khaled, sie kannte ihn schließlich schon ihr Leben lang. Und ein Teil von ihr wusste, dass er recht hatte. Sie war dankbar, weil er ihrem Vater half, sich um die Familie zu kümmern, daher tat sie ihr Bestes, um ihre Enttäuschung zu verbergen. Damals konnte sich niemand vorstellen, was in Syrien noch geschehen würde. Monate später hörten die Al Zamels, dass Khaled bei Kämpfen in Dara'a getötet worden war.

Sieben Checkpoints lagen auf der fünfzehn Kilometer langen Route zur Grenze. An einem dieser Kontrollpunkte öffneten die Sicherheitskräfte den Kofferraum, holten die Gepäckstücke heraus und verstreuten alle Habseligkeiten der Familie auf dem Boden. An einem anderen wurden sie verhört. Die Soldaten wollten wissen, warum sie Syrien verließen. »Mein Mann ist krank«, log Hanaa. »Wir müssen ihn im Ausland behandeln lassen.« Und irgendwo tief in ihrem Herzen hoffte Doaa immer noch, dass man sie zurückschicken würde, dass sie wieder nach Hause könnten. Doch der diensthabende Soldat zuckte auf Hanaas Antwort hin nur wegwerfend mit den Schultern und bedeutete ihnen weiterzufahren. Als sie die jordanische Grenze erreichten, ließ Doaa den Blick schweifen. Sie wollte den Anblick ganz genau in sich aufnehmen.

»Ich beneide die Berge und die Bäume und die Steine, denn sie werden die Luft von Dara'a atmen können, ich aber nicht«, flüsterte sie schließlich, als sie sich mit einem letzten langen Blick von ihrer Heimat verabschiedete.

Es war inzwischen im November 2012, ein Jahr und acht Monate, nachdem die Gewalt in Syrien begonnen hatte. Die Zahlen unterscheiden sich je nach Zählung massiv, doch die SOHR, die Syrische Beobachtungsstelle für

Menschenrechte, schätzt, dass bis zu diesem Zeitpunkt bereits mehr als neunundvierzigtausend Menschen getötet worden waren. Wie viele verschwunden waren oder im Gefängnis saßen, lässt sich kaum abschätzen. Der Bürgerkrieg sollte von Jahr zu Jahr tödlicher werden. Im fünften Jahr, so schätzen die Vereinten Nationen, waren etwa zweihundertfünfzigtausend Menschen getötet und gut eine Million verwundet worden. Inzwischen hatten etwa fünf Millionen Syrer wie Doaas Familie ihr Land verlassen, während etwa sechseinhalb Millionen innerhalb Syriens auf der Flucht waren. Dabei zogen sie häufig von einer Region in die andere, ständig auf der Suche nach ein wenig Sicherheit. Im Jahr 2016 war Syrien die Nation mit weltweit den meisten Flüchtlingen.

Als Khaled sein Auto auf den Grenzübergang Nasib zusteuerte, sahen sie gut zweihundert Autos, die darauf warteten, nach Irbid durchgelassen zu werden, in die jordanische Grenzstadt. Es ging nur zentimeterweise vorwärts. Einige Autos wurden nach Jordanien durchgelassen, andere mussten umkehren. Je näher sie dem eigentlichen Grenzübergang kamen, desto deutlicher waren die Zeichen der Anspannung in Shokris Gesicht zu erkennen. Hanaa saß steif wie ein Brett auf dem Vordersitz. Doaa hatte so lange still gesessen, dass sie am liebsten aufgesprungen wäre und geschrien hätte. Als sie schließlich an der Grenze ankamen, sagte der Soldat zu Shokri, dass sie der Übergang zehntausend Lira pro Person kosten würde. Shokri besaß aber nur siebentausend Lira und dreihundert ägyptische Pfund. Er versuchte, mit den Soldaten zu verhandeln, doch vergeblich. Die Soldaten verschränkten die Arme vor der Brust und schüttelten den Kopf. Doaa hätte ihnen am liebsten in ihre gleichgültigen Gesichter geschrien. Man befahl ihnen umzukehren. Khaled meinte, sie sollten einfach in der Nähe irgendwo halten, um sich

einen neuen Plan zu überlegen. Shokri und Hanaa stimmten resigniert zu. Sie hatten Dara'a um neun Uhr morgens verlassen, und über den häufigen Halten an den Checkpoints sowie aufgrund der Verzögerungen wegen der vielen Autos, die auf die Grenze zurollten, war es Mitternacht geworden. Also fuhren sie auf den nächstgelegenen Parkplatz und stiegen aus. Sie froren in der kalten Novembernacht.
Doaa konnte nicht eine Minute länger still sitzen, so eng hatte sie sich mit ihren Geschwistern auf dem Rücksitz zusammengequetscht. Sie stieg aus dem Auto und streckte und reckte sich. All ihre Muskeln schmerzten von der langen Fahrt. Als sie über den Parkplatz schlenderte, sah sie eine Reihe geparkter Autos nach der anderen. Offensichtlich ging es vielen Menschen so wie ihnen. Man hatte sie nicht nach Jordanien hineingelassen, doch keiner wollte jetzt einfach umkehren. Aus der Menge der Menschen hörte sie die Stimmen weinender Frauen heraus und das Schreien von Babys. Männer und Frauen wanderten durch die Wagenreihen und versuchten verzweifelt, einen Weg über die Grenze zu finden. Die Kinder saßen müde auf dem Boden, zu erschöpft zum Spielen. Es sah aus, als säße halb Dara'a hier an der Grenze zu Jordanien fest. Bei diesem Anblick wünschte Doaa sehnlichst, irgendwo anders zu sein als auf diesem überfüllten Parkplatz, auf dem die Verzweiflung mit Händen zu greifen war. Und dann, urplötzlich, entdeckte sie ihren Onkel Walid, Hanaas Bruder, der an einem Klapptischchen saß, einen Stapel Zeitungen neben sich. Er war Ingenieur gewesen, aber als der Krieg begann, hatte er seine Arbeit verloren, und nun verkaufte er Zeitungen an ebendiesem Grenzübergang! Einen Moment lang starrte Doaa ihn an, weil sie nicht fassen konnte, dass sie hier ihrem Onkel begegnete. Dann aber lief sie zu ihm hinüber. Walid las. Er merkte zuerst gar

nicht, dass Doaa vor ihm stand. Schließlich blickte er erschrocken auf, doch als er seine Nichte erblickte, strahlte er übers ganze Gesicht. Doaa erklärte ihm, was passiert war. Ihre Worte überschlugen sich fast, als sie auf ihr Auto zeigte. Walids Miene wurde immer ernster, während er ihr zuhörte. Dann nahm er ihre Hände und zog sie an sich. »Geh zurück zum Auto und warte dort«, befahl er ihr. »Rührt euch nicht vom Fleck.« Doaa lief zum Wagen zurück und erzählte ihren Eltern, was sie gerade erlebt hatte. Sie blieben zusammen beim Auto, wie Walid gesagt hatte. Innerhalb einer Stunde stand die Familie Al Zamel auf der Liste jener Personen, die nach Jordanien einreisen durften. Sie nahmen an, dass Walid Schmiergeld gezahlt hatte, damit sie ins Exil gehen konnten als Flüchtlinge.

Doaa und ihre Familie hatten Glück gehabt. Es war schwierig und gefährlich, in diesen Zeiten über die Grenze zu kommen. Man musste die Grenzbeamten bestechen, es unter Umständen mehrfach versuchen. Je schlimmer der Krieg im Land wütete, desto schwieriger wurde es, dieses zu verlassen. Die Zahl der syrischen Flüchtlinge in den Nachbarländern Jordanien, Libanon und Türkei stieg täglich. Es wurde immer komplizierter, irgendwo Asyl zu finden. Die Nachbarländer, die sich nicht mit einem endlosen Flüchtlingsstrom belasten wollten, durch den sie ihre innere Sicherheit gefährdet sahen, machten die Grenzen allmählich dicht, so dass nur noch einreisen durfte, wer schwerwiegende Gründe nennen konnte.

Die Al Zamels hatten Glück gehabt. In Jordanien steuerten sie die Grenzstadt Irbid an, wo einer von Shokris Brüdern lebte. Er war da, um sie in Empfang zu nehmen. Sie kletterten mühselig aus Khaleds Auto und bedankten sich herzlich bei ihm, der eilig nach Dara'a zurückmusste. Die nächsten drei Tage verbrachte die Familie in Irbid und wartete auf die Fähre nach Ägypten. Vor allem Shokri

hatte es eilig. Nachdem er in Jordanien im Gefängnis gesessen hatte, wollte er sich dort nicht lange aufhalten.
Am Morgen des 17. November 2012 bestiegen Doaa und ihre Familie den Bus Richtung Küste. Dieser brachte sie entlang der Grenze zu Israel bis zum Toten Meer und schließlich zur Hafenstadt Akaba, von wo aus sie die Fähre nach Ägypten nehmen konnten.
Dort angekommen, reihten sie sich nervös in die Schlange derer ein, die auf die Fähre wollten. Doaa trippelte von einem Fuß auf den anderen, während die Menschenschlange sich durch den Zoll schob. Hamudi umklammerte fest den Arm seiner Mutter, Saja und Nawara setzten sich immer wieder auf ihre Koffer und standen nur auf, wenn sich die Schlange ein paar Meter vorwärtsschob. Warten – das war auf dieser Reise ihr täglich Brot geworden. Scheinbar pickten die jordanischen Grenzbeamten gezielt Syrer heraus, um sie zu durchsuchen. Doaas Familie sollte vortreten, während eine Gruppe ägyptischer Reisender anstandslos durchgelassen wurde. Doaa hob ihren Koffer auf den Tisch des Zollbeamten. Als dieser ihr Gepäck öffnete, sah sie vor sich liegen, was sie in den aufwühlenden letzten Stunden zu Hause eingepackt hatte: zwei Kleider, mehrere Hosen, zwei Blazer, ein paar Röcke, ein paar Schleier und das ein oder andere Accessoire. Sie starrte den ärmlichen Inhalt ihres Koffers an und dachte an die Bücher, die sie hatte zurücklassen müssen, weil sie zu schwer waren – eines über Traumdeutung, ein paar Romane, Gedichte von Nizar Kabbani und ein Arbeitsbuch zur englischen Grammatik. Sie dachte an ihren kleinen Teddybären, der aufleuchtete und ein leises Kussgeräusch machte, wenn man ihn drückte. Und an ihre Zeichnungen – wunderschöne Kleider, die sie irgendwann nähen und tragen wollte. Jetzt sah die Zukunft düster aus; an schicke Kleidung war nicht zu denken. Sie senkte den Blick und blinzelte ein paarmal,

um nicht loszuweinen. »Ich habe mein ganzes Leben in Syrien zurückgelassen!«, klagte sie bei sich. Doch da sie ihre Familie nicht noch mehr belasten wollte, versuchte sie, sich mit dem Gedanken zu trösten, dass alles, was ihr wertvoll war, im Haus ihres Großvaters auf sie wartete. Und irgendwie hoffte sie auch, dass all ihre kostbaren Kleinigkeiten ihre Heimatstadt schützen würden. Wenn sie einen Teil ihrer selbst in Dara'a zurückgelassen hatte, dann musste sie doch eines Tages wieder dorthin zurückkehren können!

Die Abfahrt der Fähre verzögerte sich aufgrund des schlechten Wetters um Stunden. Doaa saß auf ihrem Koffer und wartete. Sie fürchtete die nächsten fünf Stunden ihrer Reise, die sie über den Golf von Akaba bringen würde. So ganz hatte sie ihre Angst vor dem Wasser nie überwunden, und überhaupt war sie noch nie auf einem Schiff gewesen. Die Wellen schlugen hoch und versetzten es schon im Hafen in eine fortwährende Schaukelbewegung. Die Fähre war groß und schien stabil, was Doaa ein wenig beruhigte, aber so ganz frei von Furcht war sie doch nicht. Immer wenn eine neue Welle die Fähre gegen das hölzerne Dock drückte, fuhr Doaa bei dem knirschenden Geräusch heftig zusammen. Sie musste all ihre Sturheit und ihren Mumm zusammennehmen, um auf das Schiff zu gehen, sobald man sie durchwinkte.

Ihre Mutter blieb mit Hamudi und dem Gepäck im Unterdeck, als Doaa und ihre Schwestern auf das Oberdeck eilten, wo die Aussicht am besten war. Saja und Nawara hielten sich an der Reling fest und schauten aufs Wasser, Doaa aber blieb so weit wie möglich vom Geländer weg. Während ihre Schwestern das Panorama genossen, saß Doaa ganz in der Schiffsmitte und klammerte sich an ihrer Bank fest, während die jordanische Küste allmählich am Horizont verschwand. Erst als ihre Finger sich schon ver-

krampften, rutschte sie ein wenig hin und her, loszulassen aber wagte sie nicht.
Saja drehte sich um und sah nach Doaa. Als sie ihr Gesicht sah, kam sie besorgt auf sie zu: »Doaa, du bist käseweiß im Gesicht!«
»Es ist nur, weil ich das Land nicht mehr sehe«, erklärte sie ihrer Schwester. Tatsächlich war das Ufer verschwunden, und Doaa versuchte, tapfer zu sein. Obwohl sie nicht schwimmen konnte, beruhigte es sie, wenn sie das Land in der Ferne sah, als könnte sie es irgendwie dorthin schaffen, falls es nötig sein sollte. Stattdessen hielt das Schiff auf die offene See zu, und Doaa gestand ihren Geschwistern endlich: »Ich habe Angst!« Sie bat, sie doch nach unten zu begleiten, wo Hanaa und Hamudi warteten. Saja und Nawara halfen ihr, und schließlich war die Familie im Unterdeck versammelt und genoss ein spärliches Picknick.
Schließlich kamen sie im Hafen von Nuweiba auf der Sinai-Halbinsel an. Als die Al Zamels ihren Fuß zum ersten Mal auf ägyptischen Boden setzten, war Doaa so müde, dass sie glaubte, bestimmt eine Woche schlafen zu müssen. Die Beamten dort lächelten und achteten nicht besonders auf ihre Pässe. Sie stempelten die Dokumente ab und erklärten, dass sie durch die Einreise automatisch das Recht erworben hatten, sechs Monate zu bleiben. Dieses Visum konnte noch einmal verlängert werden. Zu jener Zeit war Mohammed Mursi Präsident von Ägypten. Seine Regierung nahm die Flüchtlinge aus Syrien mit offenen Armen auf.
Die Familie reihte sich in die Schlange der Einwanderer ein, während das Gepäck der anderen Passagiere gewogen wurde. Viele von ihnen mussten eine Gebühr für zu viel Gepäck bezahlen. Shokri ließ seinen Blick unbehaglich über all ihre Koffer wandern und fürchtete, dass auch sie würden nachzahlen müssen. Doaa sah, dass er sich Sorgen

machte, und hätte ihn am liebsten getröstet. Sie wusste, dass die Familie nicht genug Geld für zusätzliche Gebühren hatte. Zögerlich näherten sie sich den Zollbeamten.
»Wir sind Syrer und auf der Flucht vor dem Krieg. Deshalb sind wir nach Ägypten gekommen«, sagte Shokri. »Das ist alles, was wir noch haben.« Hanaa trat neben ihren Mann, während Doaa und ihre Geschwister hinter ihren Eltern standen, um die Reaktion abzuwarten. Doaa hielt den Atem an und rechnete insgeheim mit einer neuen Beleidigung durch irgendeinen teilnahmslosen Beamten.
Doch zu ihrer Überraschung lächelte der Mann sie alle an und sagte, dass sie nichts zahlen müssten. »Sie haben Krieg und Leid hinter sich«, erklärte er. »Syrien und Ägypten sind brüderlich miteinander verbunden.« Dann kam ein weiterer Zollbeamter und half ihnen, ihr Gepäck in den Bus nach Kairo zu schaffen. Er wünschte ihnen Glück. Eine ägyptische Familie hatte sich dort aufgereiht, wo die Busse losfuhren. »Willkommen, ihr wunderbaren Menschen aus Syrien!«, riefen sie ihnen zu.
Saja flüsterte, sie käme sich vor wie eine Königin. Zum ersten Mal seit Monaten fühlte Doaa sich sowohl sicher als auch willkommen. Sie hatten gehört, dass Ägypten die Flüchtlinge wohlwollend aufnahm, und jetzt erfuhren sie dies tatsächlich am eigenen Leib. Und doch … trotz des warmherzigen Willkommens war Doaa nervös. Wie würde es sein, ganz von vorne anzufangen, in einem völlig fremden Land? Ihr Instinkt sagte ihr, dass harte Zeiten vor ihnen lagen. Sie sah sich im Bus um, nahm die neue Umgebung in sich auf. Da fiel ihr Blick auf ihren kleinen Bruder. Zum ersten Mal seit langer, langer Zeit sah sie den kleinen Hamudi lächeln.

Es dauerte zehn Stunden, bis der Bus über holprige Wüstenstraßen nach Kairo gelangte. Von dort aus brauchten sie weitere fünf Stunden, um ihr Ziel zu erreichen: Die Stadt Damietta an der Mittelmeerküste, wo Doaas Schwager Islam für sie eine Bleibe gefunden hatte, mitten im Gamasa-Viertel. Das Haus gehörte Islams Freund Abu Amad, der nur ein Jahr zuvor als Flüchtling nach Damietta gekommen war. Also nahmen sie von Kairo aus ein Taxi, das sie auf direktem Weg zu Abu Amads Haus fuhr. Dieser lud sie auf eine einfache Mahlzeit ein und brachte sie dann zu der Wohnung, die er für sie besorgt hatte. Die Wohnung lag im Erdgeschoss eines mehrgeschossigen Hauses. Es gab zwei Schlafräume und ein Wohnzimmer mit schäbigen Möbeln, eine Küche und ein Badezimmer. Islam hatte die Miete für einen Monat im Voraus bezahlt. Nachdem er für die Fahrt nach Kairo aufgekommen war, besaß Shokri nur noch dreihundert ägyptische Pfund, was etwa vierzig US-Dollar entsprach. Natürlich sorgte er sich, woher er Geld für die nächste Miete nehmen sollte.

Die Wohnung war sehr schmutzig, aber in dieser ersten Nacht war das Doaa und ihrer Familie egal. Sie machten sich nicht einmal die Mühe auszupacken, so erschöpft waren sie von der Reise. Für ihre neue Umgebung hatten sie an diesem Tag keine Kraft mehr übrig.

Doaa schlief unruhig. Sie hasste Schmutz, daher träumte sie von riesigen Staubflocken, die im Schlaf auf sie zuwirbelten. Am nächsten Morgen ging die Familie gemeinsam zum Einkaufen in den nahe gelegenen Supermarkt. Natürlich kauften sie einige Reinigungsmittel. Zurück in ihrer neuen Wohnung, ging es zuerst einmal ans Großreinemachen. Es war gut, etwas zu tun zu haben, so empfanden sie die neue Umgebung als nicht gar so beängstigend. Doaa wienerte und polierte, was das Zeug hielt. Zumindest in dieser Hinsicht hatte sie ihr Leben unter Kontrolle.

Nachmittags kamen die neuen Nachbarn zu Besuch und brachten ihnen bergeweise Lebensmittel mit: salzigen Domiati-Käse, frisch gegrilltes Hühnchen, gekochten Reis, ganze Tabletts mit süßem Baklava und Körbe voll frischer Früchte. Auch sie waren Flüchtlinge, aus Damaskus oder Homs, manche stammten sogar wie sie aus Dara'a. Die Al Zamels freundeten sich schnell an mit ihren Nachbarn. Sie erzählten einander, was sie während der Revolution erlebt hatten, und von den Schrecken des Bürgerkrieges, der sie schließlich aus ihrem Land vertrieben hatte. Die Atmosphäre in ihrem neuen Wohnzimmer mit all diesen Menschen war warmherzig und festlich. Doaa strahlte und lachte viel. Es war so eine Erleichterung, mit Menschen aus ihrem Land zusammen zu sein.

Doaas Familie gehörte zu der ersten Flüchtlingswelle, die aus Syrien über Ägypten rollte, seit 2011 die kriegerischen Auseinandersetzungen begonnen hatten. Die meisten kamen, weil sie syrische Verwandte hatten, die ohnehin hier lebten und arbeiteten. Andere standen mit Ägypten in Geschäftsbeziehung oder hatten sonst persönliche Kontakte, kannten Menschen, die sie aufnahmen. Die meisten Flüchtlinge lebten anfangs von ihren Ersparnissen, später kamen Gelegenheitsarbeiten hinzu. Manche eröffneten auch ein Geschäft und konnten das eigene Überleben sichern. Auch Doaas Eltern erhofften sich das, doch bald nach ihrer Ankunft nahm der Strom der Flüchtlinge rapide zu. Die Konkurrenz um die wenigen Arbeitsplätze wurde härter, und es wurde immer schwieriger, Monat für Monat über die Runden zu kommen. In der ersten Hälfte des Jahres 2013 stieg die Anzahl syrischer Flüchtlinge enorm an. Ein Jahr, nachdem die Al Zamels in Ägypten angekommen waren, registrierte das Büro des UN-Hochkommissars für Flüchtlinge (UNHCR) insgesamt 125 499 Flüchtlinge in Ägypten. Die ägyptische Regierung hingegen ging von gut 300 000 Menschen aus, da viele Syrer sich erst gar nicht registrieren ließen.

Die Flüchtlingsgemeinde selbst half den Neuankömmlingen, so gut sie konnte. Das linderte Doaas Einsamkeit ein wenig, obwohl sie ihre Heimat immer noch schrecklich vermisste. Und wenn sie nun nicht bald wieder zurückkehren würden? Das fragte sie sich häufig. Wenn sie nun für immer in diesem merkwürdigen Land bleiben musste? Wie sollte sie sich je daran gewöhnen, sie, die jede Veränderung hasste?

Die Straßen in ihrem Viertel starrten vor Schmutz, und es roch nach verfaulenden Lebensmitteln. Straßenhunde und -katzen ernährten sich von dem, was die anderen wegwarfen. Allenthalben summten Schwärme dicker Fliegen über dem verrottenden Abfall. Wo waren hier nur die Straßenlaternen und die Mülleimer, fragte sich Doaa, wenn sie in der Stadt unterwegs war. Die Menschen von Dara'a waren immer stolz darauf gewesen, dass ihre Stadt so sauber war. Doaa war entsetzt über die Verwahrlosung in ihrer neuen Umgebung. Andererseits hatte Gamasa einen sehr schönen Strand an der Küstenlinie, da das Viertel direkt ans Meer grenzte. Man erzählte ihr, dass es in den wärmeren Monaten zur beliebten Sommerfrische für die Bevölkerung von Damietta wurde. Angesichts der Müllhaufen auf den Straßen konnte Doaa das kaum glauben.

Doaa, die immer noch unter starkem Heimweh litt, machte sich ständig Sorgen um die Zukunft ihrer Familie. Sie wusste, dass ihrem Vater schon bald das Geld ausgehen würde. Da ihre drei älteren Schwestern Alaa, Ayat und Asma schon verheiratet waren und in Abu Dhabi, im Libanon und in Syrien lebten, war Doaa nun das älteste Kind in der Familie. Sie trug also schon ein Gutteil Verantwortung, wusste aber nicht, wie sie diese erfüllen sollte. Sie fühlte sich so ungeheuer ohnmächtig in dieser Situation.

Natürlich waren sie hier in Ägypten sicher. Doaa versuchte, sich einzureden, dass es ihnen hier besserging als zu

Hause. Sie genoss das Gefühl der Sicherheit und Normalität. Schließlich war es eine Wohltat, einfach nur das Geräusch geschäftigen Lebens auf der Straße zu hören statt der Bombeneinschläge. Aber trotzdem litt Doaa unter einer Art Taubheit, die sie im Exil überkommen hatte. In Dara'a hatte sie wenigstens eine Aufgabe gehabt. Sie war ein anerkanntes Mitglied einer Gemeinschaft, die für ihre Werte eintrat, als diese in Gefahr waren. Hier war sie einfach nur ein geduldeter Gast, der von milden Gaben lebte: ein Flüchtling, der zu einer ständig größer werdenden Gruppe ohnmächtiger Menschen gehörte. Manchmal hatte sie auch das Gefühl, ihr Land im Stich gelassen zu haben, obwohl sie wusste, dass es sie vermutlich das Leben gekostet hätte, wäre sie in Syrien geblieben. Aber wer war sie ohne die Menschen in ihrem Umfeld? Welchen sinnvollen Beitrag konnte sie leisten, während ihr Land sich gerade selbst zerstörte? Doaa versuchte, ihre trüben Gedanken vor ihrer Familie zu verheimlichen. Immer wieder sagte sie sich: »Sei geduldig. Dies ist eine neue Herausforderung für dich. Du musst stark sein für deine Familie. Es gibt nichts Wichtigeres für dich als ihr Wohlergehen.«

Einen Monat nach ihrer Ankunft ging den Al Zamels das Geld aus, und die Depression, die Shokri überfallen hatte, als sein Laden zerstört worden war, verschlimmerte sich. Sein Blutdruck und seine Cholesterinwerte stiegen. Er saß stundenlang auf seinem Kissen im Wohnzimmer, rauchte und trank stark gesüßten Tee, sagte kein Wort und bewegte sich nicht einen Zentimeter. Doaa spürte, dass ihr Vater ihr entglitt. Sie war sich sicher, dass er glaubte, als Familienoberhaupt versagt zu haben. Er war nur zu stolz, um darüber zu reden. Ihre Eltern beklagten sich nie vor den Kindern. Sie stritten auch nie, aber Doaa sah, wie die Härten des Flüchtlingslebens an ihnen zehrten, vor allem, als immer klarer wurde, dass sie wohl länger als beabsichtigt in

Ägypten würden bleiben müssen. Tag für Tag sahen sie die Nachrichten, doch die Zusammenstöße und Bombenangriffe in Syrien wurden immer mehr statt weniger. Wenn Hanaa das sah, sagte sie stets: »Gott sei Dank sind wir dort weggegangen.« Shokri hingegen meinte immer noch, dass sie wohl bald zurückkönnten. Er erinnerte sie an Tunesien. Auch dort war einige Zeit nach der Revolution wieder Ruhe eingekehrt. Ähnlich wie in Ägypten, nachdem die Muslimbrüder die Herrschaft übernommen hatten. Doch sosehr Doaa ihrem Vater auch glauben wollte, so war ihr doch klar, dass aus ihm die schiere Verzweiflung sprach. Was sie täglich in den Nachrichten sah, zeigte mehr als deutlich, dass an Rückkehr nicht zu denken war.

Im Februar 2011 kam es in Ägypten zu friedlichen Demonstrationen gegen die autokratische Herrschaft von Präsident Hosni Mubarak. Mit der Zeit wurde die Muslimbrüderschaft im Land immer beliebter und mächtiger. Der weltlich orientierte, nicht-muslimische Bevölkerungsteil Ägyptens empfand diese Entwicklung als durchaus bedrohlich. Im Juni 2012, wenige Monate bevor Doaa und ihre Familie nach Damietta gekommen waren, hatte Mohammed Mursi, der Vorsitzende der von der Muslimbrüderschaft gegründeten Partei der Freiheit und Gerechtigkeit, mit 51 Prozent der abgegebenen Stimmen die erste demokratische Wahl in Ägypten zum Staatspräsidenten gewonnen. Mursi versprach, das Regierungsamt »für alle Ägypter« auszuüben. Seine Kritiker allerdings warfen ihm bald vor, dass er Schlüsselpositionen nur mit Islamisten besetzte. Außerdem mahnte man die Umsetzung der wirtschaftlichen und sozialen Reformen an, die Mursi während seiner Wahlkampagne versprochen hatte.

Als Doaas Familie nach Ägypten kam, wusste sie nichts von der Opposition gegen die Muslimbrüderschaft und Präsident Mursi. Die Familie beschäftigte sich damals fast ausschließlich mit den Neuigkeiten aus ihrem Heimatland Syrien. Für die Al Zamels stellte die Muslimbrüderschaft die Regierung, die sie freundlich aufgenommen und ihnen geholfen hatte. Außerdem wussten sie, dass Mursi – zumindest mit Worten – die syrische Opposition gegen Präsident Assad unterstützte. Und die Familie hatte bis dato ein positives Bild von der ägyptischen Regierung gehabt. Die Muslimbrüderschaft hatte Büros vor Ort und schickte regelmäßig Leute vorbei, die sich ein Bild von den in der Nachbarschaft lebenden Syrern machen sollten. Nach den brutalen Hausdurchsuchungen der syrischen Soldaten erstarrten Doaa und ihre Familie zu Eis, als zum ersten Mal jemand vor der Tür stand, den sie nicht kannten. Doaa blieb hinter ihrem Vater, als dieser auf das Klopfen hin öffnete. Doch statt aggressiver Soldaten mit Gewehren standen zwei lächelnde Männer vor ihnen. Der eine streckte ihnen eine Plastiktüte entgegen, der andere ein paar warme Decken.

»Sie sind hier willkommen. Sie sind unsere Brüder«, sagten sie und drückten Shokri die Geschenke in die Hand. Doaa spähte über die Schulter ihres Vaters: Die Plastiktüte enthielt Nudeln, Zucker, Reis und andere Lebensmittel. Shokri nahm zögernd die Tüte an, die Decken legte der Mann einfach auf den Boden neben der Tür. Innerlich zutiefst bewegt, brachte Shokri gerade mal ein schwaches Dankeschön heraus.

Natürlich waren solche Geschenke höchst willkommen, denn die Familie hatte kein Geld mehr für die Miete. Schon nach zwei Wochen begann Shokri, sich nach einer billigeren Bleibe umzusehen. Zu seinem Erstaunen hörte er von einem ägyptischen Hotelbesitzer, der syrischen Flüchtlingen helfen wollte, indem er sie den Winter über, wenn sein Hotel leerstand, in den freien Zimmern leben ließ. Von Mai bis Oktober jedoch sollte es in Gamasa nur so von ägyptischen Touristen wimmeln, die sich in den billigen Hotels an der Mittelmeerküste einmieteten, um dort die Ferien zu verbringen. Im Winter aber war die Gegend wie ausgestorben.

Doaa und ihre Familie konnten nicht fassen, dass jemand sie umsonst irgendwo wohnen lassen wollte, daher sah Shokri sich die Zimmer vorher an. Als er zurückkehrte, war er guter Dinge. Und so packten die Al Zamels ihre Sachen zusammen und nahmen ein billiges Tuktuk, ein dreirädriges Motorradtaxi, um ihr Gepäck zum Hotel Amira zu bringen. Es lag an einer nicht geteerten Straße in der Nähe einer der größten Moscheen von Gamasa. Die blaue und weiße Farbe blätterte von dem Lattenzaun um das Gebäude ab. An manchen Stellen waren die Latten eingedrückt, als sei ein Auto hineingefahren. Khalid, der Hotelmanager, lief mit Frau und Kindern vor die Tür, um die Al Zamels zu begrüßen. Er meinte, sie sollten sich ruhig umsehen, bevor sie ihr Zimmer auswählten. Sie waren die ersten syrischen Flüchtlinge im Hotel, also hatten sie die freie Auswahl.

Auch im Hotel blätterte überall die Farbe ab. Die Betten ächzten und quietschten, wenn man sich draufsetzte. Alle Geräte in der kleinen Küche waren rostig, Waschtisch und Duschwanne im Badezimmer zeigten Sprünge. Aber die Zimmer hatten große Balkone, die direkt auf den Hotelgarten hinausgingen. Das Gras dort leuchtete grün, eine riesige Palme spendete Schatten über den einladenden Bänken, und selbst die Büsche waren hübsch in Form geschnitten. In den Augen von Doaa und ihrer Familie war das Hotel ein himmlischer Zufluchtsort, für den sie dankbar waren. Sie suchten sich eine schöne Suite mit zwei Schlafzimmern aus, und Khalid Fadlon händigte ihnen die Schlüssel aus.

Der Hotelbesitzer kam hin und wieder vorbei, um der

Familie seinen Respekt und seine Sympathie zu bezeugen. Wann immer ihm die Al Zamels für seine Großzügigkeit dankten, meinte er nur, er freue sich, ihnen behilflich sein zu können. Und wenn er den neunjährigen Hamudi irgendwo allein herumtollen sah, drückte er ihm ein paar Scheine in die Hand, wusste er doch, dass Shokri und Hanaa viel zu stolz waren, um ein derartiges Geschenk anzunehmen. Bald verbreitete sich die Kunde von Fadlons Großzügigkeit in der Stadt, so dass das Hotel sich rasch mit syrischen Flüchtlingsfamilien füllte. Nachmittags versammelten sich die Menschen um einen langen hölzernen Picknicktisch im Garten und erzählten einander von ihrem Leben vor dem Krieg und vom Schmerz und Leid, das sie seit seinem Ausbruch hatten erdulden müssen. Nachbarn und Vertreter religiöser Gruppen, die Mitleid mit den Syrern hatten, kamen vorbei und brachten Kleidung und Decken. Immer wieder sorgten die Ägypter dafür, dass die Vertriebenen sich in ihrem Land wohl fühlten.

Eines Abends, etwa einen Monat, nachdem die Al Zamels ins Hotel gezogen waren, lud Khalid sie zum Abendessen nach Hause ein. Er, seine Frau und ihre vier Söhne lebten etwa eine Autostunde entfernt in einem kleinen Vorort namens Kfar Al-Ghab. Khalids Frau tischte Suppe, Salat und Ente mit Reis auf. Nach dem Essen nahm Khalid sie mit und zeigte ihnen sein Viertel. Er stellte sie den Nachbarn als Freunde aus Syrien vor. Khalid wurde der erste ägyptische Freund, den die Al Zamels gewannen. Und Doaa fühlte sich zum ersten Mal, seit sie Syrien verlassen hatte, zu Hause.

Als der Winter zu Ende war und das Hotel sich wieder mit zahlenden Gästen zu füllen begann, mussten Doaa und ihre Familie ihren Zufluchtsort leider verlassen. Sie suchten eine neue Bleibe, doch diesmal kam ihnen kein mitfühlender Hausbesitzer zu Hilfe. Die Vermieter hatten im

Gegenteil begonnen, die Notlage der Syrer auszunutzen und ihnen überhöhte Preise abzuverlangen.
Shokri verdiente zwar mit Gelegenheitsarbeiten ein wenig Geld, aber das reichte nicht weit. Und so zog die Familie in eine winzige Wohnung in einer recht lauten Straße von Gamasa. Der Dreck des ungepflasterten Untergrunds vermischte sich mit den Abfällen, die dort jedermann auf die Straße warf. Doaa war verzweifelt, als sie dort ankam. Tag und Nacht blieb es laut, denn die ägyptischen Feriengäste blieben lange auf, unterhielten sich angeregt auf der Straße und ließen auch die Musik entsprechend laut laufen. So lag Doaa nachts meist wach. Sie konnte nicht einschlafen und sehnte sich nach der Stille in Dara'a vor dem Krieg.
Während ihre Schwestern sich schnell mit den Mädchen in der Nachbarschaft anfreundeten, versank Doaa in tiefe Depressionen. Sie wollte nichts essen und brachte den ganzen Tag in der schmuddeligen Wohnung vor dem Fernseher zu, um die Nachrichten von Al Jazeera, Orient News und dem Sender der Freien Syrischen Armee aufzusaugen. Am liebsten wäre sie wieder zurückgekehrt, um sich der Revolution anzuschließen. Verzweifelt versuchte sie, ihre Freundinnen in Syrien zu erreichen, doch die Telefonleitungen nach Syrien waren entweder tot oder hoffnungslos überlastet. Nur gelegentlich schaffte sie es, mit ihrer Schwester Asma für ein paar Minuten zu skypen.
Eines Tages erhielt sie eine Nachricht von ihrer Schwester, die sie mit tiefer Unruhe erfüllte. Asma las sie ihr auf Skype laut vor: »Ich vermisse dich. Die ganze Nachbarschaft vermisst dich. Es ist hart, hier zu leben ohne dich. Die Nachbarschaft weint. Du bist das Licht unseres Viertels, ohne dich ist es dunkel geworden hier.« Zu Hause starben jeden Tag mehr Menschen. Die Supermärkte hatten fast nichts mehr zu verkaufen. Jede Woche wurden neue Häuser bis auf die Grundfesten niedergebombt.

Doaa flehte ihren Vater an, sie doch zurück nach Syrien zu bringen, wo sie etwas bewirken könne, statt sich hier in Ägypten einfach nutzlos zu fühlen. Shokri sah seine Tochter ungläubig an: »Ich bringe dich nicht zurück, damit du dort sterben kannst.« Damit war ihre Bitte beantwortet. Doaa bettelte weiter, doch Shokri ließ sich nicht erweichen.

Als er zu krank wurde zum Arbeiten, beschlossen sie und Saja, dass es nun an ihnen sei, die Familie zu ernähren. Ohnehin durften sie erst ab dem nächsten Jahr in Ägypten die Schule besuchen, also konnten sie ihre freie Zeit genauso gut nutzen, um ihrem Vater zu helfen, obwohl sie erst siebzehn und fünfzehn Jahre alt waren.

Sie fanden Arbeit in einer Fabrik, die Leinensäcke herstellte. Der Besitzer sagte ihnen, eigentlich brauche er keine Arbeiter, da schon gut hundert Männer und ein paar Frauen für ihn tätig seien, doch er wolle den Syrern helfen. Jeden Morgen um sieben Uhr nahmen die Mädchen den Bus zur Fabrik und brachten dort den ganzen Tag damit zu, Säcke zu nähen, zu zählen und sie auf dem Rücken zu einer Waage zu schleppen, wo sie gewogen und dann auf einen Stapel gelegt wurden. Doaa, die selbst gerade einmal vierundvierzig Kilo wog, wankte unter der Last. Die Arbeitstage waren lang und hart. Es gab nur eine Pause für das Mittagsgebet, danach wurde bis spät in den Abend hinein gearbeitet. Tagsüber gab es nichts zu essen, nur gelegentlich eine Tasse Tee. Doaa und Saja waren zwei von den ganz wenigen jungen Arbeiterinnen, doch sie wurden von ihren Kollegen immer mit Respekt und Güte behandelt.

Das Schönste an dieser Arbeit war, dass sie Freunde fanden. Doaa und Saja scherzten und flüsterten mit ihren ägyptischen Kolleginnen. Einmal hängte sich eines der Mädchen bei Doaa ein und meinte: »Ich finde Baschar

al-Assad toll, weil ich dich durch ihn kennengelernt habe.«
Doaa vermisste ihre Freundinnen aus der Schule in Dara'a und genoss es, nun wieder mit Mädchen in ihrem Alter zu sprechen. Nun konnte sie sich eher vorstellen, dass sie eines Tages in Ägypten heimisch werden würde.
Als Doaa sich an die Arbeit gewöhnt hatte, fühlte sie sich allmählich weniger hilf- und heimatlos. Nun brachte sie Geld für die Familie nach Hause und konnte sich die Achtung ihrer Arbeitgeber verdienen. Sie kam sich nicht mehr vor wie jemand, der vor dem Kampf im eigenen Land weggelaufen war, sondern wie eine verantwortungsvolle junge Frau, die etwas zum Unterhalt der Familie beitrug. Wenn sie ihren Eltern das Geld gab, tat sie dies unweigerlich mit stolzgeschwellter Brust. Ihre Mutter spürte schnell, dass es ihrer Tochter besserging, und sah mit stiller Zufriedenheit zu, wie sie vor ihren Augen zu einer fähigen jungen Frau heranwuchs.
Auch die jungen Männer begannen bald, ein Auge auf Doaa zu werfen. In den drei Monaten, die sie in der Fabrik arbeitete, machten ihr zwei Ägypter einen Heiratsantrag, aber sie lehnte beide Male ab, obwohl sie in dem Alter war, in dem junge Mädchen gewöhnlich heiraten. Doch Heirat war das Letzte, woran Doaa dachte. Wenn sie heiraten würde, dann nur einen Syrer. Und dann würde sie mit ihm nach Hause zurückkehren.
Eines Tages nahm Doaa einen Tag frei, um sich um ihre kranke Mutter zu kümmern. Sie machte Tee für Hanaa und sah nach Hamudi, doch insgeheim fragte sie sich natürlich, ob sie ihren Job verlieren würde oder der Fabrikbesitzer ihr den Tag vom Lohn abziehen würde. Daher ging sie am nächsten Tag vor Arbeitsbeginn sofort ins Büro des Schichtführers und bot an, die verpasste Zeit nachzuarbeiten.
Als sie ins Büro trat, hatte sie die Augen züchtig niederge-

schlagen. Sie entschuldigte sich dafür, dass sie am Vortag gefehlt hatte. Doch statt sie abzumahnen, wie sie erwartet hatte, lächelte er sie an und fragte, wo sie lebe. Am nächsten Tag läutete es an der Wohnungstür. Draußen standen der Schichtführer und sein Assistent. Sie trugen einen Korb voller Früchte und Süßigkeiten und fragten nach Hanaa. Als sie mit der Familie um den Tisch saßen, meinten die beiden, sie seien gekommen, um Hanaa eine rasche Genesung zu wünschen. »Wir lieben die Syrer. Sie sind willkommen in unserem Land, und wir möchten sie unterstützen«, sagte der Schichtführer zu Shokri und Hanaa. »Und machen Sie sich keine Sorgen wegen Ihrer Mädchen in der Fabrik. Ich passe schon auf sie auf.«

Doaa war tief berührt.

Nachts, wenn Doaa sich ausruhte, wanderten ihre Gedanken zurück nach Syrien. Sie verbrachte die Nächte häufig damit, von einem Nachrichtenkanal zum anderen zu springen, um etwas über den Bürgerkrieg in ihrer Heimat zu erfahren. Mit ihrer besten Freundin Amal schrieb sie sich viele SMS. Amal lebte immer noch in Dara'a, so konnte Doaa sie um Neuigkeiten bitten. Sie schrieb ihrer Freundin, dass sie nichts lieber täte, als wieder nach Hause zu kommen. Doch Amal warnte sie: »Besser nicht, Doaa. Die Situation hier wird immer schwieriger. Mittlerweile ist jeder gefährdet. Ich gehe nicht mehr zu den Demonstrationen, jetzt, wo du nicht mehr da bist.« Nach solch einem SMS-Austausch fühlte Doaa sich immer hin- und hergerissen. Sie hatte keine Angst, nach Syrien zurückzukehren, aber dann hätte ihre Familie auf ihr Einkommen verzichten müssen. Sie konnte sie einfach nicht im Stich lassen. Hier wurde sie mehr gebraucht als in Syrien.

Hanaa merkte, wie sehr ihre Tochter sich nach der Heimat sehnte, daher hatte sie ihren Pass versteckt und behielt ihre dickköpfige Tochter im Auge. Eines Tages entdeckte

Hanaa die SMS, die Doaa von syrischen Freunden bekam mit der Bitte, doch zurück nach Hause zu kommen und sie im Kampf zu unterstützen. Als Hanaa Doaa darauf ansprach, versicherte das Mädchen ihr, dass sie die Familie nie verlassen würde. Da merkte Hanaa, dass ihre Tochter in den Monaten, seit sie Syrien verlassen hatten, gereift war. Sie hatte Verantwortung für die Familie übernommen und trug ihren Teil dazu bei, dass sie hier im Exil über die Runden kamen. Und das war alles, was im Moment zählte.
Doch die Arbeit in der Fabrik zehrte an Doaas Gesundheit. Sie wurde Tag für Tag dünner. Denn wenn sie nervös und übermüdet war, konnte sie nichts essen. Außerdem machte sich ihre Blutarmut wieder bemerkbar. Shokri hatte von einem syrischen Geschäftsmann namens Mohamed Abu Bashir gehört, der seine drei Töchter als Näherinnen beschäftigen würde, und das zu höheren Löhnen. Jede von ihnen sollte fünfhundert ägyptische Pfund (etwa fünfzig US-Dollar) im Monat erhalten. Natürlich sagten die Mädchen sofort zu.
Mohamed hatte eine Erdgeschosswohnung in Arbeitsplätze für seine zehn Angestellten umgewandelt. Er hatte große Industrienähmaschinen gekauft und im Schlafzimmer Bügelbretter aufgestellt. Saja und Nawara arbeiteten an der Nähmaschine und fertigten Röcke und Schlafanzüge, während Doaa bügelte.
Die Mädchen arbeiteten allein in einem Zimmer. So konnten sie bei der Arbeit plaudern und scherzen. Der Chef kam mehrmals am Tag vorbei und drehte seine Runde. Manchmal lobte er Doaa vor allen anderen, was sie stolz machte. So konnte sie sich nützlich fühlen, auch wenn die Mädchen keineswegs die versprochenen fünfhundert ägyptischen Pfund verdienten, denn irgendetwas zog der Besitzer ihnen immer ab.
Doaa sehnte sich zwar immer noch nach Syrien, doch nach

gut sechs Monaten hatte sie sich in Ägypten allmählich eingelebt und hatte ihren Frieden mit dem Los ihrer Familie gemacht. Sie alle verdienten genug, um die Miete zu bezahlen, und mit den Lebensmittelmarken von der UNO-Flüchtlingshilfe hatten sie genug, um die Familie zu ernähren. Sie schafften es sogar, ihre Schulden bei den syrischen Familien abzutragen, die ihnen anfangs geholfen hatten.

Doaa merkte, dass ihre alten Träume sich zu verflüchtigen begannen, je länger sie in Ägypten war. In Syrien hatte sie vor dem Krieg noch geplant, an die Universität zu gehen und zu studieren. Sie hätte nur noch ein Jahr auf der höheren Schule absolvieren müssen. In Ägypten aber konnte sie ihre Ausbildung nicht fortsetzen. Hier konnte sie nur ein paar Kurse für Flüchtlinge besuchen, die syrische Lehrer gaben, wenn sie nachmittags frei hatten und nicht durch Unterricht an den Schulen gebunden waren.

Doaa versuchte, sich zu trösten, indem sie sich immer wieder vor Augen führte, welche Fortschritte sie und ihre Familie in Ägypten bereits gemacht hatten. Sie besaßen zwar immer noch nicht viel, doch ihre Situation hatte sich enorm gebessert. Die Dauerspannung, unter der sie in Dara'a gestanden hatten, fiel nach und nach von ihnen ab. Der kleine Hamudi, der zu Beginn ihrer Zeit in Gamasa nie von Hanaas Seite gewichen war, hatte Freunde gefunden. Jetzt schlief er nachts sogar durch. Seine Ängste und Alpträume ließen allmählich nach. Doaa sagte sich, dass alles, was sie sich für den Augenblick wünschte, Friede und Glück waren. Und genug zu essen für ihre Familie.

KAPITEL 5

Liebe im Exil

Nach sechs Monaten im Exil hatte sich Familie Al Zamel an das Leben in Ägypten gewöhnt. Doaas Schwester Asma und ihre zwei Töchter lebten mittlerweile auch bei ihnen. Asma hatte Dara'a verlassen, als die Bombenangriffe sich verstärkten. Doch obwohl Doaas Schwester ihn angefleht hatte, mit ihr zu kommen, war Asmas Mann in Syrien geblieben und kämpfte für die Freie Syrische Armee.

Immer mehr Syrer flohen aus ihrer Heimat, um ihr Leben nicht zu verlieren. Sie fanden Zuflucht in Ägypten, auch in Damietta. Am Wochenende, wenn die Al Zamels an der Strandpromenade spazieren gingen, der Corniche, sah man ihnen deutlich an, dass sie nicht von hier waren, doch die Menschen verstanden, dass der Krieg sie hierhergetrieben hatte. Man akzeptierte sie. Bei diesen Spaziergängen geschah es manchmal, dass man sie ansah und ihnen freundlich zunickte, als wolle man sagen: »Wir fühlen mit euch.« Syrische Frauen waren leicht zu erkennen, da sie den Schleier anders trugen als die Ägypterinnen. Und die Männer riefen ihnen zu: »Ihr seid hier willkommen!« Manchmal fügten sie dann noch scherzhaft hinzu: »Willst du mich heiraten?«

Die Neuigkeiten aus ihrer Heimat ließen keine Hoffnung auf eine baldige Rückkehr zu. Die Al Zamels richteten sich darauf ein, länger in Ägypten bleiben zu müssen als ursprünglich gedacht. Von Freunden aus Dara'a erfuhren sie, dass Nachbarn im Kampf den Tod gefunden hatten und ihr Viertel mittlerweile wie ausgestorben war. Kurz nach ihrer Flucht aus Syrien war Asmas Haus von einer Rakete

getroffen worden. Das Haus gegenüber wurde dabei in Schutt und Asche gelegt. Doaas Familie machte sich Sorgen um die Freunde, die sie in Dara'a zurückgelassen hatte, und schrieb ihnen täglich SMS, um in Erfahrung zu bringen, ob sie noch am Leben waren.
Anfang Mai, sechs Monate nach ihrer Ankunft in Ägypten, brachte Doaas vierundzwanzigjähriger Cousin Maisam Neuigkeiten. Maisam und seine Frau, die zwei Monate nach den Al Zamels nach Ägypten gekommen waren, lebten in der Wohnung über ihnen. Eines Abends setzte er sich neben Hanaa, schlürfte seinen Tee und verkündete ganz aufgeregt: »Mein bester Freund Bassem kommt. Er wird bei uns wohnen. Du wirst ihn gernhaben, Tante Hanaa! Jeder in Dara'a hat ihn gemocht.«
Bassem war achtundzwanzig und hatte bis zum Krieg einen florierenden Friseursalon betrieben, den er von seinen eigenen Ersparnissen aufgebaut hatte. Als der Krieg nach Dara'a kam und sein Geschäft geschlossen wurde, hatte er sich der Opposition angeschlossen. Später kämpfte er für die FSA und wurde gefangen genommen. Während der zwei Monate im Gefängnis war er gefoltert worden. Man gab ihm nichts zu trinken, hängte ihn an den Händen auf und zwang ihn, im Sitzen zu schlafen. Maisam meinte, vermutlich habe Bassem noch Schlimmeres erlebt, wolle aber nicht darüber sprechen. Als man ihn freiließ, erfuhr er, dass sein Bruder getötet worden war. Er hatte Bassems Pass bei sich getragen. Bassem war also nach seinem Gefängnisaufenthalt nicht nur vorbestraft, sondern offiziell auch tot, was bedeutete, dass er nun ohne Pass war und nicht durch die Checkpoints kommen würde, die mittlerweile die ganze Stadt durchzogen wie ein Netz. Ohnehin hatte man ein Auge auf ihn, und nur das Haus zu verlassen, bedeutete, dass er sich in höchste Gefahr begab.

Schließlich hatte Maisam seinen Freund überzeugt, aus Syrien fortzugehen, bevor er dasselbe Schicksal erleiden würde wie sein Bruder. Maisam erzählte Hanaa, dass Bassem bald eintreffen würde.

Einige Abende später rief Maisam Hanaa an und bat sie, doch etwas zu essen zuzubereiten. Seine Frau Shifaa erwartete nämlich Zwillinge und brauchte Unterstützung. »Heute ist ein Festtag«, rief er. »Mein Freund Bassem ist hier!« Hanaa bat daher Doaa, ein paar Reste aufzuwärmen und sie nach oben zu bringen.

Doaa tat wie geheißen. Sie trug ein paar Teller mit heißem Essen die Treppe hinauf zu Maisams und Shifaas Wohnung. Shifaa öffnete die Tür und schenkte Doaa ein dankbares Lächeln. »Danke!«, sprudelte es aus ihr heraus, während sie Doaa kurz umarmte. »Und bitte danke auch deiner Mutter. Ich kann mich kaum noch bewegen, geschweige denn kochen.« Doaa hauchte Shifaa einen Kuss auf die Wange. Ihr enormer Kugelbauch war wirklich beeindruckend. Dann nickte sie Maisam zu, nicht ohne einen Blick auf den Besucher zu werfen.

Als Doaa Bassem zum ersten Mal sah, war sie nicht sonderlich beeindruckt. Bescheidenheit und Tradition verboten ihr, einen fremden Mann direkt anzusehen. Als sie den Raum betrat, hielt sie den Blick fest auf den Boden gerichtet. Schnell stellte sie die Teller auf ein Tischtuch in der Mitte des Raumes. Auch ihr schneller Blick auf den jungen Mann enthüllte nichts Weltbewegendes.

Nach ein paar Minuten entschuldigte sie sich bei Maisam und Shifaa. Sie müsse jetzt Asma und ihren Töchtern helfen, denn diese wollten schon bald zurück nach Jordanien. Asmas Mann war immer noch in Syrien, deshalb wollten sie zurück nach Irbid ziehen, um näher bei ihm zu sein. Doaa umarmte Shifaa, verließ die Wohnung und hatte Maisams Freund auch schon vergessen.

Am Tag darauf halfen Shokri, Doaa und ihre Schwestern Asma, das schwere Gepäck die fünf Treppen nach unten zu schaffen, wo ein Taxi sie abholte, das sie in vierstündiger Fahrt zum Flughafen von Alexandria bringen sollte.
Am Check-in-Schalter bemerkten die Angestellten, dass Asma nur ein Einreiseticket hatte, aber kein Visum. Man würde ihr die Ausreise daher nur erlauben, wenn sie für fünfhundert US-Dollar ein Rückreiseticket erwarb. Als Asma dies hörte, brach sie in Tränen aus. So viel Geld hatte sie nicht. Shokri erklärte dem diensthabenden Beamten, dass sie arme Flüchtlinge seien und seine Tochter zurück zu ihrem Ehemann wollte. »Lassen Sie sie fliegen. Wir bezahlen später für sie, bitte«, bettelte er.
Der Mann ließ sich erweichen, als er dies hörte: »Sie haben zwei Tage, um das Geld zusammenzukratzen. Ich werde Ihr Ticket abändern, bringen Sie nur einfach das Geld vorbei.«
Asma schrieb ihrem Mann in Syrien eine SMS, um ihn über den Stand der Dinge zu informieren, und bat ihn, ihr das Geld zu überweisen. So musste die Familie sich unverrichteter Dinge auf den Weg nach Hause machen.
Wieder zu Hause angekommen, schnappten Doaa und ihre Schwestern sich je einen Koffer und schleppten das schwere Gepäck die fünf Treppen zur Wohnung hinauf. In diesem Moment betrat Bassem das Haus und sah, wie sich Doaa mit dem Koffer abmühte. Sie trug einen roten Schleier, den sie besonders liebte, und ein langes, fließendes Kleid. Ihr Gesicht war vor Anstrengung gerötet.
»Kann ich Ihnen helfen?«, fragte Bassem. Im nächsten Moment griff er schon nach dem Koffer. Doaa aber lehnte höflich ab und hielt den Griff nur umso fester. Bassem sah sie erstaunt an. Da war diese schmale Frau und versuchte entschlossen, den schweren Koffer über fünf Treppen nach oben zu tragen. Er bestand darauf, ihr zu helfen,

doch das machte Doaa nur noch eigensinniger. »Ich schaffe das schon alleine«, versetzte sie knapp. Sie war zum einen nicht daran gewöhnt, mit Männern zu sprechen, die sie nicht kannte, zum anderen war sie stolz darauf, ihre Angelegenheiten alleine in den Griff zu bekommen. Sie mochte es nicht, wenn jemand sie für schwach hielt, schon gar nicht, weil sie ein Mädchen war. Vor einem Mann, den sie kaum kannte, würde sie sich nie diese Blöße geben. Und so zerrte sie dickköpfig den Koffer hinauf, Stufe um Stufe, bis in ihre Wohnung.

Doaa vergaß diese Episode sofort wieder, doch Bassem war tief beeindruckt. Er nahm die Treppen zu Maisams Wohnung im Sturm und kam schnaufend dort an. »Wie heißt deine schöne Cousine mit dem roten Schleier?«, wollte er wissen.

Maisam antwortete: »Das ist Doaa! Ich hab's dir doch schon erzählt. Sie hat uns gestern das Essen gebracht. Oder war es Saja? Ich weiß nicht mehr.«

»Ist sie verlobt?«

Maisam grinste. »Nein.« Dann überlegte er noch mal und sagte: »Keines der Mädchen hat einen Verlobten.«

»Gut. Sie soll die meine werden.« Bassem lächelte. »Sie hat so etwas an sich. Ich bin total hin und weg.«

Maisam zucke mit den Schultern. Er fand, dass sein Freund ein hoffnungsloser Romantiker war, andererseits freute er sich, dass überhaupt irgendetwas sein Interesse zu wecken vermochte. Doaa den Hof zu machen, würde ihn ablenken, dachte Maisam, als er Bassem durch die Wohnung hüpfen sah. Offensichtlich hatte ihn diese Begegnung nachgerade beflügelt.

Seit Bassem angekommen war, hatte er tiefernst und niedergeschlagen gewirkt. Er redete nicht über das, was ihm im Gefängnis widerfahren war, auch nicht über den Tod seines Bruders. Vielmehr schien er diese Erfahrung tief in

seinem Innersten vergraben zu haben und einfach mit seinem Leben weitermachen zu wollen. Wenn die Werbung um Doaa ihn über das Erlebte hinwegbringen sollte, würde Maisam ihm helfen, so gut es ging.
Einige Tage später packten Bassem und Maisam ihre wenigen Habseligkeiten zusammen. Maisam und Shifaa würden in ein anderes Haus ziehen. Dort hatten sie eine bezahlbare Wohnung gefunden, die nicht ganz so hoch oben lag. Shifaa würde es leichter haben mit den Zwillingen. Sie hatten Bassem gebeten, doch bei ihnen wohnen zu bleiben.
Sobald sie sich in der neuen Wohnung eingerichtet hatten, luden sie als Erstes Familie Al Zamel zum Mittagessen ein. Als Bassem öffnete, bemerkte Doaa sofort, dass er sich feingemacht hatte. Er trug eine Anzughose und ein gebügeltes Hemd. Sein dunkles Haar war mit Gel geglättet, und er hatte seinen Bart zum Goatee getrimmt – ein entschieden moderner Look. Von dem Moment an, in dem Doaa die Wohnung betreten hatte, ließ er sie nicht mehr aus den Augen. Während des Essens brachte er alle zum Lachen und erzählte eine Geschichte nach der anderen. Doaa spürte, wie er immer wieder seinen Blick auf sie richtete, als suche er ihre Zustimmung.
Auf dem Weg nach Hause fragte Doaa ihre Schwestern: »Wieso hat der Typ uns nur so angestarrt?«
»Ich glaube, er steht auf dich!«, feixte Saja. Aber Doaa wusste, dass ihre kleine Schwester eine überbordende Fantasie hatte, und so schnitt sie ihr nur eine Grimasse.
Am nächsten Tag kam Maisam zu den Al Zamels auf Besuch, wie er das oft nachmittags tat. Als Doaa in der Küche Tee machte, kam Maisam plötzlich herein. Er lehnte sich lässig an die Anrichte, schnappte sich einen Keks vom Teller und sagte: »Hallo, Fröschlein!« Den Spitznamen hatte er ihr schon gegeben, als sie noch klein war. »Wie findest du eigentlich Bassem?«

Doaa starrte ihn wortlos an. Dazu hatte sie nun so gar keine Meinung.
Als sie nicht reagierte, rief Maisam: »Doaa! Bassem ist ernsthaft verliebt in dich. Er möchte dir einen Antrag machen!«
Doaa stellte den Teekessel ab und sah ihren Cousin entsetzt an. »Was? So schnell? Er hat mich doch nur zweimal gesehen.« In der traditionellen arabischen Kultur geht ein Paar zuerst eine Verlobung ein. Das ist ein offizielles Versprechen. Von diesem Moment an dürfen die beiden sich treffen, und erst dann wird entschieden, ob sie zusammenpassen. Doaa zeigte jedoch nicht das geringste Interesse.
»Er hat dich nur diese beiden Male gesehen. Aber er ist sich seiner Gefühle für dich sicher.« Maisam warb voll Eifer für seinen Freund. »Hör mal zu, Doaa, Bassem ist wirklich sehr fleißig. Er war zu Hause sehr erfolgreich. Er hat Ersparnisse, und er wird hier bestimmt auch wieder einen Job finden.«
Doaa schüttelte den Kopf. »Bassem weiß gar nichts über mich. Und außerdem bin ich nicht interessiert. Bitte bring ihm das schonend bei.« In ihren Augen war die Sache damit erledigt. Tief in ihrem Innern aber war Doaa wütend auf Maisam, weil sie sicher war, dass er Bassem zu einem so frühen Antrag gedrängt hatte. Was ihr Cousin da offensichtlich ausgeheckt hatte, machte sie wütend. Sie redete mindestens eine Woche lang kein Wort mit ihm.
Maisam ging nach Hause und erzählte seinem Freund, was Doaa gesagt hatte. Er meinte, er solle sich doch ein anderes Mädchen suchen. Doaa sei ziemlich starrköpfig, und sie habe unmissverständlich gesagt, dass sie kein Interesse habe. Diese Abfuhr war für Bassem ein schwerer Schlag. Jeder Mensch, der ihn kannte, wusste, dass er alles, was er tat, von ganzem Herzen machte. Er war ein leidenschaft-

licher Mensch, ob es nun um den Kampf für sein Land ging oder um die Liebe. Und er war ein Beschützertyp. Vom ersten Moment an, in dem er Doaa gesehen hatte, wusste er, dass er sich um dieses Mädchen kümmern wollte. Er war allein und erfüllt von Trauer nach Ägypten gekommen. Doaa war der erste Lichtblick in seinem tristen Flüchtlingsdasein. In ihr sah er eine Hoffnung für die Zukunft. Und er war zutiefst überzeugt, dass sie die Einzige war, die ihn glücklich machen konnte. So war es ihm noch nie mit einem Mädchen ergangen. Doch ihre Ablehnung verwirrte ihn. Doaa war das erste Mädchen, das nein zu ihm sagte. Sonst waren die Mädchen immer auf ihn zugegangen. Als er Maisams Wohnung an jenem Tag verließ, war er total durcheinander.

In den nächsten Tagen saß Bassem nur deprimiert in der Wohnung herum. Maisam und Shifaa taten ihr Bestes, um ihn zu trösten. Es brauche vielleicht nur ein wenig Geduld, meinten sie. Da Maisam glaubte, dass Doaa und Bassem ein gutes Paar abgeben würden, bot er sich an, mit Hanaa über Bassems Wünsche zu sprechen. Vielleicht konnte sie ja ihre Tochter zur Vernunft bringen.

Hanaa war bass erstaunt, als sie hörte, was vor sich ging, bestätigte Maisam aber dann, dass ihre Tochter sich wirklich nicht verloben wolle. Doch sie versprach, mit Doaa über Bassem zu reden.

Als sie Doaa aber auf ihn ansprach, meinte diese nur genervt: »Ich habe Maisam bereits gesagt, dass ich mich nicht für seinen Freund interessiere, Mama. Außerdem will ich nicht heiraten!« Doaa hatte anderes im Kopf. Sie arbeitete viel, um die Familie zu unterstützen, und die Zeit, die ihr blieb, verbrachte sie damit, ihre Freundinnen in Syrien zu kontaktieren, um Neues in Erfahrung zu bringen. Sie hatte ihre eigenen Träume für die Zukunft. Es gab genug, was sie da fertigbringen wollte.

»Wie soll ich mich mit ihm verloben, Mama? Ich habe doch nicht unser Land verlassen, um zu heiraten, noch bevor ich wenigstens einen Schulabschluss habe.«

»Natürlich, mein Liebes.« Hanaa umarmte Doaa. »Ich verstehe dich ja und stehe auch voll hinter dir.«

Erleichtert, dass ihre Mutter auf ihrer Seite war, betrachtete Doaa die ganze Angelegenheit als erledigt. Bassem war nicht der erste Mann, der um ihre Hand angehalten hatte. Außerdem glaubte sie nicht, dass er es ernst mit ihr meinte. Die anderen Männer waren genauso gewesen. Kaum hatte sie nein gesagt, hatten sie aufgegeben. Doaa konzentrierte sich wieder auf ihre Arbeit in der Näherei.

Bassem allerdings gab nicht auf. Er machte einen Plan. Zunächst überzeugte er Maisam, ihm Hanaas Telefonnummer zu geben, damit er mit ihr sprechen konnte. Bassem rief Doaas Mutter an unter dem Vorwand, sie solle sich doch seine Telefonnummer notieren, falls sie je etwas brauchen sollte. Dann aber rief er sie täglich an. Manchmal fragte er nach Doaa, dann wieder erkundigte er sich nur nach der Familie. Hanaa mochte Bassem. Je mehr sie ihn kennenlernte, desto sympathischer wurde er ihr. Er war intelligent, stark, engagiert und hatte ein gutes Herz – genau wie Doaa. Allmählich kam Hanaa zu der Auffassung, dass Bassem genau der Richtige für ihre starrköpfige Tochter sei. Sie wusste, dass Doaa halsstarrig sein konnte und dass sie anderen Menschen nicht leicht vertraute. Als Doaa noch klein gewesen war, hatte ihre Dickköpfigkeit sie zuweilen daran gehindert, neue Freunde zu finden. Jetzt, so fürchtete Hanaa, verschloss sie sich vielleicht aus derselben Starrsinnigkeit heraus der Liebe.

Drei Monate nach Bassems erster Begegnung mit Doaa überraschte er Hanaa mit einer Bitte: »Ich habe Doaa von der Arbeit nach Hause kommen sehen. Sie hat so unglaublich müde ausgesehen. Bitte lassen Sie sie nicht mehr

arbeiten. Ich werde Ihnen das Geld geben, das sie verdient.«
Hanaa hatte schon gehört, dass Bassem sich anderen Syrern gegenüber sehr großzügig zeigte. Er kaufte ihnen manchmal Dinge, die sie brauchten, oder bezahlte ihre Rechnungen. In der Flüchtlingsgemeinschaft kümmerte man sich umeinander. Hanaa war von Bassems Angebot tief berührt, doch als Doaa davon hörte, war sie darüber äußerst erbost. Sie hasste es, wenn jemand sie für schwach hielt. Es war ihr wichtig, den Menschen zu zeigen, dass sie für sich selbst und für ihre Familie sorgen konnte. Sie brauchte keine Hilfe! Als Hanaa ihr von Bassems Angebot erzählte, wurde Doaa wütend, obwohl sie selbst nur zu gut wusste, dass sie total erschöpft war. Sie litt beinahe täglich unter Schwindelanfällen und wurde regelmäßig ohnmächtig. Nach einem langen Arbeitstag brachte sie kaum einen Bissen hinunter, doch sie wollte trotzdem keine Almosen. Bassems Angebot bestärkte sie sogar noch in ihrem Entschluss, weiter arbeiten zu gehen.
»Mir geht es bestens«, schimpfte sie und versuchte, das Schwindelgefühl und die Ohnmachten zu verdrängen, von den Depressionen, die sie gelegentlich überfielen, ganz zu schweigen.
Bald, so schien es, wusste jeder in Gamasa, dass Bassem in Doaa verliebt war, sie seinen Antrag aber abgewiesen hatte. Jeder nannte ihn nur noch »Romeo Bassem«. Doaas Schwestern mochten Bassem. So hatte er noch ein paar heimliche Agenten mehr in der Familie. Selbst der Besitzer der Näherei, in der Doaa arbeitete, unterbrach sie eines Tages beim Bügeln und fragte sie: »Warum willst du Bassem denn nicht heiraten?« Doch all dies bestärkte Doaa nur in ihrer ablehnenden Haltung. Sie hasste es, wenn man ihr sagte, was sie tun sollte.
»Ich kann ihn nicht lieben«, sagte sie ihrer Familie. »Und

überhaupt will ich nicht heiraten, bevor wir nicht wieder zurück in Syrien sind.«

Dass Doaa Bassem gegenüber so halsstarrig war, bereitete Hanaa nicht wenig Sorgen. Sie befürchtete, dass ihre Tochter sich so tief hinter ihrer Mauer aus Erschöpfung und Depression verschanzen würde, dass ihr jede Chance auf ein bisschen Glück verlorenginge. Denn Hanaas einst so lebhafte Tochter war nun stets von grimmigem Ernst erfüllt. Hanaa war klar, dass sie Doaa zu nichts zwingen konnte, doch als ihre Mutter fühlte sie sich dafür verantwortlich, ihrer Tochter zu ihrem Glück zu verhelfen. Hanaa kannte Bassem mittlerweile recht gut. Sie wusste, dass er es ehrlich meinte. Daher fand sie Doaas Sturheit in dieser Sache übertrieben.

»Er ist Syrer!«, sagte sie zu Doaa. »Und ein lieber Mensch, der dir helfen will. Bitte öffne ihm doch dein Herz.«

Doaa bekam nun allmählich das Gefühl, dass alle sich gegen sie verschworen hatten. Sie sah einfach nicht ein, dass sie Bassems Vorschlag akzeptieren sollte, nur weil jeder dies für richtig zu halten schien. Als sie dahinterkam, dass er für ihre Familie eine hübsche Wohnung im Erdgeschoss des Hauses gefunden hatte, in dem sie gerade wohnten, verstärkte dies ihre Überzeugung noch, dass alle sich verschworen hätten, damit sie ihn am Ende doch noch heiraten sollte. Aber sie lehnte erneut ab und tat ihr Bestes, um in ihrem neuen Leben in Ägypten ohne Hilfe zurechtzukommen. Dieses Leben sollte allerdings schon bald sehr viel schwerer werden.

Doaa und ihre Familie hatten die politischen Verhältnisse in Ägypten nicht weiter verfolgt, waren sie doch ständig damit beschäftigt, die täglichen Horrormeldungen über die fortschreitende Zerstörung Syriens zu verdauen. Am 30. Juni 2013 aber erreichten die Demonstrationen gegen Präsident Mursi und seine Regierung, die da gerade ihren

Jahrestag feierte, ein derartiges Ausmaß, dass man sie nicht länger ignorieren konnte. Die Enttäuschung über die neue Regierung trieb Millionen Menschen auf die Straße, die protestierten, weil die Revolution, die Präsident Mubarak zu Fall gebracht hatte, mittlerweile unterwandert worden war. Der Lebensstandard in Ägypten war massiv gesunken. Weltliche Politiker und Beamte wurden von der Regierung Mursi Schritt für Schritt aus verantwortlichen Positionen gedrängt. Der Verfassungsentwurf, den Mursi vorgelegt hatte, trug eindeutig islamistisch-fundamentalistische Züge, was den Großteil der Bevölkerung in Alarmbereitschaft versetzte. Die Ägypter begannen zu fürchten, dass ihr Land vielleicht auf dieselbe brutale Weise in Schutt und Asche gelegt werden könnte wie Syrien. Die Proteste dauerten ganze vier Tage an. Dann, am 3. Juli 2013, acht Monate, nachdem die Al Zamels nach Damietta gekommen waren, wurde Mohamed Mursi vom Militär abgesetzt. General Abd al-Fattah as-Sisi hatte den Putsch angeführt. Über Nacht schlug die Haltung im Land gegenüber den syrischen Flüchtlingen um. Da Mursi und die hinter ihm stehende Muslimbrüderschaft den Syrern wohlgesinnt waren, glaubte man, sie seien Teil seiner Bewegung und würden ihn im Notfall unterstützen.

Doaas Familie musste zusehen, wie Syrer im ägyptischen Fernsehen plötzlich als potenzielle Terroristen verleumdet wurden, die mit den Extremisten in Syrien gemeinsame Sache machten. Und selbst wenn sie keine Terroristen seien, so stünden sie doch auf Mursis Seite. Anschuldigungen waren zu hören, denen zufolge die Muslimbrüderschaft syrische Flüchtlinge dafür bezahlt hätte, bei Pro-Mursi-Demonstrationen mitzumarschieren. Youssef el-Husseini, ein bekannter Talkshowmaster, richtete eines Tages eine ominöse Botschaft an die Syrer: »Wenn du ein Mann bist, dann kehre in dein Land zurück und regle deine Probleme dort. Wenn du dich in Ägypten einmischst, werden dich dreißig Schuhe treten.« In der Kultur des Nahen Ostens stellt es eine schwere Beleidigung dar, jemanden mit Schuhen zu treten. Diese Botschaft musste in den Ohren eines Syrers ebenso beängstigend wie herabwürdigend klingen. Die Politik der offenen Tür in Ägypten fand ihr Ende. Von nun an würde jeder Syrer, der einreiste, ein Visum brauchen. Und jeder Syrer, der bereits in Ägypten lebte, aber keine Aufenthaltserlaubnis hatte, würde verhaftet und abgeschoben werden.

Die Stimmung in Ägypten wandelte sich beträchtlich, zumindest was die Syrer anging. Nun wurde auf der Straße nicht mehr freundlich gegrüßt, jetzt waren kalte Blicke an der Tagesordnung. Die Hilfeleistungen von den örtlichen Büros der Muslimbrüderschaft wurden eingestellt. Stattdessen erklärten die ägyptischen Nachbarn ihren einstigen »Brüdern«, dass sie das Land ruinierten.

Wann immer die Mädchen aus dem Haus gingen, wurden sie belästigt und beleidigt. Eines Tages ging Doaa mit ihrer Mutter in den Supermarkt, als ein Mann auf einem Motorrad abbremste und so nahe wie möglich an sie heranfuhr. Er berührte Doaa fast und feixte: »He, Mädchen, willst du mich heiraten?« Dann schrie er Hanaa an: »Willst du sie mir zur Frau geben? Sie ist wirklich sehr hübsch.« Er zwinkerte Doaa zu und ließ seine gierigen Augen über ihren Körper wandern. Dann warf er ihr schmatzende Küsse zu. Doaa roch seinen sauren Atem und zuckte entsetzt und ängstlich zurück. Zweimal umrundete der Typ sie auf seinem Motorrad, dann fuhr er davon und lachte laut, weil sie sich so gefürchtet hatte. Doaa und ihre Familie wussten, dass sexuelle Belästigungen in Ägypten an der Tagesordnung waren, hatten selbst aber noch nie etwas Ähnliches erlebt. Im Augenblick betrafen solche Übergriffe ohnehin hauptsächlich syrische Frauen. Doaa und ihre Schwestern fühlten sich in ihrem Viertel nicht mehr sicher. Was einst ein Ort der Zuflucht gewesen war, wurde zu einer unsicheren Gegend.

Bassems Liebe zu Doaa war mittlerweile mehr von Verzweiflung als von hoffnungsvoller Erwartung geprägt. Eines Tages kam einer seiner WG-Mitbewohner zu den Al Zamels, um Hanaa zu sagen, dass Bassem sich etwas antun würde, wenn ihn Doaa weiter so ignorierte. Zumindest habe er eine Flasche mit Gift im Zimmer des jungen Mannes gesehen. Hanaa machte sich sofort auf, um Bassem ins Gewissen zu reden. Als er öffnete, konnte er ihr nicht in die Augen sehen. Er war ganz mager und blass geworden. Hanaa drängte sich an ihm vorbei, marschierte schnurstracks in sein Zimmer und entdeckte dort tatsächlich eine Flasche mit Rattengift.

Empört schalt sie ihn: »Du kannst dir nicht selbst etwas antun.« Sie warf ihm die Flasche ins Gesicht. »Ein Mann darf sich nicht so gehenlassen.«

Beschämt blickte Bassem zu Boden. Dann sagte er, er könne sich ein Leben ohne Doaa eben nicht mehr vorstellen. »Wenn sie meinen Antrag nicht annimmt, fahre ich zurück nach Syrien, um dort im Kampf zu sterben. Es gibt auf dieser Welt sonst nichts mehr für mich.«

Er sagte dies so ruhig, dass Hanaa ihm aufs Wort glaubte. Bassem war für sie mittlerweile wie ein Sohn geworden. Sie konnte es nicht ertragen, dass er zurückwollte in den Krieg. Und so versuchte sie, ihm gut zuzureden: »Hab doch ein wenig Geduld! Vielleicht ändert sie ja ihre Meinung. Aber bis dahin musst du stark sein.«

Hanaa nahm das Rattengift mit, als sie ging, und versprach, regelmäßig nach ihm zu sehen. Draußen warf sie die Flasche in den Müll.

Als Hanaa an jenem Abend nach Hause zurückkehrte, setzte sie sich mit Doaa ins Wohnzimmer und erzählte ihr, wozu Bassem bereit sei, um sie von seiner Liebe zu überzeugen. Er würde sich sogar das Leben nehmen. Dann nahm sie Doaas kalte Hände in die ihren. Wenn ihre Tochter erschöpft war oder zu viel gearbeitet hatte, hatte sie immer kalte Hände. »Wenn ein Mann sich für eine Frau demütigt, heißt das, dass er sie wahrhaft liebt«, sagte Hanaa. »Wirst du wenigstens noch einmal über eine Verlobung nachdenken?«

Als sie von Bassems verzweifeltem Plan hörte, fühlte Doaa sich schuldig. Sie wollte ihn nicht leiden sehen, aber sie mochte auch den Druck nicht, den er mit seinem Verhalten auf sie ausübte. »Ich verdiene das nicht«, sagte sie zu ihrer Mutter. »Und ich will seine Liebe nicht.« Saja, die gelauscht hatte, rief aus: »Ach, ich wünschte, jemand würde das für mich tun. Er muss dich wirklich von Herzen lieben!« Aber Doaa hörte nicht auf ihre Schwester. Sie wollte sich nicht zur Heirat mit irgendeinem Mann überreden lassen.

Am nächsten Tag, als Doaa die Wohnung verließ, stand plötzlich Bassem vor ihr, in einem neuen Anzug und mit frisch geschnittenen Haaren. Er roch nach Aftershave. »Doaa«, sagte er, »ich weiß, dass es falsch war, was ich getan habe. Ich wollte dich nicht unter Druck setzen. Das hast du wahrlich nicht verdient. Bitte verzeih mir.«

In diesem Augenblick spürte Doaa, dass sich ihre Haltung gegenüber Bassem veränderte. Nun fragte sie sich, ob nicht einfach ihre Halsstarrigkeit sie davon abhielt, ihn zu lieben. Sie nahm seine Entschuldigung an, verstummte aber sogleich wieder, schüchtern wie als ganz kleines Mädchen. Alles, was sie herausbrachte, war: »Danke, dass du gekommen bist.«

Ein paar Tage später, an einem schwülen Juliabend, fühlte Doaa sich zu Hause plötzlich sehr schwach. In der nächsten Sekunde verlor sie das Gleichgewicht und stürzte zu

Boden. So bekam sie gar nicht mit, dass Hanaa als Erstes Bassem anrief. Er riet ihr, Doaa in eine Privatklinik zu bringen. »Geh keinesfalls in eines der öffentlichen Krankenhäuser«, warnte er. »Ich trage die Kosten.« Die öffentlichen Krankenhäuser waren berüchtigt für die schlechte Pflege, die sie den Patienten angedeihen ließen. Manchmal musste man dort stundenlang warten. Und wurde am Ende gar nicht behandelt. So brachten Hanaa und ihre Schwester Feryal, die gerade zu Besuch bei den Al Zamels war, die noch halb bewusstlose Doaa zu einem Taxi und nannten die Adresse einer Privatklinik. Bassem kam sofort nach. Er erschwindelte sich Zugang zur Klinik, indem er behauptete, zur Familie zu gehören. Dann nahm er alles in die Hand. Er fand eine Apotheke und holte die Medikamente, die Doaa brauchte. Der Arzt sagte, Doaa sei von labiler Gesundheit. Sie sei zu mager und so schwach, dass sie alle möglichen schweren Krankheiten bekommen könne. Als er der Familie sagte, Doaa müsse sich nun ausruhen und sich regelmäßig ärztlich untersuchen lassen, bestand Bassem darauf, dass er sich um Doaa kümmern werde.

»Ich werde sie zu den besten Ärzten in Alexandria schicken, selbst nach Kairo, wenn es sein muss. Ich werde all meine Ersparnisse darauf verwenden, dass sie wieder gesund wird«, versprach er Hanaa.

Als Doaa wieder zu sich kam und von ihrer Mutter hörte, was Bassem für sie getan hatte, veränderte sich etwas in ihr. Ihre Schwestern erzählten ihr, wie Bassem nervös im Warteraum auf und ab gegangen war und den Ärzten ständig neue Fragen gestellt hatte, während sie alle auf die Diagnose warteten. Doaa lag in ihrem Krankenhausbett und dachte über den jungen Mann nach, der so viel für sie zu geben bereit war. Seine Beharrlichkeit überzeugte Doaa schließlich, dass er es ehrlich mit ihr meinte. Normalerweise war ja sie diejenige, die sich um die Menschen kümmerte. Hier war nun jemand, der diese Rolle für sie übernehmen wollte. Und da flammte in ihrem Herzen etwas auf, das sie so noch nie empfunden hatte. Zum ersten Mal, seit sie Syrien verlassen hatte, öffnete sie ihr Herz. Doch was sie da spürte, fühlte sich mehr wie Mitleid an. Ein bisschen Zuneigung vielleicht? Oder doch eher Dankbarkeit? Liebe konnte es nicht sein, dessen war sie sich ganz sicher.

Am Tag, an dem Doaa aus dem Krankenhaus entlassen worden war, läutete etwa eine Stunde nach ihrer Ankunft daheim das Telefon. Es war Bassem. Er bat darum, mit Doaa sprechen zu dürfen. Doaa war über sich selbst erstaunt, so schnell nahm sie ihrer Mutter das Telefon aus der Hand. »Ich wollte mich nur bei dir bedanken«, sagte sie schüchtern, dann gab sie den Apparat wieder an Hanaa zurück.

Nicht lange danach kehrte Doaa an ihren Arbeitsplatz zurück, obwohl der Arzt sie ausdrücklich davor gewarnt hatte. Sie fühlte sich immer noch für ihre Familie verantwortlich und wollte ihren Beitrag leisten. Und ihrem syrischen Arbeitgeber fühlte sie sich verpflichtet. Die neue anti-syrische Stimmung in Ägypten allerdings machte ihr schwer zu schaffen. Ihr Vater verlor seine Kunden in dem Friseurladen, in dem er seit kurzem arbeitete. Diese missliche Lage wirkte sich auf Doaas Gesundheit aus: Sie war ständig erschöpft, schlief viel, und wenn sie wach war, starrte sie vor sich hin ins Leere. Ihr kam es vor, als habe sich ihr Leid verdoppelt: Da hatten sie nun den Krieg in Syrien mitgemacht, und nun wurden sie auch noch von den Ägyptern abgelehnt. Eines Nachts, als sie sich wieder mal schlaflos im Bett wälzte, beobachtete sie ihre schlafende Familie. Bei diesem Anblick wallte Verzweiflung in ihr auf. »Es gibt keine Zukunft für uns«, dachte sie. Wie schwer sie auch arbeiten mochte, sie konnte ihrer Familie

keine Zukunft sichern. Es war, als laste das Gewicht der ganzen Welt auf ihren schmalen Schultern und raube ihr den Schlaf.
Eines Tages wurde sie bei der Arbeit ohnmächtig. Als sie im Krankenhaus wieder wach wurde, erklärte ihr der Arzt, dass sie unter einer schweren Blutarmut leide. Sie müsse mindestens einen Monat lang zu Hause bleiben, gut essen und sich entspannen.
Doaa nahm sich nur widerwillig frei, wie der Doktor es befohlen hatte, essen aber konnte sie nicht. Es war ihr egal, ob sie wieder gesund wurde. Von ihrem Balkon aus sah sie Bassem, wie er jeden Morgen zur Arbeit ging und abends heimkehrte. Ihre Schwestern hatten ihr erzählt, dass Bassem ihnen allen kleine Geschenke machte, sobald er sie auf der Straße sah. Mittlerweile schien die ganze Familie auf Bassems Seite zu stehen.
Während alle Frauen im Haus und der Großteil der Nachbarn wussten, wie Bassem für Doaa empfand, war Shokri die Geschichte irgendwie entgangen. Hanaa und die Mädchen hatten das Drama vor ihm geheim gehalten – aber er kannte Bassem und sagte nicht selten, dass er den jungen Mann gernhabe. Hanaa verlor allmählich die Geduld mit Doaa. Sie sorgte sich um ihre Tochter. Sie hatte Doaa nichts von Bassems Plan erzählt, zurück nach Syrien in den Kampf zu ziehen. Ihr aber machte diese Aussicht durchaus Angst, und so erhöhte sie den Druck auf Doaa, die Werbung des jungen Mannes endlich anzunehmen. Sie sagte Doaa, ihre schlechte Gesundheit käme vermutlich von ihrer Halsstarrigkeit. Und dass Bassem sich um sie kümmern und sie glücklich machen würde. Hanaa flehte ihre Tochter an, sich das mit der Verlobung doch noch zu überlegen, ihr Herz zu öffnen, zu beten, falls ihr das helfen sollte. Und dann ein für alle Mal eine Entscheidung zu treffen.

Doaa betete allerdings um Führung in dieser Sache. Sie wusste, dass ihre Mutter nur das Beste für sie wollte, und verstand selbst nicht so recht, warum der Gedanke, Bassem das Jawort zu geben, sie so erschreckte. Und so bat sie Allah um eine Eingebung. Nacht um Nacht betete sie, aber es kam keine Antwort.

Eines Abends bat Hanaa ihre Tochter, sich neben sie zu setzen. An jenem Abend sah sie abgekämpft aus, was für Hanaa ungewöhnlich war. Sie fragte ihre Tochter freiheraus: »Warum magst du Bassem nicht? Er ist ein wunderbarer junger Mann, und er unterstützt uns.« Doaa wusste, dass ihre Mutter recht hatte. Sie hatte auf diese Frage keine wirkliche Antwort, daher drehte sie nur peinlich berührt den Kopf weg. Hanaa fasste Doaa am Kinn und zwang sie, ihr in die Augen zu schauen. »Jetzt reicht es«, sagte sie. Doaa wusste nicht recht, was das heißen sollte, aber irgendetwas brachte ihre Mutter offensichtlich aus der Fassung.

Einige Stunden später ging Doaa zu Bett und kniete sich zum Gebet nieder. Danach rief sie ihre Mutter wie üblich. Keine Antwort. Sie rief nochmals. Stille. Ihre Mutter antwortete ihr nicht wie sonst immer. Panik überfiel sie. Sie stand auf und eilte ins Schlafzimmer ihrer Eltern, barfuß über den harten Boden. Da saß ihre Mutter auf einem Sessel, hatte die Hände über die Augen gelegt und atmete schwer. Sie zitterte stark und sprach kein Wort. Doaa weckte ihren Vater. Zusammen trugen sie Hanaa aus der Wohnung auf die Straße hinunter und riefen ein Taxi. Hanaa stöhnte leise, sie konnte sich kaum aufrecht halten.

Bassem saß auf dem Balkon und rauchte eine Zigarette. Als er die Familie unten stehen sah, fragte er, was passiert sei.

Doaa, die vor Angst um ihre Mutter fast verging, rief hinauf zu ihm: »Es geht ihr nicht gut. Sie ist kaum bei Bewusstsein! Wir bringen sie ins Krankenhaus!« Die Sorge in Bassems Augen tat Doaa irgendwie gut, dann stiegen sie ins Taxi und fuhren los.

Der Arzt untersuchte Hanaa und sagte der Familie, sie stehe sowohl nervlich wie auch körperlich am Rand eines Zusammenbruchs. Sie müsse sich ausruhen, die Familie müsse für sie sorgen. So ein Zustand sei bei Flüchtlingen, so meinte er, nichts Außergewöhnliches, bei all dem, was sie in Syrien und jetzt in Ägypten durchmachten. »Sie darf von nun an keine schlechten Nachrichten mehr hören«, warnte der Arzt. »Das könnte sie nicht überstehen.« Doaa hatte das Gefühl, als sähe der Arzt bei diesen Worten nur sie an. Als wolle er ihr sagen, dass die Krankheit ihrer Mutter irgendetwas mit ihrer Zurückweisung Bassems zu tun hätte und der Sorge, die sie Hanaa damit bereitet hätte.

Als sie nach Hause zurückkamen, war es früher Morgen. Gleich nach ihrer Ankunft begann das Telefon zu läuten. Doaa sah, dass es Bassem war, und nahm ab.

»Es tut mir so leid«, sagte er. »Ich glaube, ich weiß, warum deine Mutter krank ist! Wegen uns beiden.«

Doaa war erstaunt, dass er offensichtlich dieselben Schlüsse gezogen hatte wie sie. »Ja«, antwortete sie mit tonloser Stimme. Sie konnte die Vorstellung, ihre Mutter krank gemacht zu haben, einfach nicht ertragen. »Der Fehler liegt bei uns.«

Bevor sie noch mehr sagen konnte, sprudelte es aus Bassem heraus: »Doaa, ich will dir etwas sagen, das ich bisher nur deiner Mutter gesagt habe. Ich habe beschlossen, zurück nach Syrien zu gehen, um für die Opposition zu kämpfen. Wenn ich sterbe, dann weiß ich wenigstens, dass ich dich im Himmel bekomme, da ich dich hier im Leben nicht haben kann. Ich fahre noch nicht gleich ab. Ich werde warten, bis es deiner Mutter bessergeht, damit ich mich von ihr verabschieden kann. Aber in ein paar Tagen muss ich los.«

Diese Nachricht entzog Doaa den Boden unter den Füßen. Jetzt wusste sie, warum ihre Mutter so erschüttert gewesen war. Hanaa mochte Bassem mittlerweile so sehr, als wäre er ihr eigener Sohn. »Jetzt weiß ich, warum sie krank geworden ist!«, sagte Doaa Bassem, als sei er ihr bester und engster Freund. »Sie wusste, dass du nach Syrien zurückwolltest. Daher war sie auch so wütend auf mich.« Doaa stand im Türrahmen des elterlichen Schlafzimmers und sah Hanaa schlafen. Sie trat einen Schritt zurück und presste das Telefon ganz nah ans Ohr. Sie spürte, dass sie nicht wollte, dass Bassem auflegte. Und wenn er Ägypten verließe, würde sie nie wieder mit ihm sprechen können!

Bassems Stimme wurde sanft. »Doaa, glaubst du nicht, du könntest deine Meinung noch ändern?«, fragte er hoffnungsvoll. »Denk doch noch mal darüber nach. Aber lass dir nicht zu lange Zeit. Ich werde in einigen Tagen fort sein, spätestens am Donnerstag. Ich ertrage das Leben hier einfach nicht mehr.« Das waren nur noch drei Tage. Doaa dachte daran, wie sehr Bassem sich für sie und ihre Familie eingesetzt hatte. Tag für Tag starben Kämpfer für die Freie Syrische Armee. Wenn er fortginge, könnte auch er sterben.

»Gib mir ein bisschen Zeit. Ich rufe dich zurück«, versprach Doaa, während ihr die Tränen übers Gesicht liefen. Als sie auflegte, war sie sich nicht sicher, ob er sie weinen gehört hatte.

Die Entscheidung fiel Doaa unendlich schwer. Würde Bassem wirklich zurückgehen? Konnte er ihretwegen sterben? Tief in ihrem Herzen bewunderte sie ihn für seinen Mut. Hatte sie sich nicht gewünscht, dasselbe zu tun?

Die Nachricht, dass Bassem zurück nach Syrien wollte, verbreitete sich schnell in der Nachbarschaft. Es hieß allgemein, er gehe mit gebrochenem Herzen.
In den nächsten Tagen konnte Doaa nicht aufhören, an ihn zu denken. Sie wollte nicht, dass er ihretwegen starb. Zwei Tage nach seinem Telefonanruf lief sie in der Wohnung auf und ab wie ein Tier im Käfig. Sie dachte an seine lieben braunen Augen. Daran, wie er sich um sie und ihre Familie gekümmert hatte. Da fiel es ihr wie Schuppen von den Augen: Vielleicht musste sie ja gar nicht immer alles alleine zuwege bringen. Ihre Mutter und ihr Vater unterstützten einander schließlich auch, und das machte sie noch stärker. Sie gestand sich ein, dass die Vorstellung, Bassem nicht mehr wiederzusehen, ihr unerträglich war. Ohne ihn wäre Gamasa farblos und langweilig.
Da griff sie zum Handy und wählte seine Nummer.
»Schön, dass du anrufst, Doaa«, sagte er. Dann fragte er mit einem nervösen Unterton in der Stimme: »Und? Hast du nachgedacht?«
Da sprudelte es aus ihr heraus: »Wie kannst du sagen, dass du mich liebst, und willst trotzdem zurück nach Syrien und mich allein hierlassen?«
Bassems Antwort kam wie aus der Pistole geschossen: »Weil ich vor Liebe für dich vergehe. Ich kann es nicht ertragen, dich zu sehen und zu wissen, dass du nie Teil meines Lebens sein wirst. Lieber gehe ich nach Syrien und werde zum Märtyrer. Der Schmerz, dich nicht zu meiner Frau machen zu können, ist unerträglich.«
Und dann hörte sie sich sagen, als spräche jemand ganz anderer aus ihr: »Nun, ich habe darüber nachgedacht, und wenn du immer noch willst, kannst du meinen Vater um meine Hand bitten.« Kaum waren die Worte aus ihrem Mund, wusste sie, dass es genau das war, was ihr Herz wollte. Ihre Angst, einem anderen Menschen Vertrauen zu

schenken, war nichts im Vergleich zu der Angst, den Mann zu verlieren, der die Liebe ihres Lebens sein konnte.
Doaas Antwort hatte Bassem sprachlos gemacht. Nach einigen Sekunden erklang es aus dem Hörer: »Bist du sicher, dass du das ehrlich meinst?«
»Ich meine es ehrlich.«
»Gut. Dann leg bitte auf!«, jubelte er. »Ich gehe sofort zu deinem Vater in den Laden und bitte ihn um deine Hand! Dann komme ich zu euch hinüber!«
»Nein, Dummerchen«, lachte Doaa. »Das kannst du nicht machen. Es ist viel zu spät jetzt. Geh morgen!«
Noch lange, nachdem sie aufgelegt hatte, drückte sie das Telefon ans Herz. Vielleicht gab es doch ein neues Leben für sie.

KAPITEL 6

Die Verlobung

Am nächsten Tag war Shokri eben damit beschäftigt, die Haarreste eines Kunden wegzukehren, als Bassem in Begleitung einiger Freunde den Laden betrat. Er trug seinen besten Anzug und hatte ihn auch noch frisch bügeln lassen. Sein Haar war sorgfältig gekämmt, der Bart sauber getrimmt.

Shokri lächelte freundlich und bat die jungen Männer, sich doch zu setzen. Aber alle blieben stehen, während Bassem nervös von einem Fuß auf den anderen trat.

»Ich komme, um Ihnen mitzuteilen, dass ich Doaa einen Heiratsantrag gemacht habe«, sagte er schließlich. »Ich bin hier, weil ich Sie um Ihre Einwilligung bitten möchte.«

Shokri konnte es nicht fassen. »Bassem, ich mag Sie wirklich sehr, aber Doaa will nicht heiraten.« Shokri schüttelte den Kopf und kehrte weiter.

Bassem wusste nicht, was er sagen sollte. Mit dieser Antwort hatte er nicht gerechnet. Es entstand ein peinliches Schweigen, dann holte einer seiner Freunde zu einer Erklärung aus: »Bassem meint es ernst. Er ist schon seit drei Monaten in Doaa verliebt.«

Shokri dachte, er kenne seine Tochter gut genug, um die Antwort auf Bassems Antrag im Voraus zu wissen. Also hob er noch einmal den Blick und meinte: »Sehen Sie mal, das ist nichts Persönliches, aber ich glaube, Doaa will sich nicht verloben.«

»Aaaaber«, stotterte Bassem, »sie hat mir gestern ihr Jawort gegeben! Es stimmt schon, dass sie mich lange Zeit abgewiesen hat, aber jetzt hat sie ihre Meinung geändert.«

Bei diesen Worten fing Shokri an zu strahlen. Er konnte es

nicht fassen! Ein besserer Bräutigam für seine Doaa als dieser fleißige, fürsorgliche junge Mann war kaum vorstellbar. Die bevorstehenden Feierlichkeiten stimmten ihn optimistisch. Er lächelte Bassem zu: »Nun, wenn Doaa das will, dann bin ich natürlich einverstanden.«

Überglücklich rief Bassem Doaa an, um ihr die gute Nachricht mitzuteilen. Die Verlobungszeremonie sollte ein paar Tage darauf stattfinden, am 28. August 2013. Am 1. September wollten sie eine große Party geben.

Bassem kam jeden Tag nach der Arbeit bei der Familie vorbei und brachte kleine Geschenke. Meist blieb er bis zum Abend, um noch ein wenig neben Doaa zu sitzen und ihr Zärtlichkeiten zuflüstern zu können. Wann immer er während der Arbeit einen freien Moment hatte, rief er Doaa an und schickte ihr SMS mit Herzchen-Emojis oder Gedichten von seinen syrischen Lieblingsdichtern.

Nach Doaas und Bassems Verlobung war es, als hätten sich die Wolken über dem Haus der Al Zamels plötzlich verflüchtigt. Hanaas Gesundheitszustand besserte sich, und das junge Paar war das beliebteste Gesprächsthema des Viertels. Bald wusste jeder, dass Romeo Bassem nun endlich seine Julia erobert hatte. Die Verlobung war wie ein heller Lichtstrahl im finsteren Flüchtlingsalltag.

Der erste Schritt zur Verlobung war die offizielle Feier der Vertragsunterzeichnung. Zu diesem Zweck trafen sich Freunde und Angehörige in der Wohnung der Braut. Doaa trug ein schwarzes Kleid und einen schwarz-roten Schleier. Sie stand mit den Frauen auf einer Seite des Raumes am Fenster, Bassem hingegen mit den Männern auf der anderen Seite auf dem Balkon. Ein Scheich, ein örtlicher Geistlicher, erläuterte den Vertrag, den Katb el-Kitab. Im Islam ist dies eine Vereinbarung, die ein heiratswilliges Paar vor einer eventuellen Hochzeit schließt, wodurch die Verbindung offiziell gebilligt wird. Der Scheich fragte Doaa dreimal durch das Fenster, ob sie Bassem als ihren Verlobten annehme. Und sie antwortete jedes Mal resolut: »Ja, das tue ich.« Dieses gegenseitige Jawort macht das Paar in den Augen Gottes zu Mann und Frau. Nun unterschrieben beide den Katb el-Kitab, und Doaa begab sich zu Bassem auf den Balkon, während die Familie ihnen zujubelte. Hanaa und die Mädchen servierten Tee und Kuchen für die Gäste. Später würde das Paar mit dem Vertrag zum Gericht gehen und ihn registrieren lassen. Damit wäre ihre Verlobung offiziell. Im Moment aber waren sie noch nicht mehr als ein Paar, das erklärt hatte, dass es zu heiraten beabsichtige. Doch durften sie von jetzt an in aller Öffentlichkeit Händchen halten.

Zwei Tage später holte Bassem Doaa, ihre Schwestern und Hanaa ab, um Doaa Schmuck für die Verlobungsparty zu kaufen. Traditionell schenkt ein Mann seiner Verlobten einen Ring, Armreifen, Ohrringe, eine Uhr und eine Kette. Doaa und Hanaa versuchten, Bassem zu überzeugen, dass ein Schmuckstück wirklich genug sei. Sie wussten ja, dass seine Ersparnisse zusehends schrumpften und er im Augenblick nicht viel verdiente. Dennoch schenkte er Doaa allen Schmuck, wie es die Tradition gebot, und zwar aus reinstem Gold. Doaa suchte sich eine Kette, Ohrringe und einen doppelten Ring aus. Aber eine Uhr wollte sie nicht. Im Ring war eingraviert: *Tag Elmalika* oder »Krone der Königin«. »So behandelst du sie ja jetzt schon«, sagte Hanaa zu Bassem. »Als wäre sie deine Königin.«

Für die Verlobungsfeier kaufte Doaa sich ein Kleid aus glänzend himmelblauem Stoff mit einem enganliegenden Oberteil und einem weiten Rock. Sie und ihre Mutter hatten tagelang die Läden durchstreift, ehe sie fündig geworden waren.

Nun, da sie einander versprochen waren, durften Bassem und Doaa allein zusammen ausgehen, Hand in Hand. Er nahm sie in Cafés mit und zum Einkaufen, weil er sie verwöhnen wollte. Nachdem sie so lange so sparsam gelebt hatte, genoss Doaa es von ganzem Herzen, so umsorgt zu werden. »Ich mag es, wie du dich anziehst«, sagte Bassem und scherzte, alle Männer würden einmal neidisch auf ihn sein, weil er eine so elegante Frau hatte. Er wusste, dass sie gerne Chips und Süßigkeiten aß, und so kaufte er ihr ein Tütchen hiervon, ein Tütchen davon und setzte sich mit ihr in den nachbarlichen Garten, um ein kleines Picknick zu veranstalten. Häufig bat er Hanaa, sie doch bei ihren Spaziergängen zu begleiten. Manchmal setzten sie sich auf eine Schaukel, und während sie hin- und herschwangen, flüsterte Bassem Doaa Komplimente zu. »Du bist das Beste, was mir je passiert ist, Dodo«, sagte er, denn er hatte ihr einen neuen Kosenamen gegeben. »Du kannst dir überhaupt nicht vorstellen, wie sehr ich deinetwegen gelitten habe.«

Am Morgen vor der Party brachte Hanaa ihre Tochter Doaa zum Friseur. Das lange Haar reichte Doaa bis über die Taille. Die Haarstylistin brauchte über eine Stunde, um es elegant um ihren Kopf zu flechten. Die Make-up-Artistin hingegen schminkte sie nach allen Regeln der Kunst. Als sie fertig war, sah Doaa nicht mehr aus wie ein Flüchtlingsmädchen oder eine Näherin. Ihr Aussehen war das einer liebenden Frau, die eine Zukunft vor sich wusste, heller und strahlender als je geahnt.

Doaa war glücklich, dass sie und Bassem ihre Beziehung offiziell gemacht hatten. In den Augen ihrer Religion waren sie nun Mann und Frau, doch auf dem Heimweg im Taxi wurde sie mit einem Mal traurig: Ihre älteren Schwestern konnten an diesem besonderen Tag nicht bei ihr sein. Alaa, Ayat und Asma waren über den ganzen Mittleren Osten versprengt: Alaa lebte in Abu Dhabi, Ayat im Libanon und Asma in Jordanien. Da sie Flüchtlinge waren, nützte ihr syrischer Pass ihnen nichts. Sie hätten Visa beantragen müssen. Und so saßen sie in den Ländern fest, in die sie geflohen waren, und konnten nicht zu Doaas Verlobungsfeier kommen. Doaa weinte, weil das Schicksal so ungerecht war. Natürlich ruinierte sie so ihr Make-up.

Als sie um vier Uhr nachmittags aus dem Taxi stieg – nachdem sie sich zu Hause ein wenig frisch gemacht und neue Mascara aufgelegt hatte –, standen weit über hundert Gäste vor dem Haus, Syrer und Ägypter, und jubelten ihr zu. Bassems Freunde veranstalteten ein Feuerwerk. Die Gäste wurden in der Wohnung von Doaas Tante bewirtet, wo man allerlei selbstgemachte heimische Köstlichkeiten aufgetischt hatte. Süßigkeiten und Fruchtsäfte standen auf kleinen Tischchen bereit. Doaa hatte Saja gebeten, sich um die Dekoration zu kümmern. Sie, Nawara und Doaas Tanten hatten für die Zeremonie eine kleine Bühne aufgebaut und Luftballons, Luftschlangen und Tischdecken aus Papier besorgt. Überall standen Blumen, auf dem Podium, auf den Tischen, selbst die Vorhänge waren mit Blüten verziert. Den Fußboden im Wohnzimmer hatte man mit einem Teppich in glückverheißenden Farben ausgelegt. Doaas Schwestern hatten aus Papier die Lettern »D« und »B« ausgeschnitten und sie gleich dem Eingang gegenüber an die Wand gepinnt.

Doaa wurde von der Menge einfach mitgetragen. Sie ging ins Schlafzimmer ihrer Tante, wohin sich die Frauen zurückgezogen hatten. Von einem nahegelegenen Hotel hatten sie eine Lautsprecheranlage ausgeliehen, und nun dröhnte arabische Popmusik durchs Haus. Alle redeten durcheinander, dann schob man Doaa in die Mitte des Raumes für den traditionellen Tanz.

Bald darauf hörte man über Lautsprecher, der Bräutigam sei angekommen. Wie es die Tradition gebot, verhüllten alle Frauen bis auf Doaa ihr Haupt. Bassem, frisch rasiert in einem eleganten dunklen Anzug, ging auf Doaa zu. Es war das erste Mal, dass er sie unverschleiert sah: »Ist das noch dieselbe Doaa?«, strahlte er. »Du siehst großartig aus, aber ich glaube, ohne Make-up bist du noch hübscher.« Er zog eine kleine Schachtel aus seiner Tasche und holte die goldenen Ohrringe hervor, die er für sie gekauft hatte. Die legte er ihr nun vor aller Augen an. Nun gesellten sich auch die Frauen zu den Männern im Wohnzimmer, und die Party begann. Die Gäste aßen und fingen dann zu tanzen an. Die Feier dauerte bis tief in die Nacht hinein. Es war ein so schönes Fest, dass alle sich gerne daran erinnerten.

Eine Woche nach der Feier ging Doaa zu Bett und tastete wie immer automatisch unter dem Kopfkissen nach ihrem Verlobungsring. Dort bewahrte sie ihn auf, zur Sicherheit, und steckte ihn nur an, wenn sie ausging. Zu ihrem Entsetzen fand sie ihn nicht. Sie ließ ihre Hände über die Laken gleiten. Nichts! Ihr Verlobungsring war weg! »Ich habe einfach kein Glück im Leben!«, dachte sie, als sie ihre Schwestern rief, damit sie ihr bei der Suche halfen. Die Familie hatte an jenem Abend Gäste, Freunde der Mädchen. Sie fragte sich, ob wohl jemand von ihnen den Ring genommen haben konnte. In Tränen aufgelöst, rief sie Bassem an. Würde er sie für schlampig halten? »Mach dir keine Sorgen«, tröstete er sie. »Das ist nicht so wichtig. Ich kaufe dir einfach einen neuen.«

Doch als Bassems Worte wie von weitem an ihr Ohr drangen, blitzte ein düsterer Gedanke in ihrem Kopf auf: »Ob das wohl heißt, dass wir keine Hochzeit feiern werden?« Doch sofort schob sie diesen Gedanken energisch beiseite. Bassem war nun ständiger Gast im Haus der Al Zamels. Doaas Schwestern vergötterten ihn, und für Shokri war er wie ein Sohn, der die Familie unterstützte und seine Tochter über alles liebte. Er stellte sich immer auf Bassems

Seite, wenn er und Doaa Streit hatten. Dann schalt er seine Tochter: »Du musst gut zu deinem künftigen Ehemann sein!« Doaa entdeckte Gefühle, die ihr völlig neu waren. Stunden, bevor Bassem zu Besuch kam, zermarterte sie sich den Kopf, was sie anziehen sollte. Sobald eine SMS von ihm kam, klopfte ihr das Herz bis zum Hals. Plötzlich hatte sie die Befürchtung, dass er mit anderen Frauen flirten könnte – sie lernte die irrationalen Ängste der Eifersucht kennen. »Sei doch nicht dumm, Dodo, du bist die einzige Frau, die ich je geliebt habe und je lieben werde«, versicherte er ihr.

Doch sie konnte nun auch die Last der Verantwortung für die Familie mit Bassem teilen. Und sie spürte, wie gut es tat, unterstützt und beschützt zu werden.

Um mehr Geld zu verdienen, fing Bassem an, in einer Kohlefabrik zu arbeiten. Er hatte lange Schichten, die um sieben Uhr morgens begannen und bis acht oder neun Uhr abends dauerten. Dafür bekam er fünfhundert bis sechshundert ägyptische Pfund im Monat, also nur ein bisschen mehr, als Doaa beim Nähen und Bügeln verdiente, was sie immer noch von Zeit zu Zeit tat. Nach einer langen Schicht kam er völlig erschöpft bei den Al Zamels an. Er verlor ziemlich an Gewicht und hustete viel wegen des Kohlestaubs. Dann machte Doaa Bassem etwas zu essen. Wenn er sich gestärkt hatte, setzten sie sich auf den Balkon bis Mitternacht und rauchten zusammen Wasserpfeife. In den späten Abendstunden redeten sie dann über ihr künftiges gemeinsames Leben. Mit Kindern wollten sie noch ein bisschen warten, bis sie ihre Ausbildung beendet und gute Jobs gefunden hatten.

Manchmal sprach Bassem davon, dass er für sich und Doaa in Ägypten keine Zukunft sah. Eines Abends beim Teetrinken erzählte er ihr, dass er seit dem Militärputsch schon einige Male von Ägyptern angepöbelt worden war:

»Was willst du hier eigentlich?«, hieß es dann. »Warum gehst du nicht zurück nach Syrien in den Kampf?« Meist antwortete er nichts darauf, aber er habe sich das selbst schon gefragt, gestand er ihr. Doaa erinnerte ihn daran, dass er nach Ägypten gekommen war, weil man ihn in Syrien verhaftet habe. »Du hast mir doch erzählt, dass du im Gefängnis gefoltert worden bist und tagelang weder Essen noch Wasser bekommen hast.«

Wann immer er Neuigkeiten aus Syrien erhielt, war einer seiner Freunde im Kampf gefallen. Manchmal war Doaa dabei, wenn auf dem Handy eine dieser Nachrichten eintraf. Sie drückte ihm die Hand und legte den Kopf an seine Schulter, als ihm die Tränen kamen.

Um sich aufzuheitern, hörten sie häufig gemeinsam ihre Lieblingssongs aus Syrien. Bassem steckte sich einen Stöpsel des Kopfhörers ins Ohr, Doaa den anderen, und so hörten sie, die Köpfe aneinandergelegt, Musik. Am liebsten mochten sie die libanesische Popsängerin Carole Samaha und ihren Song »Wahshani Baladi«, das hieß: »Ich vermisse mein Land«. Beim Refrain sangen sie beide immer laut mit:

Oh, Gott, oh, mein geliebtes Land,
wie sehr ich dich vermisse …
Nichts kann mir ersetzen, was einst war, nur in
den Armen meines Liebsten vergesse ich die Zeit …
Gleich morgen werde ich zurückkehren,
wir beide werden nach Hause zurückkehren …
und unsere Tage werden wunderbar sein.

Eines Tages, als Bassem Doaa zu einem Spaziergang am Strand ausführte, kniete sie sich nieder und schrieb »Bassem« in den Sand. Daraufhin ging auch er in die Hocke und schrieb: »und Doaa«. Und Doaa malte in großen Lettern darunter: »Syrien«.

Dann standen sie beide lange Zeit da und betrachteten ihr Werk. Plötzlich sagte Bassem: »Lass uns zurück nach Syrien gehen. Mir fehlt meine Familie so sehr. Unser Platz ist dort.«

»Kommt nicht in Frage, dass ich zurückgehe«, entgegnete Doaa, obwohl sie sich vor wenigen Monaten selbst nichts sehnlicher gewünscht hatte. »Ich bin für meine Familie verantwortlich. Ich kann sie nicht einfach im Stich lassen.« Sie dachte, es wäre der sichere Tod für ihn, wenn Bassem nach Syrien zurückgehen wollte. Dann würde sie ihn nie mehr wiedersehen. »Wenn du zurückgehst, ist dies das Ende unserer Beziehung«, sagte sie und tat, als sei sie wütend, um ihre Angst zu verbergen. »Du kannst den Goldschmuck wiederhaben, den du mir geschenkt hast. Dann kannst du allein dorthin gehen«, schleuderte sie ihm entgegen.

»Aber hier haben wir doch überhaupt keine Zukunft«, drängte Bassem und zog mit seiner Zehe einen Strich über ihrer beider Namen im Sand.

»Aber dort kann es passieren, dass jemand mich vor deinen Augen zu Boden wirft und vergewaltigt, und du könntest überhaupt nichts tun, um mich zu verteidigen«, schrie sie. »Außerdem«, sagte sie, ein wenig leiser, »gibt es für dich in Syrien keine Arbeit.«

Bassem stand schweigend da und dachte nach. Dann räumte er ein: »Du hast recht.«

Doaa nahm seine Hand. »Sei geduldig, Liebling. Wenn du dich umtust, wirst du in Ägypten auch eine bessere Arbeit finden«, sagte sie und versuchte, wenigstens so zu klingen, als glaubte sie selbst an das, was sie sagte.

Doch das veränderte politische Klima in Ägypten machte ihnen das Leben nicht eben leichter. Eines Tages, als Doaa und Bassem miteinander spazieren gingen, wurden sie auf der Straße für einen Moment getrennt. Da hielt ein Motorrad neben Doaa. Der Fahrer, ein neunzehnjähriger Junge aus der Nachbarschaft, den sie kannte, packte sie am Arm und zog sie an sich. Doaa drückte ihn mit dem Ellbogen weg und riss sich los, doch als der Junge sie ein zweites Mal zu packen versuchte, begriff sie, dass er sie aufs Motorrad zerren wollte.

Doaa konnte sich seinem Griff entwinden und lief zu Bassem, schon von weitem rufend: »Bassem, schnell! Wir müssen nach Hause.«

Bassem hatte von diesem Zwischenfall nichts mitbekommen, doch er spürte Doaas Angst und fragte: »Hat er dir etwas getan?«

Doaa, der nicht entging, dass in Bassems Gesicht die Wut aufflammte, wollte verhindern, dass die Situation weiter eskalierte. »Nein«, log sie. »Es ist nichts passiert.«

»Das stimmt doch nicht. Er hat etwas mit dir gemacht, nicht wahr?«

Bevor sie überhaupt etwas sagen konnte, war Bassem schon auf den jungen Mann losgestürzt und hatte ihm ohne Vorwarnung die Faust ins Gesicht geschlagen. Das Motorrad fiel um, der Junge sprang Bassem an den Hals. Die beiden Männer begannen zu kämpfen und aufeinander einzuprügeln.

»Bassem, hör auf. Bitte, um Gottes willen, hör auf«, schrie Doaa. Sie hatte Angst, dass ihr Verlobter verletzt würde oder dass er sich sonst wie in Schwierigkeiten bringen würde.

»Geh nach Hause, Doaa. Ich komme nach«, schrie er.

Der Motorradfahrer nutzte diesen Moment der Ablenkung, gab Gas, und weg war er.

Doaa und Bassem versuchten, sich wieder zu fassen. Sie waren auf dem Heimweg, als sie plötzlich das Motorrad zurückkommen sahen – diesmal mit zwei Männern besetzt und gefolgt von einem weiteren Motorrad mit Fahrer

TÜRKEI
GRIECHENLAND
Antalya
Adana
Aleppo
Chania
Heraklion
Kreta
Rhodos
Zypern
Nikosia
SYRIEN
LIBANON
Mittelmeer
Damaskus
Dara'a
Irbid
JORDANIEN
Bengasi
LIBYEN
Marsa Matruh
Alexandria
Gamasa
Port Said
Damietta
Al Agami
ISRAEL
Totes Meer
Kairo
Suez
Eilat
Akaba
N
ÄGYPTEN
Nuweiba
SAUDI-ARABIEN
Suez-kanal
Golf von Akaba
250km

In Ägypten, wo Doaa mit ihrer Familie zuerst Zuflucht fand, lebte sie das harte Leben einer Tagelöhnerin. Der Krieg wütete nun schon im vierten Jahr.

Doch ihre Liebe zu ihrem Verlobten Bassem gab ihr neue Hoffnung. Und gemeinsam entschlossen sie sich, in Europa einen Neuanfang zu wagen.

Als das Boot sank, fand Bassem einen Rettungsring für Doaa, die nicht schwimmen konnte. Malak, neun Monate, und die kleine Masa wurden Doaa anvertraut, und sie behielt die Kleinen vier Tage lang im Arm, sang für sie und schenkte ihnen Hoffnung und Liebe.

Auf dem Flüchtlingsboot, einem mit 500 Menschen überfüllten Fischerboot, waren auch die sechsjährige Sandra und ihre kleine Schwester Masa, 18 Monate alt. Die Schwimmwesten waren zu dünn, sie konnten die Kinder nicht über Wasser halten. Nur dank Doaa hat Masa überlebt.

Als das Handelsschiff »CPO Japan« der deutschen Reederei Claus-Peter Offen am Horizont auftauchte, versuchte Doaa, auf sich aufmerksam zu machen. Erst nach Einbruch der Dunkelheit wurde sie im Licht der Suchscheinwerfer entdeckt. Die Seeleute retteten ihr das Leben.

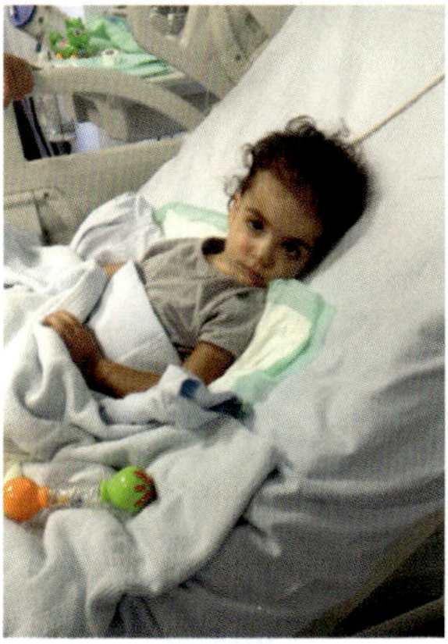

Die kleine Masa kam wie Doaa mit dem Hubschrauber in ein Krankenhaus auf Kreta. Nach vier Tagen ohne Süßwasser und Nahrung war sie dem Tode nahe: Sie litt unter Nierenversagen, Unterkühlung und war stark ausgetrocknet. Die Ärzte und Schwestern betreuten Masa rund um die Uhr und schenkten der Kleinen ihre ganze Zuneigung.

Die Nachricht von ihrer Rettung verbreitete sich in Griechenland über die Medien, und viele Adoptionsanträge gingen ein.

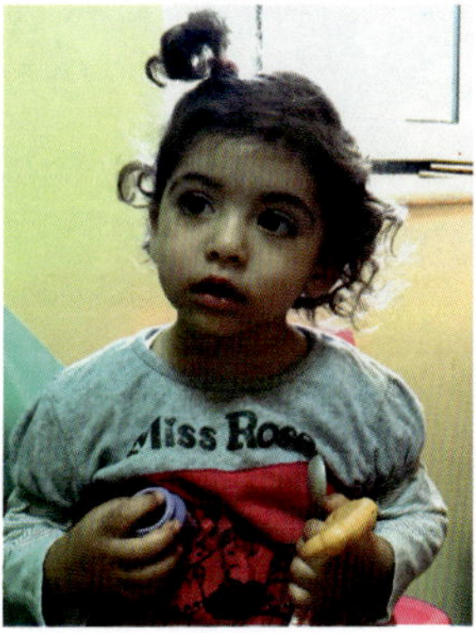

Erst nach einem Jahr wurde dem Onkel, bei dem auch Masas Schwester lebt, das Sorgerecht für die Kleine zugesprochen.

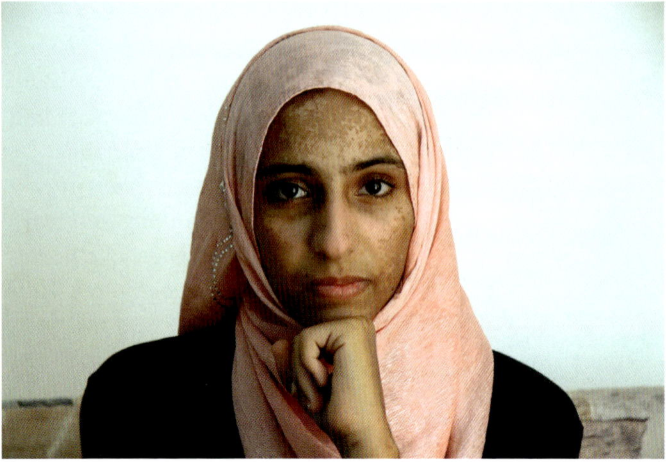

Doaa kurz nach der Rettung.

Doaa konnte mit Hilfe des UN-Flüchtlingshilfswerks nach Schweden ausreisen und wurde dort mit ihrer Familie zusammengeführt. Doch vorab erhielt sie in Griechenland den Preis der Akademie von Athen für ihre außergewöhnliche Tapferkeit.

Melissa Fleming und Zahra Mackaoui, ihre Assistentin, sitzen lange mit Doaa zusammen und sprechen über die furchtbaren Erlebnisse auf See. Noch ist unklar, ob Doaa mit ihrer Familie wiedervereint werden kann.

Dieses Foto der Autorin zeigt Doaa, wie sie gerade ihre Mutter anruft und ihr die gute Nachricht überbringt, dass sie sich mit ihrer Familie in Schweden eine neue Zukunft aufbauen darf.

In Schweden traf Doaa mit ihrer Familie zusammen. Hier stehen sie vor ihrem neuen Zuhause. Nie zuvor haben sie eine solche Kälte erlebt und so viel Schnee gesehen, doch ihr Glück wärmt ihnen das Herz.

und Beifahrer. Die Männer hatten Holzstöcke und schwangen sie drohend. Im Näherkommen zog einer ein Messer. Bassem schob Doaa hinter sich und schrie die Kerle an, seine Verlobte in Ruhe zu lassen.
»Ihr seid hierhergekommen, um uns kaputtzumachen! Ihr fresst uns alles weg«, brüllte der Mann mit dem Messer. Doaa rief um Hilfe und begann zu weinen. Dann rief sie ihre Mutter an. Die Familie war zurück in das Hotel gezogen, das sie im ersten Winter in Ägypten beherbergt hatte. Dort konnten sie wieder mietfrei wohnen, weil die Feriengäste langsam ausblieben. Das Hotel lag nur einen Block von dem Ort entfernt, wo Bassem und Doaa jetzt attackiert wurden. Die vier Männer waren abgestiegen und kreisten die beiden ein. Hanaa ging sofort ans Telefon. Sobald sie begriffen hatte, was los war, rief sie den Hotelmanager Khalid an, der so gut zu ihrer Familie gewesen war. Khalid eilte hinaus und stellte sich zwischen Doaa und Bassem und ihre Angreifer. Er befahl den vier jungen Ägyptern zu verschwinden. Khalid war im Viertel hoch angesehen, daher machten die Männer auf dem Absatz kehrt, stiegen auf ihre Motorräder und fuhren davon.
Khalid, Bassem und Doaa kehrten ins Hotel zurück. Khalid bestand darauf, dass sie auf der Stelle zur Polizei gehen sollten, um den Vorfall zu melden. »Wenn ihr euch nicht dagegen wehrt, dann kommen sie morgen vielleicht zurück, und es wird noch schlimmer«, warnte er sie. Während Khalid sie noch zu überzeugen versuchte, die Angreifer anzuzeigen, kam der junge Mann, der Doaa angegrapscht hatte, mit seinem Vater ins Hotel. Der Vater entschuldigte sich weitschweifig. Sein Sohn sei leider sehr problematisch. »Wenn er das je wieder tun sollte, dann müssen Sie ihn unbedingt anzeigen«, sagte er. Dann wandte er sich wütend seinem Jungen zu und befahl: »Und jetzt gehst du und küsst Doaa und Bassem die Füße.« Der aber

weigerte sich und fing zu weinen an. Doaa und Bassem hatten Mitleid mit dem offensichtlich verwirrten jungen Mann und beschlossen, den Vorfall nicht zu melden. Sie wollten einfach nur ihre Ruhe haben und hatten kein Interesse, die Aufmerksamkeit der Behörden auf sich zu ziehen.

In der Nacht aber lag Doaa wach und spulte die Szene im Geiste immer wieder ab. Erst da wurde ihr klar, dass sie womöglich fast entführt worden wäre. Sie war Bassem und Khalid dankbar, dass sie sich für sie eingesetzt hatten, doch von diesem Moment an fühlte sie sich in Ägypten nicht mehr sicher, nicht einmal mit Bassem an ihrer Seite.

Außerdem belastete der Vorfall ihre Beziehung zu Bassem. Eines Tages, als sie wieder einmal heftig gestritten hatten, verkündete Doaa, sie wolle die Verlobung lösen. Bassem war starr vor Schreck. Am nächsten Tag kam er wieder zu den Al Zamels. Er sah sehr mitgenommen aus. In ernstem Tonfall meinte er: »Doaa, wir müssen miteinander reden. Ich habe beschlossen, nach Syrien zurückzugehen. Ich bin nur deinetwegen hiergeblieben. Ich habe hier um deinetwillen zahllose Demütigungen und Härten hingenommen, ohne mich zu beklagen. Aber wenn du nicht mit mir zusammen sein willst, gibt es für mich keinen Grund mehr, hierzubleiben. Wenn du nicht mitkommen willst, dann gebe ich dich frei. Wir können unsere Verlobung lösen.«

Da schrie Doaa ihn an: »Du darfst nicht gehen! Du wirst dort getötet!« Aber Bassem blieb fest. Doaa war völlig am Ende. Sie hatte einen Fehler gemacht, sie hätte keinesfalls mit ihm brechen dürfen. Nun wäre sie für seinen Tod verantwortlich, wenn er nach Syrien zurückginge. Doaa wusste, Bassem litt sehr darunter, dass er erst kürzlich seinen Bruder verloren hatte, der im Kampf für die Freie Syrische Armee gestorben war. Er fühlte sich schuldig, weil er nicht an seiner Seite gekämpft hatte. Doaa wollte nicht, dass Bassem ging oder die Verlobung löste. Doch das Leben in Ägypten fiel ihr immer schwerer. Das hatte bei dem Streit sämtliche Sicherungen in ihr durchbrennen lassen. Bassem folgte ihr nach draußen und fand sie schluchzend im Garten. Sie flehte ihn an, doch seine Meinung zu ändern. Er ließ seinen Blick lange auf ihrem Gesicht ruhen, dann aber schüttelte er den Kopf. Er zog ein Taschentuch heraus und tupfte ihre Tränen ab. »Ich habe es nicht so gemeint!«, jammerte sie. »Ich will nicht mit dir brechen.« Als er Doaas Kummer spürte und ihm klarwurde, wie ernst es ihr war, nahm er sie in die Arme und versprach, sie niemals allein zu lassen. Er schwor, dass er mit ihr zusammen nach Syrien zurückkehren würde, sobald der Krieg vorüber war. Von diesem Tag an betete Doaa jeden Abend darum, dass sie und Bassem nie getrennt würden.

In jenem Herbst begann die Schule für Saja, Nawara und Hamudi. Doaa hingegen fing wieder an zu arbeiten. Sajas Mittelschule lag in einem anderen Teil der Stadt. Sie musste einen weiten Fußweg zurücklegen, um dorthin zu kommen. Fast täglich standen junge Männer am Tor, die ihr Beleidigungen zuriefen, wenn sie ankam.

Eines Tages, Saja war auf dem Heimweg von der Schule, hörte sie hinter sich ein Motorradtaxi, auf dem zwei brutal aussehende Männer mit tätowierten Armen saßen. »Bleib stehen, Syrerin!«, riefen sie. »Wir finden syrische Frauen super. Wir möchten sehen, ob du uns auch so toll findest.« Saja ging mit gesenktem Kopf geradewegs die paar Meter auf die Grundschule zu, in der Nawara und Hamudi auf sie warteten. Kaum war sie angekommen, nahm sie ihre Geschwister mit ins Sekretariat der Schule und bat, dass man ihre Eltern anrufe. Sie sollten sie abholen kommen. Hanaa war in Tränen aufgelöst, als sie mit zwei syrischen Nachbarn kam, die sie zu ihrem Schutz begleiteten. Als

Shokri am Abend davon hörte, konnte er es kaum fassen. So kurz nach Doaas Beinahe-Einführung. Der Gedanke, dass seine Mädchen jetzt auch in Ägypten in Gefahr waren, machte ihn halb verrückt.
Auch Hamudi hatte es nicht leicht. Er lernte zwar gerne und war ein guter Schüler, doch sobald die Regierung Mursi abgesetzt wurde, schlug die Stimmung im Land um. Die ägyptischen Kinder, die einst seine Freunde gewesen waren, drangsalierten Hamudi nun immer öfter.
Eines Tages ließ Hamudis Schule dann verlautbaren, dass syrische Kinder nicht länger zum Unterricht zugelassen würden. Die Eltern protestierten. Sie erinnerten das Direktorat daran, dass der Krieg sie hierher verschlagen hatte und sie weiter nichts wollten als eine gute Erziehung für ihre Kinder. Außerdem sei es ein Verstoß gegen die Regierungspolitik, Flüchtlingskindern keine Schulbildung zu gewähren. Die Lehrer hätten nicht das Recht, die Politik zu revidieren. Letztlich handelte man einen Kompromiss aus. Die Schule erlaubte den syrischen Kindern, weiter am Unterricht teilzunehmen, doch durften sie nicht mehr in den Bänken sitzen, sondern mussten sich auf den Fußboden hocken.
Etwa um diese Zeit tauchte vor dem Hotel ein bedrohlich wirkender Mann auf einem Moped auf, in dem Doaa und ihre Familie wohnten. Er fuhr dort auf und ab. Eines Abends stieg er ab und fing zu schreien an. Doaa und ihre Familie eilten auf den Balkon hinaus und hörten, wie er aus Leibeskräften brüllte: »Wenn ihr Eltern eure Kinder in unsere Schulen schickt, dann bringen wir sie euch zurück – in Stücke geschnitten.« Er schrie das immer und immer wieder, damit auch ja alle es hörten. Die syrischen Männer aus der Nachbarschaft, die Zeuge dieser Szene wurden, versuchten, ihn zu ergreifen, doch er war weg, bevor auch nur jemand Gelegenheit gehabt hatte, sich das

Kennzeichen zu notieren. Die Angst, die die Al Zamels in Syrien zurückgelassen zu haben glaubten, kehrte zurück. Viele der Nachbarn beschlossen, die Kinder von nun an zu Hause zu lassen. Auch Shokri und Hanaa meldeten ihre Kinder von der Schule ab. Hamudi war todunglücklich und schmollte.

Shokri hatte ohnehin Schwierigkeiten, die Familie zu ernähren. Er hatte nur wenige Kunden. Bassem sah, wie sehr ihm das zusetzte. Also bot er ihm an, ihm im Salon zu helfen. Shokri nahm dankbar an. Bassem kannte viele junge Leute, was Shokris Kundenstamm deutlich vergrößerte. Das war für die Familie hilfreich, doch Bassem wollte mehr – für sich selbst und seine künftige Braut. Selbst wenn sie beide den ganzen Tag arbeiteten, würden sie ihr Leben nach wie vor in Armut verbringen. Unter solchen Bedingungen ließ sich keine Familie gründen. Bassem verlor jeden Tag ein bisschen mehr die Hoffnung auf eine baldige Rückkehr nach Syrien. Verschwendeten sie denn nicht ihr ganzes Leben hier in Ägypten, wo niemand sie haben wollte? Er konnte noch nicht einmal so oft mit Doaa zusammen sein, wie er wollte, weil er ständig arbeiten musste. Eines Tages wäre er vielleicht nicht da, um sie zu beschützen, wenn sie ihn brauchte. Bassem wusste, dass sich etwas ändern musste.

KAPITEL 7

Deal mit dem Teufel

An einem milden Juninachmittag im Jahr 2014, neun Monate nach Doaas und Bassems Verlobung, beendete Familie Al Zamel gerade das Mittagessen. Doaa lebte immer noch zu Hause bei ihrer Familie, denn Bassem und sie konnten nicht zusammenziehen, bevor sie nicht offiziell verheiratet waren.

Bassem half beim Abräumen des Tisches. Dann schlug er einen Spaziergang vor, bevor er und Shokri zurück in den Friseurladen wollten. Das junge Paar ging der Familie händchenhaltend voraus und plauderte angeregt. Als sie an der Strandpromenade ankamen, neigte Bassem sich seiner Verlobten zu, um ihr etwas ins Ohr zu flüstern. Er betonte jedes einzelne Wort, als habe er lange geübt. »Ich möchte etwas Wichtiges mit dir besprechen. Ich möchte, dass wir nach Europa gehen. Hier haben wir keine Zukunft. Wir kommen hier nicht vorwärts, und nach Syrien zurück können wir nicht.« Er blickte in ihr erstauntes Gesicht und zählte noch mehr Argumente auf: »Alle tun das. Einer meiner Freunde ist nach Deutschland gegangen und hat dort einen Antrag gestellt, um seine Familie nachzuholen. Dort ist es besser, Doaa. Du könntest zur Schule gehen, und ich kann einen Friseurladen eröffnen. Wir können uns ein Heim schaffen, ein Heim für eine Familie.« Hoffnungsvoll suchte er in ihrem Gesicht nach Zeichen der Zustimmung. »Was meinst du? Wir müssen allerdings das Geld dafür beschaffen.«

Doch Doaa konnte nur an eines denken: das weite Meer, das zwischen Ägypten und Europa lag. An das Wasser, das über ihrem Kopf zusammenschlug, ihr in die Lunge lief.

Sie hatte immer noch nicht schwimmen gelernt. Allein der Gedanke an dieses weite Meer machte ihr Angst. Sie wusste, dass Flüchtlinge nicht legal nach Europa einreisen konnten. Und sie würden keine Papiere bekommen, um auf einer schönen, großen Fähre reisen zu können wie jene, die sie nach Ägypten gebracht hatte. Ihre Bewerbung um ein Visum würde mit Sicherheit abgelehnt werden. Und um in Europa Asyl beantragen zu können, musste man dort sein. Doaa wusste, dass die Ägypter diese Ausreisebestrebungen für illegal erachteten. Und jedem Flüchtling war klar, dass dieser Weg alles andere als sicher war. »Meinst du auf einem Schlepperboot?«, fragte sie. »Das kannst du vergessen. Ich mache das nicht.« Sie wusste, dass diese Boote gewöhnlich klein, nur noch Schrott und total überfüllt waren. Es kursierten Geschichten von Booten, die gesunken, von Menschen, die ertrunken waren. Sie konnte nicht fassen, dass Bassem ein derartiges Risiko eingehen wollte. Wie sollte sie in einem dieser Boote das Meer überqueren, wo sie sich doch nicht mal traute, die große Zehe ins Wasser zu stecken?

»Aber«, stotterte Bassem, »du musst doch nur bis zu den Knien ins Wasser. Dann, im Boot, bist du in Sicherheit. Und sobald wir italienische Gewässer erreichen, werden wir gerettet. Von Italien aus können wir uns dann nach Deutschland oder Schweden durchschlagen!« Bassem hatte gehört, dass man Leuchtraketen abschießen musste, sobald man in italienischen Gewässern war. Und dass die italienische Küstenwache dann Schiffe losschickte, die die Insassen der Flüchtlingsboote bargen.

»Auf gar keinen Fall.« Doaa zitterte am ganzen Leib. »Meine Antwort ist nein, Bassem.«

Aber er ließ nicht locker. Bei jeder sich bietenden Gelegenheit versuchte er, sie von seinem Plan zu überzeugen. Doaa verstand nicht, wieso er immer wieder damit anfing, wo er doch wusste, wie viel Angst sie vor dem Wasser hatte. Jedes Mal, wenn sie mit der Familie einen Strandspaziergang machten, konnte er mit eigenen Augen sehen, wie viel Abstand Doaa zum Wasser hielt und aus der Ferne beobachtete, wie die anderen in den Wellen fröhlich herumplanschten. Bassem war ein guter Schwimmer, und das hatte seinen Grund. Er erzählte Doaa, dass er in Dara'a einmal mit zwei Freunden an einen See gegangen war. Damals war er ungefähr dreizehn Jahre alt. Keiner von ihnen konnte schwimmen, aber sie wateten trotzdem im Wasser herum und veranstalteten wilde Spritzschlachten. Dann aber machte einer seiner Freunde einen falschen Schritt und geriet ins tiefe Wasser. Hilflos schlug er mit den Armen und schnappte nach Luft. Bassem und der andere Junge dachten, ihr Freund mache nur Spaß, aber als sie schließlich bei ihm waren, hob er den Kopf nicht mehr, und sein Körper war ganz still. Er war ertrunken. Nach diesem Tag wollte Bassem unbedingt schwimmen lernen. »Ich habe mir geschworen, dass ich nie wieder hilflos zusehen werde, wie jemand, den ich liebe, ertrinkt.«

Er erzählte ihr noch eine andere Geschichte. Ein paar Jahre später war er wieder mit Freunden an einen See gefahren. Sie hatten es sich an dem steinigen Strand gemütlich gemacht. Damals war er schon ein sicherer Schwimmer. An jenem Tag sah er, wie ein paar hundert Meter weiter ein Ruderboot in Ufernähe kenterte und ein junges Mädchen ins Wasser fiel. Offensichtlich war sie in Not. Also lief Bassem auf das Boot zu, stürzte sich ins Wasser, schlang den Arm um das Mädchen und holte sie ans Ufer. Vermutlich hatte er ihr damit das Leben gerettet.

Doch alle Geschichten der Welt vermochten Doaa nicht von ihrer Angst zu befreien. Allein bei dem Gedanken, auf offener See über Bord zu gehen, wurde ihr übel. »Bassem, ich will kein Gold, ich will keine teuren Möbel und ein Leben im fernen Europa«, sagte sie ihm eines Abends, als er wieder versucht hatte, sie von den Vorzügen seines Plans zu überzeugen. Sie saßen allein draußen auf dem Balkon und sahen zu, wie es langsam dunkelte, während der Rest der Al Zamels drinnen in der Wohnung Radio hörte. Sie konnte sich ein Leben ohne ihre Lieben einfach nicht vorstellen. »Ich möchte bei meiner Familie bleiben. Und wenn wir stattdessen nach Saudi-Arabien gehen? Da hast du doch schon gearbeitet.« In Saudi-Arabien könnten sie auch noch mal von vorn anfangen, wären aber nicht so weit weg von der Familie. Und sie würde nicht in ein Boot steigen müssen.

»Dort würde es dir nicht gefallen«, entgegnete er. »Es ist viel zu konservativ dort. Du musst dich von oben bis unten in schwarzen Stoff hüllen. Auch dein Gesicht muss verschleiert sein; du kannst nur durch kleine Sehschlitze sehen. Und du darfst ohne mich nicht mal auf die Straße.« Verzweifelt seufzte er: »Gut die Hälfte meiner Freunde ist schon in Europa! Ich bekomme dauernd SMS von ihnen aus Schweden und aus Deutschland. Sie haben gute Jobs, sie gehen dort zur Schule. Sie sagen, wir wären dort willkommen. Nicht wie hier!« Bassem machte eine Kunstpause, um Doaa Gelegenheit zu geben, über seine Worte nachzudenken. Dann fügte er hinzu: »Sonst bekomme ich nur SMS aus Syrien, in denen steht, dass wieder ein Freund oder Bekannter tot ist. Hast du vergessen, wie es war, jeden Tag Menschen sterben zu sehen?«

»Aber die ganzen Horrorgeschichten über diese Boote? Hast du die vergessen?«, hielt Doaa ihm entgegen. »Flüchtlinge wie wir, die in Massen ertrinken?« Jetzt war sie wütend. Sie erhob sich brüsk und ging hinein zu ihrer Familie. Bassem blieb allein auf dem Balkon zurück. Sie kehrte ihm den Rücken zu, damit er nicht sah, dass ihr Tränen

über die Wangen liefen. Die scheinbar ausweglose Situation brachte sie an den Rand der Verzweiflung.
So ging das monatelang. Bassem brachte das Thema bei jeder Gelegenheit zur Sprache und versuchte ständig, sie zu überzeugen. »Doaa, du siehst so müde aus! Du wirst hier nie gesund werden! In Europa wäre das ganz anders.« Denn Doaas Gesundheit verschlechterte sich tatsächlich von Monat zu Monat. Wann immer Bassem sie schwanken sah, erinnerte er sie an das, was er über Europa gehört hatte. »In Europa kannst du zur Uni gehen. Oder wir eröffnen gemeinsam einen Friseursalon. Dann verdienst du Geld und kannst dir neue Kleider kaufen. Du kannst ein hübsches Haus haben. Und wir werden dort angesehene Leute sein, unsere Kinder werden ein schönes Leben haben.« Er zeigte ihr Fotos, die er von seinen Freunden bekommen hatte. Sie standen strahlend vor blitzsauberen Baudenkmälern und in blühenden Parks. Ein Foto kam aus Amsterdam. Ihr Freund dort stand auf einer Brücke über einen Kanal in einer pittoresken Stadtlandschaft. Auch Doaa fing angesichts dieser Bilder zu träumen an. In Europa schien Ordnung zu herrschen. Es schien tausend Möglichkeiten zu bieten. Europa war ein Ort der Hoffnung.
Das Leben, das diese Bilder zeigten, war so anders als die Armut, der tägliche Kampf und die ständige Gefahr, die für sie zur Normalität geworden waren. Ägypten hatte für sie und ihre Familie nichts mehr zu bieten als Feindseligkeit, unmenschliche Schwerstarbeit und Niedriglöhne, mit denen sich die Familie kaum ernähren ließ. Es reichte gerade mal für Essen und Miete. Wann immer sie etwas extra brauchten, Medikamente zum Beispiel oder Schuhe für Hamudi, mussten sie sich Geld leihen, das sie nicht zurückzahlen konnten. Und so verkauften sie jedes einzelne wertvolle Stück, das sie hatten. In Ägypten gab es für Doaa

keine Möglichkeit, die höhere Schule abzuschließen. Ihren Traum, zu studieren, hatte sie mittlerweile aufgegeben. Wie Tausende anderer Syrer hatte sie das Gefühl, in der Vorhölle festzusitzen, in einem Land, in dem die Bürger mit einer sich rapide verschlechternden Wirtschaftslage, hoher Inflation und ständig steigenden Lebensmittelpreisen zu kämpfen hatten. In Ägypten wurden syrische Flüchtlinge zwar geduldet, doch es gab keine Möglichkeit, einen normalen Arbeitsplatz zu finden und sich in die Gesellschaft zu integrieren.

Doaa fragte sich, wie es wohl wäre, wenn man aus der Tür treten könnte und keine Angst haben müsste, auf ein Motorrad gezerrt und entführt zu werden. Wenn ihre Geschwister zur Schule gehen könnten, ohne sich vor Schikanen, Schlägen oder Schlimmerem fürchten zu müssen. Sie erinnerte sich noch gut daran, wie es war, als ihre Mutter nicht ständig krank und ihr Vater nicht dauernd überarbeitet war. Hamudi war damals ein fröhlicher, kleiner Junge gewesen, mit der Chance auf eine normale Kindheit. In Ägypten war all das ein Ding der Unmöglichkeit.

In Syrien aber verschlechterte sich die Lage Tag für Tag. Bei einem Chemiewaffenangriff auf Damaskus starben Hunderte von Menschen. Die Vereinten Nationen machten dafür die Regierung Assad verantwortlich. Unter die Kämpfer für ein freies Syrien mischten sich mittlerweile Dschihadisten der übelsten Sorte, so dass die Rebellen sich bald gegenseitig bekämpften. Dadurch wurde die einstige Freie Syrische Armee weiter geschwächt. Am schlimmsten war, dass der sogenannte Islamische Staat (IS), diese gewalttätige und extremistische Gruppierung, in Syrien immer mehr Boden gewann und dort seine fundamentalistischen Lehren und seine grausame Auslegung der Scharia, des islamischen Rechts, einführte. Mittlerweile war ein

Drittel der Bevölkerung aus seiner Heimat vertrieben. Gut drei Millionen Syrer lebten als Flüchtlinge in den Nachbarländern Syriens: Libanon, Jordanien, Türkei und Ägypten.

Allmählich bekam die Vorstellung, das Leben in Ägypten hinter sich zu lassen, auch für Doaa etwas Verlockendes. Nun aber war es Bassem, der in seinem Entschluss wankte. Er liebte sie einfach zu sehr, um ihr etwas aufzwingen zu wollen, vor dem sie Angst hatte. Außerdem überkamen ihn erste Zweifel, ob all das stimmte, was er so gehört hatte. Er wollte sich erst mal alleine nach Europa durchschlagen. Sobald er sich eingerichtet hätte, würde er Doaa und ihre Familie nachkommen lassen. Er hatte von Programmen gehört, die den Nachzug der Familien erlaubten. Seine Freunde hatten ihm geschrieben, dass er dazu nur irgendwo in Europa Asyl beantragen müsse. Dann solle er einen Antrag stellen, und die Familie könne nachkommen.

»Du kommst dann einfach nach«, erklärte er Doaa, als er ihr seinen neuen Plan auseinandersetzte. Sie saßen Seite an Seite an einem kleinen Tisch in ihrem Lieblingscafé und schlürften Tee, während sie in Bassems Mittagspause gemeinsam eine Shisha rauchten.

Doaa aber setzte erschrocken ihre Tasse ab, als sie das hörte. »Ich lasse dich nicht alleine gehen«, sagte sie rundheraus. »Ich kann einfach nicht von dir getrennt sein!«

»Du bist doch nur eifersüchtig«, neckte Bassem sie. »Du glaubst, wenn ich vor dir nach Europa komme, finde ich eine schöne Europäerin als Ersatz für dich.«

Doaa versetzte ihm einen spielerischen Hieb auf die Schulter. »Na, dann such dir doch eine«, meinte sie spöttisch. »Ich finde hier in Ägypten im Handumdrehen einen anderen Ehemann.« Sie neckten sich noch eine Weile, aber Doaa war tief in ihrem Innern verletzt, dass Bassem auch nur daran dachte, ohne sie nach Europa zu gehen. Und

vielleicht hatte sie ja wirklich Angst, dass er eine dieser glamourösen Europäerinnen finden würde, die ihm besser gefiele als sie.
»Ich mache doch nur Spaß, Dodo. Ich würde nie eine andere auch nur angucken. Du bist für mich die Einzige auf der ganzen Welt. Eine andere Frau anzusehen, wäre, als wollte man den Mond durch die Sterne ersetzen.«
Aber Doaa war immer noch aufgewühlt. So lehnte sie ihren Kopf an Bassems Schulter. »Ich lasse dich nirgendwo hingehen ohne mich.« Sie spürte, wie ihr Kopf sich mit seinem Atem hob und senkte. Doch sie fühlte auch, dass Bassem wegwollte, ob nun mit ihr oder ohne sie. Sie selbst war es leid, zuzusehen, wie er sich hier in Ägypten vergeblich abmühte. Und sie wusste, dass sie keine wirklich guten Gründe hatte, ihn von seinem Entschluss abzubringen. Wenn sie ihn nicht gehen ließe, stünde sie nur seiner Zukunft im Weg. Andererseits war ihr die Vorstellung, ohne ihn hier zurückzubleiben, unerträglich. Sie hatten in Ägypten kein Leben. Mittlerweile hatte sie das Gefühl, dass sie an seiner Seite sogar den Mut aufbringen konnte, das Meer zu überqueren, wenn dies hieße, eine Chance auf ein gutes Leben an der Seite ihres Liebsten zu erhalten. Außerdem, so sagte sie sich, konnte sie dann ihrer Familie besser helfen. Sie könnte ihnen Geld schicken und sie womöglich nachkommen lassen, irgendwohin, wo es besser war.
Doaa wusste nicht, dass Bassem seinen Plan schon längst mit Hanaa besprochen hatte. »Es liegt an dir«, sagte Hanaa zu dem jungen Mann, den sie liebte wie einen Sohn. »Aber ich glaube, du solltest Doaa freigeben, bevor du weggehst.«
»Niemals!«, rief er tief getroffen. »Ich gehe ja, weil ich Doaa alles geben möchte, was sie sich wünscht.« Immer wieder erläuterte er Hanaa all seine Argumente, so dass sie

schließlich nachgab. Wenn er unbedingt nach Europa wolle, dann habe er ihren Segen. Aber sie fand, er solle zuerst alleine sein Glück versuchen, einen Ort finden, an dem die Familie bleiben könne, und dann Doaa als seine Frau nachkommen lassen. »Ich möchte nicht, dass sie mit diesen Schleppern loszieht«, sagte Hanaa. »Außerdem wird sie dir ohnehin nicht übers Wasser folgen.«

Einige Tage später verkündete Doaa ihrer Mutter, sie habe beschlossen, mit Bassem nach Europa zu gehen. Hanaa war entsetzt bei dem Gedanken, dass Doaa sich auf diese schwierige und gefährliche Reise machen wollte, aber sie verstand, dass die jungen Leute darin ihre einzige Chance auf eine bessere Zukunft sahen. Doch allein der Gedanke, dass Doaa mit Hunderten anderer Flüchtlinge zusammengepfercht in einem dieser Boote säße, raubte Hanaa den Schlaf. Andererseits wusste sie, dass ihre Tochter sich von einer einmal getroffenen Entscheidung ohnehin nicht abbringen ließ. »Entweder lässt du mich nach Europa gehen, oder ich gehe zurück nach Syrien!«, sagte Doaa, als Hanaa zunächst gegen ihr Vorhaben protestierte. Hanaa blickte ihre dickköpfige Tochter an, die jetzt neunzehn Jahre alt und eine verlobte Frau war. Sie wusste, dass sie Doaa nicht würde aufhalten können. Aber sie wollte alles daransetzen, die Reise für sie so sicher wie möglich zu machen.

Allein in jenem Jahr hatten bereits über zweitausend Flüchtlinge und Migranten auf dem Weg nach Europa ihr Leben lassen müssen. Und es war erst Anfang August 2014. Im Spätsommer und Frühherbst war Hochsaison für die Flüchtlingsroute über das Mittelmeer, weil dann das Meer vergleichsweise ruhig und das Wetter warm war. In dieser Zeit würde das Meer noch mehr Leben fordern. Krieg, Verfolgung und andere Konflikte hatten dafür gesorgt, dass weltweit mehr Menschen auf der Flucht waren als je zuvor, zumindest seit diesbezügliche Aufzeichnungen geführt wurden. Bis Ende 2014 sollte das Büro des UN-Hochkommissars für Flüchtlinge (UNHCR) etwa sechzig Millionen Vertriebene zählen, acht Millionen mehr als im Vorjahr. Die Hälfte davon waren Kinder. Tag für Tag wurden etwa 42 500 Menschen zu Flüchtlingen, Asylsuchenden oder Vertriebenen im eigenen Land. Ihre Zahl hatte sich innerhalb von vier Jahren vervierfacht.

Die Hauptursache für diese starke Zunahme war der Krieg in Syrien. In den Nachbarländern nahm die Zahl der Schutzsuchenden zu, aber es gab dort keine Arbeitsmöglichkeiten, keine Schulen für die Kinder. Und so nahmen immer mehr Menschen das Risiko auf sich, die gefährliche Option auf ein möglicherweise besseres Leben in Europa in Erwägung zu ziehen. Syrer, die direkt vor der Gewalt in ihrem Land flohen, wandten sich an kriminelle Schlepper, die ihnen nicht wie früher einfach nur über die Grenze halfen, sondern ihnen versprachen, sie übers Meer ins gelobte Land, nach Europa, zu bringen – nach Zahlung eines entsprechenden Entgelts, versteht sich.

Das profitträchtige Geschäft, Menschen aus den Kriegsgebieten nach Europa zu bringen, hatte jetzt in vielen der nordafrikanischen Staaten Hochkonjunktur. Auch in Ägypten. Von dort versuchten nun vor allem Syrer und Palästinenser über das Mittelmeer nach Norden zu kommen. Die Schleuser waren nicht schwer zu finden. In den Flüchtlingsvierteln gingen entsprechende Flüsterparolen um. Ebenso auf Facebook, wo man Angebote bekam, die aufgemacht waren wie Werbeprospekte für eine Luxuskreuzfahrt. Zwei Tickets nach Europa würden Bassem und Doaa fünftausend US-Dollar kosten. Davon mussten zweitausendfünfhundert Dollar sofort entrichtet werden, die andere Hälfte, wenn sie wohlbehalten in Italien angekommen waren. Der Schlepper, den Bassem fand, war ein syrischer Mittelsmann mit falschem Namen, den man in der Flüchtlingsgemeinde als Strohmann kannte, der illegale Ausreisen vermittelte. Er erzählte Bassem, er könne ihm eine Überfahrt auf einem sicheren Ozeandampfer besorgen. Die Reise würde nur wenige Tage dauern.

Als der Tag der Abreise näher rückte, überkamen Doaa schlimme Vorahnungen. Einmal, als sie und Bassem wieder in ihrem Lieblingscafé saßen und über die Versprechungen des Schleusers beratschlagten, erzählte sie ihrem Verlobten von dem bangen Gefühl, das sie beschlichen hatte. Irgendetwas sage ihr, das Schiff würde sinken, gestand sie ihm.

»Du machst dir zu viele Sorgen, Dodo«, beruhigte Bassem sie. »Ich habe auch eine Vorahnung, nämlich, dass alles gutgehen wird.« Von seinen eigenen Ängsten erzählte er seiner Verlobten nicht. Bassem wollte stark sein für sie, und das hieß, dass er seine Zweifel für sich behielt.

Bassem hatte nicht genügend Ersparnisse, um für die Überfahrt zu bezahlen. Die Familie Al Zamel aber hatte überhaupt kein Geld übrig. Um Bassem zu helfen, verkaufte Doaa die Kette und die Goldarmreife, die Bassem ihr zur Verlobung geschenkt hatte, und schließlich auch den Laptop, den er ihr zum Geschenk gemacht hatte. Hanaa trennte sich ebenfalls von einem Teil ihres Schmuckes. Es tat ihr zwar leid um die Stücke, doch für Glück und Sicherheit ihrer Tochter war ihr nichts zu teuer. Bassems Familie in Syrien überwies ihm telegrafisch zweihundert US-Dollar, bis sie schließlich zweitausendfünfhundert US-Dollar für die Anzahlung plus fünfhundert Euro für die erste Zeit in Europa zur Verfügung hatten. Wie sie sich den Rest beschaffen sollten, war ihnen schleierhaft, aber es würde sich wohl eine Möglichkeit ergeben, sobald sie erst einmal in Europa waren. Vielleicht konnten sie sich die Summe ja borgen und dann abarbeiten. Bassem gab das Geld dem Schlepper. Dann hieß es, auf den entscheidenden Anruf zu warten.

Dieser kam am 15. August 2014. Doaa packte ihre Tasche mit ihren kostbarsten Besitztümern: ihr Koran; eine neue goldfarbene Bluse mit passender Hose, die Bassem ihr geschenkt hatte; die restlichen Schmuckstücke von Bassems Verlobungspräsent und einen Ring mit einem falschen Brillanten; dazu eine mit Herzen verzierte metallene Schmuckschatulle aus Syrien. Sie verabschiedete sich tränenreich von ihrem Vater, der in die Arbeit musste. Sie umarmte ihn und sog dabei den vertrauten Duft nach Rasiercreme und seinem Lieblings-Shishatabak ein. Dann stieg sie mit Bassem, ihrer Mutter und ihren Geschwistern in ein Taxi. Hanaa hatte darauf bestanden, dass sie und die Kinder Doaa und Bassem begleiteten. Bassem gab dem Fahrer die Adresse, die ihm der Schleuser per SMS geschickt hatte. Es handelte sich um eine Wohnung in der Küstenstadt Al Agami, etwa fünfzehn Kilometer westlich von Alexandria.

Doaa und Bassem fanden die Zweizimmerwohnung in einem der Hochhäuser am El-Nakhil-Strand ziemlich schäbig. Es war heiß. Fliegen schwirrten brummend von Ecke zu Ecke. Die wenigen Möbelstücke waren voller Staub, die Armaturen weitgehend verrostet. Zwei andere syrische Familien waren vor ihnen angekommen und saßen nun in dem halbdunklen Raum auf dem Sofa oder auf dem Boden. Die Kinder liefen überdreht in der Wohnung herum, in der sich mit Bassem und Doaa dreizehn Personen aufhielten. Hanaa und die Kinder hatten sich nebenan in einem ebenso schäbigen Zimmer eingemietet, das ebenfalls den Menschenschmugglern gehörte. Dort wollten sie bleiben, bis Doaa und Bassem abfuhren. Bassem rief den Schlepper an, um den Termin für die Abfahrt in Erfahrung zu bringen. Der sagte ihm, er solle sich gedulden und auf Abruf bereithalten. Je nach Wetter und Polizeipräsenz könne es bald schon losgehen. Nach einigen Stunden Wartezeit rief Bassem den Mann noch einmal an. Was bei dieser Gelegenheit besprochen wurde, sagte er Doaa nicht. Doch es hieß, sie sollten bald abfahren.

Sie verließen die Wohnung kurz, um ein wenig frische Luft zu schnappen und sich am Strand Falafelsandwiches zu kaufen. Doaa fühlte sich unwohl unter den Blicken der Menschen dort. Es war offensichtlich, dass sie und Bassem und die Familie nicht auf Urlaub waren. Und jeder wusste, dass die Syrer mittlerweile in Scharen versuchten, das Land zu verlassen. Am nächsten Tag kam kein Anruf vom Schleuser, am übernächsten auch nicht, und so verschwammen die Tage und Nächte in Doaas Erinnerung allmählich. Alle waren nervös und ängstlich, ständig auf dem Sprung.

Schließlich läutete eines Abends Bassems Telefon. »Macht euch fertig«, sagte eine Stimme am anderen Ende brüsk. »Verlasst die Wohnung in einer halben Stunde, genau um neun Uhr abends. Geht runter und achtet darauf, keinerlei Aufmerksamkeit zu erregen. Der Bus wartet in der Straße hinter dem Gebäude.« Der Schleuser warnte Bassem, er solle nur ja nicht zu viel Gepäck mitnehmen, weil dafür kein Platz sei. Doaa kaufte eine Tüte Datteln und zwei Flaschen Mineralwasser und steckte sie ein. Dann schlug sie die Pässe sorgfältig in Plastikfolie ein und verwahrte sie in einer verschließbaren Plastiktüte. Das Plastikpäckchen tat sie zu ihrer Brieftasche mit den fünfhundert Euro und den zweihundert ägyptischen Pfund, die sie in das Innenfach ihrer Reisetasche steckte. Auch die anderen Flüchtlinge in der Wohnung packten ihre Sachen zusammen.

Gemeinsam verließen sie die Wohnung mit ihren Habseligkeiten. Doaa und Bassem verabschiedeten sich von Doaas Familie. Sie umarmten Hanaa, Saja, Nawara und Hamudi. Doaa konnte die Tränen nicht mehr zurückhalten. Sie weinte so sehr, dass sie kaum sprechen konnte. Die

Angst, vielleicht keinen von ihnen je wiederzusehen, schnürte ihr die Kehle zu.

»Bitte, passt auf euch auf. Ruft an, sobald ihr da seid. Wir werden uns jede Minute um euch sorgen«, schärfte Hanaa den beiden ein. Allmählich kam ihr zu Bewusstsein, was da gerade geschah. »Seid ihr sicher, dass ihr es euch nicht doch noch einmal anders überlegen wollt? Bassem, du könntest ruhig bei uns wohnen. Bitte, geht nicht!« Hanaa hatte bis zur letzten Sekunde versucht, tapfer zu sein, für Doaa, aber jetzt überfiel auch sie die Angst um ihre Tochter und ihren Schwiegersohn.

Und wieder versuchte Doaa, ihre Mutter zu überzeugen. »Ach, Mama, hier wird sich nie was ändern.« Sie kämpfte gegen die Tränen an und bemühte sich, ihrer Stimme einen festen Klang zu geben. »Nie! Wir sind jetzt fest entschlossen.«

Da drehte sich der neunjährige Hamudi zu Bassem um, stemmte die Hände in die Hüften und fragte ihn herausfordernd: »Warum gehst du nicht alleine und lässt Doaa hier? Sie wird mir fehlen, weißt du.«

Doaa lächelte und nahm Hamudi nochmals in die Arme. »Mach dir keine Sorgen. Sobald ich angekommen bin, hole ich euch nach. Dann sind wir alle wieder zusammen, und alles wird besser.«

Dann bogen die beiden um die Ecke und ließen die Familie im Dunkeln zurück. Sie gingen auf die kaum erleuchtete andere Straßenecke zu, an der die beiden anderen syrischen Familien warteten. Nach wenigen Minuten kam ein weißer Kleinbus. Ein großer, barbarisch aussehender Mann ganz in Schwarz und mit ungepflegtem Bart befahl ihnen einzusteigen. Es saßen bereits um die dreißig Leute im Bus, und sie mussten sich eng zusammenquetschen, um hineinzupassen. In der Stimme des Mannes lag keine Güte, keine Freundlichkeit. Doaa setzte sich auf Bassems Schoß und schlang die Arme um ihren Beutel. Niemand sprach ein Wort, man nickte den Neuankommenden nur schweigend zu.

Als der Kleinbus losfuhr, flüsterte Doaa Bassem zu: »Diese Schlepper sind Verbrecher, Bassem. Ich traue ihnen nicht über den Weg. Sie machen mir Angst.« Bassem versuchte, Doaa zu beruhigen. Es werde schon alles gutgehen. Allerdings war das hier keineswegs das, was der Mittelsmann ihm versprochen hatte.

Einer der Schlepper ging durch den Bus. Er war kleiner als der Mann, der ihnen einzusteigen befohlen hatte, doch auch er war von Kopf bis Fuß schwarz gekleidet und hatte einen ebenso barschen Tonfall. Als er Doaa sah, herrschte er sie an: »Was hast du in deiner Tasche?«

»Ein paar Kleider, Datteln und Wasser, wie man es uns gesagt hat«, antwortete sie schüchtern.

Er nickte. »Behaltet euren Pass bei euch und versteckt ihn unter euren Kleidern.« Dann ging er weiter und stellte den hinter ihnen Sitzenden dieselbe Frage.

Nach etwa einer Stunde hielt der Bus an. Man befahl ihnen auszusteigen. Die Gruppe wurde in einen großen Container-Lastwagen gescheucht, der normalerweise Sand transportierte. Da es draußen dunkel war, wurde es im Innern des Containers stockfinster, als die Schleuser die Verladeklappe geschlossen hatten. Nun waren sie eingequetscht wie die Ölsardinen. Es gab keinen Millimeter Raum, um sich zu bewegen. Natürlich auch keine Luken oder Fenster. Die Luft wurde immer stickiger. Die Kinder waren merkwürdig still, und Doaa bemerkte, dass eine schwangere Frau neben ihr stand. »Diese Verbrecher. Solche Unmenschen«, flüsterte Doaa leise. »Ich habe kein gutes Gefühl bei der ganzen Sache.«

Von draußen drang Gehupe herein, Musik, laute Stimmen. Offensichtlich durchquerte der Laster eine belebte Gegend. Doch nach einer Weile hörte man nur noch etwas, wenn die Räder über Steine oder durch Schlaglöcher fuhren. Doaa hielt Bassems Hand, während sie versuchte, im Dunkeln etwas auszumachen. Sie fragte sich, welche Umstände ihre Schicksalsgenossen wohl zu diesem drastischen Schritt bewogen haben mochten. Nach gut einer Stunde hielt der Lastwagen an. Die Verladeklappe wurde geöffnet, Doaa sog gierig die frische Luft ein. Sie war ganz steif vom langen Sitzen. Als sie von der Klappe heruntersprang, zitterten ihr die Beine. Vor ihren Augen breitete sich der nackte Strand aus. Andere Flüchtlinge waren bereits vor ihnen eingetroffen. Sie standen in Grüppchen – Familie, Freunde – herum. Andere saßen wortlos im Sand und warteten in der Dunkelheit.

Mit den etwa vierzig Passagieren im Lastwagen, mit dem Doaa und Bassem gekommen waren, waren es wohl gut zweihundert Menschen, die sich in die Hand von zehn verbrecherischen Schleppern begeben hatten. Die Schleuser waren barfuß und ganz in Schwarz gekleidet. Sie hatten die Hosenbeine bis zu den Knien hochgekrempelt. Den Flüchtlingen befahlen sie, ja ganz still zu sein, weil sie sonst Polizei und Küstenwache auf sich aufmerksam machen würden. Dabei hatte man doch oft gehört, dass sie die Beamten schmierten, damit sie über ihr Treiben hinwegsahen. Doaa blickte auf die Uhr. Es war elf Uhr nachts.

Die Warterei in absoluter Stille war nervenaufreibend. Es war sehr kalt. Doaa wünschte sich, sie hätte einen Pulli unter die dünne Jacke gezogen.

Nach zwei weiteren Stunden teilten die Schlepper die Leute am Strand ohne jede Erklärung in drei kleinere Gruppen auf, die erste zu etwa hundert, die beiden anderen zu je etwa fünfzig Personen. Doaa und Bassem wurden der ersten Gruppe zugeteilt. Sobald diese sich versammelt hatte, hörten sie einen der Schleuser rufen: »Lauft los!«

Bassem nahm ihre Tasche und lief mit Doaa auf die Wellen zu. Es war neblig und dunkel, die Sicht war sehr schlecht. Doaa konnte kaum die Hand vor Augen erkennen, während sie immer weiter rannte. Nach ein paar Minuten befahl ihnen eine Stimme, stehen zu bleiben und sich ganz still zu verhalten. Dann hieß es wieder, sie sollten loslaufen. Sie hörten die Wellen, wie sie sich an etwas brachen, das schwere Atmen der anderen Flüchtlinge. An Orientierung allerdings war nicht zu denken. Alles, wonach sie sich richten konnten, waren die Befehle der Schlepper. Ihre Augen hatten sich zwar an die Dunkelheit gewöhnt, doch ein Schiff war weit und breit nicht in Sicht.

Stattdessen jagte man sie jetzt ans Ufer zurück, wo sie direkt in eine Patrouille uniformierter Männer von der Küstenwache hineinstolperten, die offensichtlich am Strand ein Schläfchen hielten. Bei ihrem Anblick blieben die Flüchtigen stehen. Dann machten sie wie ein Mann kehrt. Doaa und Bassem liefen vor allen anderen her. Da erklangen Schüsse und Schreie: »Ihr *kilaab,* ihr Hunde! Bleibt stehen!« Sie rannten nur noch schneller und riefen den anderen Flüchtigen zu: »Es ist eine Falle! Lauft!«

Bassem nahm im Laufen Doaas Hand. Ihre schwarze Tasche auf seinem Rücken machte ihn langsamer. Doaa schrie, er solle sie doch fallen lassen, nichts davon sei es wert, erschossen zu werden. »Nein«, rief er zurück. »Das sind all unsere Erinnerungen.« Dann stolperte er und fiel. Die Männer von der Küstenwache kamen näher. Doaa half Bassem auf, und sie rannten weiter. Nur wenige der anderen Flüchtlinge konnten mit ihnen Schritt halten. Die Familien mit den Kindern, die älteren Leute waren längst zurückgeblieben. Ein Mädchen in Doaas Alter hielt sich neben den beiden. Sie hatte ihre Familie verloren und wollte schon stehen bleiben, aber Doaa nahm ihre Hand und schrie: »Bleib bei uns. Wir werden dir helfen.«

Als sie die Hauptstraße erreichten, warf Doaa wieder einen Blick auf die Uhr. Es war drei Uhr morgens – sie waren fast zwei Stunden lang über den Strand gerannt. Kein Haus war in Sicht, nur Wüste. Bald sammelten sich einige der Syrer um sie, mit denen sie losgelaufen waren. Einer redete am Telefon laut mit einem der Schleuser und forderte ihn auf, sie gefälligst abzuholen. Nachdem er das Gespräch beendet hatte, überschütteten sie ihn mit Fragen. Wusste jemand, wo sie waren? Hatten die Schlepper sie absichtlich in eine Falle laufen lassen? Wussten sie etwa, dass die Küstenwache hier lauerte? »Es werden ja immer ein paar Leute verhaftet«, meinte ein Mann vielsagend. »So kann die Küstenwache zeigen, dass sie ihre Arbeit tut. Sie bekommen ihren Anteil von den Schleusern dafür, dass sie einen Teil zu den Booten durchlassen.«

»Deshalb haben sie uns also in Gruppen aufgeteilt«, dachte Doaa wütend.

Bassem, Doaa und das Mädchen, das sich ihnen angeschlossen hatte, gingen hinüber zur nahen Straße. Dahinter erkannte Doaa ein paar Bauernhöfe. Als sie und Bassem auf diese zuhielten, blieb das Mädchen bei den anderen Syrern zurück.

Die beiden gingen weiter. Dann sah Doaa, wie gut zwanzig bedrohlich wirkende junge Männer mit Stöcken und Messern auf sie zukamen. »Ich habe mit eurer Organisation gesprochen«, sagte einer von ihnen und versuchte, freundlich zu klingen. »Ich soll euch helfen. Wir werden euch zum Boot bringen.« Doaa und Bassem trauten den Männern nicht, sahen aber keine Möglichkeit, ihnen zu entkommen. Und so folgten sie den Männern in eine Nebenstraße.

Anfangs waren noch andere Flüchtlinge hinter ihnen, doch bald war niemand mehr in Sicht. »Wo ist denn der Rest der Gruppe?«, fragte Bassem.

Einer der Männer sah ihn an und bellte: »Um die musst du dir keine Sorgen machen!«
»Die kommen schon nach. Geh weiter, oder die Polizei wird dich schnappen«, sagte ein anderer.
»Bleib dicht bei mir«, befahl Bassem Doaa. Sie war die einzige Frau in der Gruppe. Er hatte Angst, dass die Männer sie mitnehmen oder vergewaltigen würden, und er nichts dagegen unternehmen könne. Doaa hielt sich ganz nah bei ihrem Verlobten. Allmählich beschlich sie das Gefühl, dass sie einen Fehler begangen hatten, als sie den Kerlen gefolgt waren. Sie ließen sich ein wenig zurückfallen, um flüsternd einen Plan zu machen. Dann blieben sie einfach stehen, und Bassem verkündete: »Wir möchten gerne auf die anderen warten.«
Die Typen umringten sie sofort. Ihre Ängste waren also berechtigt gewesen. Dann forderten die Kerle von Doaa und Bassem ihr Geld und ihre Jacken.
»Wir haben nichts, wir haben für die Reise alles an die Schlepper abgeben müssen«, erwiderte Bassem. Er hielt Doaas Hand fest umklammert, als sie kehrtmachten und den Weg zurück zur Hauptstraße liefen. Die Kerle verfolgten sie und riefen ihnen Beleidigungen hinterher. Auf der Hauptstraße angekommen, mussten beide erst einmal Atem holen. Sie hofften, die Gauner würden sich hier auf offener Straße zurückhalten. Schließlich kamen hier ununterbrochen Autos vorbei. Doaa weinte vor Angst und Erschöpfung. Bassem versuchte gleichzeitig, eines der Autos anzuhalten und sie zu trösten. Doaa blieb neben ihm stehen, denn sie hofften, dass ein Paar eher mitgenommen würde als ein einzelner Mann. Doaas Mund war völlig ausgetrocknet. Sie hatte ein Gefühl, als würde sie gleich in Ohnmacht fallen. Durst, Angst und Verzweiflung forderten ihren Tribut. »Doaa, pass auf«, hörte sie Bassem plötzlich schreien. Dann war er schon bei ihr und warf sie zu

Boden. Als Doaa aufblickte, sah sie einen Lastwagen, der direkt auf sie zugesteuert war. Er hätte sie wohl überfahren, hätte Bassem sie nicht zur Seite gestoßen.

Viele Autos fuhren vorbei, doch keines blieb stehen. Doaa und Bassem fürchteten, dass die Bande sie vielleicht weiter beobachtete, daher wagten sie nicht, zurückzugehen. Schließlich sah Doaa voller Erleichterung einen Polizeiwagen näher kommen. »Lass uns doch aufgeben, Bassem«, sagte sie. »Es ist auf jeden Fall besser, als wieder diesen Gangstern in die Hände zu fallen.« Bassem stimmte ihr zu, und so liefen sie beide auf die Straße hinaus. Der Polizeiwagen kam quietschend zum Stehen. Die Beamten stiegen mit gezogener Waffe aus. Dann stießen sie Bassem gegen den Wagen und durchsuchten ihn. Doaa weinte wieder. Schließlich wollten die Polizisten wissen, wo der Rest der Flüchtlinge sei. »Wir wissen nicht, wo sie sind. Wir haben beschlossen, uns zu stellen«, log Doaa. Sie baten um Wasser, und als man sie auf den Rücksitz des Autos verfrachtete, reichte einer der Beamten ihnen eine Wasserflasche.

Die Polizei kontrollierte die Gegend bis zum Morgengrauen, um auch den Rest der Gruppe Flüchtlinge aufzuspüren. Gegen sechs Uhr morgens hielt der Polizeiwagen an genau der Stelle am Strand, wo die Flüchtlinge die schlafenden Beamten von der Küstenwache zuerst gesehen hatten. In der Morgendämmerung erkannte Doaa einen kleinen Militärstützpunkt, der in der Dunkelheit nicht zu sehen gewesen war. Auf der Straße vor dem Stützpunkt saßen einige von denen, die mit ihnen hatten fliehen wollen, darunter etwa vierzig Frauen und einige Kinder. Den Männern hatte man die Hände auf dem Rücken gefesselt. Man befahl Doaa und Bassem, sich zu ihnen zu setzen. Sie nahmen im Sand Platz, ihre Reisetasche zwischen sich. Doaa litt unter Übelkeit und Schwindel. Sie war nun seit Stunden ohne Nahrung, Wasser oder Schlaf.

Die schwangere Frau, die im Lastwagen neben ihr gestanden war, war auch da. »Du siehst richtig krank aus, Liebes«, sagte sie und reichte Doaa eine kleine Tüte Orangensaft mit einem Strohhalm. Doaa saugte gierig die süße, warme Flüssigkeit in sich auf, und es ging ihr schlagartig besser.

Kurz darauf begannen die Polizisten, ohne jede Erklärung das Gepäck der Leute einzusammeln. Doaa traute dem Beamten nicht, der meinte, sie bekämen später alles zurück. Sie hatte das Gefühl, dass man ihr einen Teil ihrer Identität raubte.

Am späten Vormittag wurde es allmählich heiß. Doaa wurde ungeduldig und machte sich auf die Suche nach ihrer Tasche. Ein Polizeioffizier befahl ihr, sich wieder zu den anderen zu setzen. Er werde ihre Tasche für sie suchen. Ein paar Minuten später kam er zurück und behauptete, dass er sie leider nicht finden könne.

Doaa glaubte ihm nicht. »Bitte, ich brauche unbedingt meine Sachen. Es macht mir nichts aus, selbst danach zu suchen«, sagte sie und stand auf. Gegen den großen breitschultrigen Mann sah sie winzig aus, was den Offizier milder zu stimmen schien. Er befahl drei seiner Männer, nach Doaas Tasche zu suchen. Sie führten sie zu der Stelle, wo man ihnen das Gepäck abgenommen hatte. Dort aber lagen nur noch verschiedene Kleidungsstücke am Strand. Als sie ihre Hosen sah, auf denen offensichtlich jemand herumgetrampelt hatte, marschierte sie schnurstracks zu dem Offizier zurück und nahm vor ihm Aufstellung: »Sie haben mein Gepäck genommen!«

Er sah auf sie herunter und antwortete: »Wie können Sie es wagen, mich des Diebstahls zu beschuldigen!«

Aber Doaa gab nicht nach. In dieser Tasche war alles gewesen, was ihr an materiellen Dingen lieb und teuer war. »Sie wurde gestohlen. Und die Dinge darin sind mir wichtig.« Aber es hatte keinen Zweck. Alle hatten ihr Gepäck verloren. Sie dachte an ihre hübsche kleine Schmuckschatulle aus Syrien, ihren Koran. Was konnten diese Dinge den Polizisten schon einbringen? Dankbar erinnerte sie sich, dass sie und Bassem wenigstens Geld und Pass unter ihrer Kleidung verborgen hatten. Einige der Mitreisenden, die beides in den Taschen gelassen hatten, hatten ihr ganzes Hab und Gut verloren.

Nach einer langen, quälenden Wartezeit unter der unbarmherzig niederbrennenden Sonne scheuchte man die Gruppe für den Fotografen zusammen. Daraufhin mussten die Frauen und Kinder auf einen offenen Armeelastwagen klettern, der sie zur Hauptstraße brachte. Doaa saß ganz hinten neben einer Frau namens Hoda, die ungefähr im vierten Monat schwanger war. Doaa konnte sich nicht vorstellen, als Schwangere diese anstrengende Reise auf sich zu nehmen, und sagte das auch. »Aber wir haben hier doch keine Zukunft«, entgegnete Hoda und legte die Hand auf ihren Bauch. »Ich gehe, damit wenigstens mein Kind eine Zukunft haben kann.«

Obwohl auf dem Lastwagen durchaus noch Platz gewesen wäre, zwang man die etwa fünfzig Männer, unter ihnen auch Bassem, zu Fuß zu gehen. Ihre Hände waren mit Handschellen gefesselt, so mussten sie in der sengenden Mittagshitze viele Kilometer die Hauptstraße entlanglaufen. Als man sie endlich auf den Lastwagen steigen ließ, setzte Bassem sich gleich neben Doaa. »Geht es dir gut?«, fragte er und nahm ihre Hand. Seine Lippen waren trocken und aufgesprungen. »Mir war nicht klar, dass es so schlimm werden würde.«

Der Lastwagen fuhr wieder an und brachte sie zum Gefängnis von Birimbal, das in der Stadt Matubus, in den ehemaligen Sümpfen um Alexandria lag. Dort wurden Doaa und Bassem getrennt. Doaa musste sich mit den anderen Frauen in eine Reihe stellen, dann wurde von ihr eine Aufnahme für die Verbrecherkartei gemacht. Sie musste ein Dokument unterzeichnen, in dem sie gestand, dass sie versucht habe, Ägypten auf illegalem Weg zu verlassen. Ein Offizier vom Büro für nationale Sicherheit stellte ihr einen Haufen Fragen über die Schleuser: wie sie hießen, wie sie aussahen, wie viel sie bezahlt hatte und von wo sie aufgebrochen war. Sie antwortete nach bestem Wissen und Gewissen. Einer habe Abu Mohammed geheißen.

»Anscheinend heißen die alle Abu Mohammed«, witzelte der Beamte. Ein anderer sah sie an und hatte wohl Mitleid mit ihr, denn er sagte: »Vertrauen Sie sich doch nicht diesen Menschenschmugglern an. Das sind Verbrecher!« Man sagte ihr, dass sie und Bassem zu zehn Tagen Gefängnis verurteilt worden seien, weil sie versucht hätten, das Land unerlaubt zu verlassen. Dann brachte man sie in einen Raum, der schon voller Frauen und Kinder war. Die Männer wurden in einem anderen Raum festgehalten. Es gab kein fließendes Wasser, und die Toilette hatte keine Spülung. Der Gestank und die Fliegen verursachten Doaa erneut Übelkeit. Sie brachte keinen Bissen hinunter. Jede Gefängnisinsassin erhielt eine kleine Matte, auf der sie schlafen konnte. Decken gab es nicht, und auch keine Dusche. Doaa hatte keine Kleidung zum Wechseln dabei und konnte sich auch nicht waschen. Sie fühlte sich immer unwohler.

Die Tage vergingen, und die Kinder bekamen die Krätze. Bald konnten ihre Mütter sie nicht mehr beruhigen. Sie schrien den lieben, langen Tag. Die Situation änderte sich, als Mitarbeiter der UN-Flüchtlingshilfe vorbeikamen und die Haftbedingungen überprüften. Sie brachten Lebensmittel, Toilettengegenstände, Decken und Medikamente mit. Doaa durfte einen Anruf tätigen und meldete sich sofort bei ihrer Familie. Man ließ sie gerade so lange sprechen, dass sie ihre Mutter einigermaßen beruhigen konnte. Sie sagte ihnen, dass sie in wenigen Tagen entlassen würden.

Ein mitfühlender Arzt von Ärzte ohne Grenzen untersuchte Doaa und bat sie nachdrücklich, doch etwas zu essen. Ihre Gesundheit sei sonst ernsthaft gefährdet. Bei seinem Rundgang durchs Gefängnis untersuchte er auch Bassem. Auch ihm sagte er, er sei bei schlechter Gesundheit. Seine hervorstehenden Wangenknochen zeigten, dass er viel zu wenig esse. Doch ihm fiel auch auf, dass der junge Bassem keineswegs aufgegeben hatte, und so fragte er ihn nach seinem Schicksal. Bassem sagte dem Arzt, er wolle mit seiner Verlobten Doaa, die in der Frauenabteilung einsitze, in Europa ein neues Leben anfangen. Er wolle mit ihr nach Schweden gehen, sie heiraten und einen Friseursalon eröffnen. Als er erfuhr, dass der Arzt auch Doaa untersucht hatte, wollte er wissen, wie es ihr ginge. Kaum hatte der Arzt das Gefängnis verlassen, bat Bassem den Aufseher, seine Verlobte sehen zu dürfen. Der stämmige Polizist weigerte sich, doch Bassem bestand darauf. »Nur für ein paar Minuten, bitte!«, bettelte er. Und bald unterstützte ihn die ganze Männergruppe: »Sehen Sie denn nicht? Der Junge ist verliebt!« Da gab der Aufseher nach und ließ Bassem für wenige Minuten zu Doaa. Dieses Ritual wiederholte sich Tag für Tag, bis sie entlassen wurden, einen Tag vor Ablauf ihrer Strafe. Das junge Paar war zum Liebling der Aufseher und der anderen Häftlinge geworden.

Als sie ihre Strafe abgesessen hatten, brachte man Bassem, Doaa und acht weitere Syrer nach Alexandria. Dort mussten sie Formulare ausfüllen, um ihre Aufenthaltserlaubnis zu erneuern, und eine Strafe bezahlen. Auf der Busfahrt zurück nach Gamasa rief Bassem einen der Schlepper an: »Warum habt ihr uns verpfiffen?«, wollte er wissen. Der

Mann leugnete, dass er damit etwas zu tun gehabt habe, und fragte, ob sie es denn noch mal versuchen wollten. Er habe ihr Geld noch. Bassem sagte, er werde ihn zurückrufen, und legte auf.

Doaas Familie wartete auf die beiden vor dem Haus. Zum ersten Mal seit zehn Tagen konnten die zwei duschen. Hanaa hatte Doaas Lieblingsgericht zubereitet, gedämpfte Molokhiablätter, zubereitet wie Spinat mit Koriandersamen, Knoblauch und Zwiebeln. Dazu gab es dampfenden Reis in Schüsseln. Die Nachbarn kamen und wollten alles über ihr Unglück wissen. Sie warnten sie, es ja nicht noch einmal zu versuchen. Die Behörden, so hieß es, seien strenger geworden. Wenn sie nochmals erwischt würden, kämen sie wohl nicht mehr so glimpflich davon.

Ab Spätsommer 2014 wurde die Situation für die Syrer in Ägypten immer verzweifelter. Der Krieg in Syrien hatte sich nun bis an die Grenzen des Landes ausgeweitet, die Hoffnung auf eine baldige Rückkehr schwand. Extremistengruppen, die mit al-Qaida in Verbindung standen, der sogenannte Islamische Staat und die neue Al-Nusra-Front eroberten die Gebiete, die die politisch gemäßigte Opposition in Syrien nicht hatte halten können. Im Kampf um Syrien gab es nun nicht mehr nur zwei Parteien. Eine ganze Reihe von Gruppierungen kämpfte dort um Macht und Einfluss. Die Menschen, die im März 2011 mit den Protesten begonnen hatten, waren längst tot oder geflohen. Im vierten Kriegsjahr waren unter denen, die gegen die Assad-Regierung kämpften, kaum noch Mitglieder der ursprünglichen Widerstandsbewegung. Tatsächlich bekämpften sich viele Oppositionsgruppen gegenseitig. Und so hatten die politisch gemäßigten Kämpfer der Freien Syrischen Armee nicht nur die Regierung gegen sich, sondern auch die radikalen Extremisten vom IS. Auf Seiten der Regierung hingegen fochten Guerillas der Hisbollah, der schiitisch-islamistischen Partei und Milizen aus dem Libanon und dem Iran. So wurde in Syrien ein Stellvertreterkrieg geführt, in dem Russland auf der Seite der Assad-Regierung stand, während Saudi-Arabien, Qatar und die Türkei die Opposition unterstützten. Dann schlossen sich noch die Vereinigten Staaten, Frankreich und Großbritannien dem Kampf gegen Assad und den IS an. Die wohlmeinenden Versuche der Vereinten Nationen, Friedensgespräche in Gang zu bringen, scheiterten; die vereinbarten Waffenruhen wurden regelmäßig gebrochen.

Aus Städten wie Dara'a waren die Bewohner längst geflohen. Die meisten hatten ihre zerstörten Häuser verlassen, um sich in anderen Landesteilen oder den Nachbarländern zumindest ein Stück weit in Sicherheit zu bringen. Immer mehr wagten die gefährliche Fahrt übers Mittelmeer. Viele von Bassems Freunden, die in Europa angekommen waren, meinten, er solle dasselbe tun. Die Reise sei beschwerlich, vor allem die paar Tage auf dem Meer, aber danach würde alles besser. Seine Freunde waren in Deutschland, Schweden, Holland, wo sie Arbeit gefunden oder eine Ausbildung aufgenommen hatten. Über Facebook schrieben sie ihm, die Sprache ließe sich in sechs Monaten erlernen, und dann sei es ihnen nicht schwergefallen, eine Stelle zu finden.

Zu jener Zeit empfanden die Europäer noch Mitleid mit den Syrern. Es kamen zwar immer mehr in Europa an, doch ihre Zahl war immer noch klein: 2014 waren es insgesamt nur achtzigtausend Personen gewesen. Die Regierungen erkannten an, dass sie auf der Flucht vor dem Krieg waren, daher war das Asylverfahren kein Problem.

Die Regierungen Europas hatten es politisch für sinnvoll erachtet, Flüchtlinge möglichst in der Nähe ihres Heimatlandes zu unterstützen. Das galt auch für die drei Millionen geflüchteten Syrer, die in den Nachbarländern Aufnahme gefunden hatten. Die UN-Flüchtlingshilfe erhöhte die Zuschüsse, damit Länder wie Ägypten den Flüchtlingen Obdach, Nahrung, Schulunterricht, ärztliche Versorgung und andere Dinge zukommen lassen konnten. Doch die Millionen, die von den Geberländern kamen, konnten die Bedürfnisse der immer größer werdenden Flüchtlingszahl bald nicht mehr decken. Syrer, die einst zur Mittelschicht gehört hatten, lebten von der Hand in den Mund in Behausungen, die diesen Namen häufig nicht mehr verdienten. Fanden sie Arbeit, wurden sie oft gnadenlos ausgebeutet. Da sie jeden Cent brauchten, mussten die Kinder meist mitarbeiten, statt die Schule beenden zu können. Man schickte sie auf die Felder, wo sie für vier US-Dollar am Tag Obst und Gemüse ernteten. Oder man ließ sie Blumen verkaufen. In der großen Gemeinschaft der Flüchtlinge begann es zu gären. Sie wollten in Länder gehen, wo sie arbeiten durften und ihre Kinder eine Schule besuchen konnten.

Als die Syrer in immer größerer Zahl an der Küste Italiens landeten, suchten die europäischen Politiker die Zusammenarbeit mit den Ländern, aus denen sie kamen, darunter auch Ägypten. Ziel war es, die vollbeladenen Boote mit Flüchtlingen zu stoppen. Man bot den Ländern finanzielle Anreize, damit sie den Menschenschmuggel härter verfolgten und hohe Geldbußen forderten für den Versuch, das Land illegal zu verlassen. Die Botschaft war klar: Bleibt in eurer Region. Doch für Syrer wie Doaa und Bassem war dies kaum möglich: Ägypten erstickte ihre Träume.

Nach dem Willkommensmahl zu Hause hatten Doaa und Bassem eine Unterredung mit Hanaa, die sie anflehte, nicht noch einmal loszuziehen. Doch als sie später allein darüber sprachen, war es Doaa, die zu Bassem sagte: »Ich will lieber einen schnellen Tod auf dem Meer als den langsamen hier in Ägypten.« Da griff Bassem nach dem Handy und rief den Schleuser zurück.

Ein paar Tage später kam der Anruf, dass es am nächsten Tag erneut eine Möglichkeit zur Flucht geben werde. Man nannte ihnen die Adresse einer kleinen Wohnung in Alexandria. Dort warteten bereits vier Familien auf das Signal zum Aufbruch. Diesmal wurden sie noch am selben Abend in den Bus verfrachtet. Wieder war dieser vollgepackt mit Menschen, wieder wurden sie von nur zwei Schleppern begleitet, die ständig Anrufe erhielten und dem Fahrer dann neue Anweisungen erteilten, worauf dieser jedes Mal die Richtung änderte. »Die wissen doch nicht, was sie tun«, flüsterte Doaa Bassem zu, als sie kurz gegen ihn geschleudert wurde. Der Busfahrer gab Gas, und einer der Schleuser rief, die Polizei sei hinter ihnen her. Der Fahrer bog von der geteerten Straße ab auf eine holprige Landstraße, vorbei an einem großen Bauernhof. Frauen und Kinder schrien, als er mit den Rädern in Schlaglöcher geriet und fast vor eine Palme geprallt wäre. Polizeibeamte eröffneten das Feuer, die Kugeln trafen den Bus hinten und an den Seiten. Dann krachte der Bus gegen eine Mauer. Die Polizisten umringten den Bus und befahlen den Schleppern herauszukommen. Sie zogen ihnen Plastiktüten über den Kopf, die sie am Hals zubanden. Dann zwangen sie sie, sich bis auf die Unterwäsche auszuziehen. Die Schleuser wurden an den Knöcheln gefesselt und dann geschlagen. Die entsetzten Flüchtlinge sahen dieser öffentlichen Demütigung hilflos zu.

»Ach, ihr seid es wieder! Willkommen, ihr Turteltauben!«, sagte ein Polizeibeamter lachend zu Doaa. Sie erkannte den Mann wieder, der sie schon beim ersten Mal geschnappt hatte. Bassem flehte ihn an, sie nicht wieder ins Gefängnis zu bringen. Er würde ihm auch Geld geben, wenn er sie freiließe. Anfangs lehnte der Mann brüsk ab, kehrte dann aber mit einer horrenden Forderung zurück. Für fünftausend US-Dollar würde er sie gehen lassen. Da wurde Doaa und Bassem klar, dass sie bald wieder im Gefängnis sitzen würden.

Zuerst aber brachte man sie in eine Sportanlage, die man zum Armeelager umfunktioniert hatte. Dort verbrachten sie die Nacht. Am nächsten Tag wurden sie wieder zu der ihnen bereits bekannten Polizeistation gebracht, wo sie ein Geständnis unterschrieben, dass sie versucht hatten, illegal das Land zu verlassen. Und schließlich landeten sie auch noch im selben Gefängnis wie zuvor.

Am zweiten Tag dort erwachte Doaa mit schrecklichen Kopfschmerzen und großer Übelkeit. Es war der 28. August 2014, der erste Jahrestag ihrer Verlobung. Doaa war verzweifelt. Wie hatten es nur all die anderen nach Europa geschafft? Und warum funktionierte es bei ihnen nicht?

Sie hatte starke Rückenschmerzen und Seitenstiche, daher verkroch sie sich in eine Ecke des Raumes und blieb dort mit angezogenen Knien sitzen. Sie bat die Wachen um einen Arzt, doch es hieß, sie müsse auf den Doktor von Ärzte ohne Grenzen warten, der am nächsten Tag kommen sollte. Bis dahin musste sie die unsäglichen Schmerzen aushalten.

Als der Arzt kam, verlangte er auf der Stelle, dass Doaa in ein Krankenhaus verlegt würde. Nach verschiedenen Telefonaten mit seinen Vorgesetzten bekam der diensthabende Polizeibeamte die entsprechende Erlaubnis. Zwei Polizisten brachten Doaa und den Arzt zur nächstgelegenen Klinik, etwa dreißig Minuten weit mit dem Auto weg. Doaa fühlte sich zutiefst gedemütigt, weil sie in Polizeibegleitung dort eintraf. Unter den Blicken der Menschen im Wartezimmer errötete sie vor Scham.

Doch die Polizisten, beide um die fünfzig Jahre alt und ihrem Vater sehr ähnlich, erklärten allen, dass Doaa keine

Verbrecherin sei. Sie hatten das Mädchen ins Herz geschlossen und redeten auch gleich mit dem Krankenhauspersonal. Eine Krankenschwester brachte sie ins Untersuchungszimmer, wo sie geröntgt werden sollte. Sie half ihr auch, ihre Kleider abzulegen. Als darunter Doaas Körper zum Vorschein kam, rief sie entsetzt: »Wie kann man nur so schrecklich dünn sein!« Dann stellte sie Doaa auf die Waage. Sie wog nur mehr vierundvierzig Kilogramm. Doaa erzählte der Schwester ihre ganze Geschichte, um zu erklären, wieso sie im Gefängnis war. Diese meinte, sie verachte Bashar al-Assad, doch das syrische Volk liebe sie. Dann steckte sie Doaa zehn Lira zu für ein Sandwich und begann, ein Gebet aus dem Koran für sie zu sprechen. Doaa war von der Güte der Krankenschwester tief bewegt. Als der Arzt ins Zimmer kam, legte sie ihm ans Herz: »Du musst sie behandeln, als wäre sie deine eigene Tochter.« Nach der Untersuchung war klar, dass Doaa keine Blinddarmentzündung hatte. Er stellte Nierensteine fest und eine Magenschleimhautentzündung. Aus diesem Grund wollte er sie über Nacht in der Klinik behalten.

Als sie am nächsten Tag ins Gefängnis zurückkam, achteten die Wachen ganz besonders auf sie. Sie klopften sogar an, als sie die Frauenzelle betraten, und passten genau auf, dass Doaa auch ja all ihre Medikamente einnahm. Auch Bassem kam vorbei, wenn man es ihm gestattete. Er zählte ihre Tabletten und bat die anderen Frauen, doch auf seine Verlobte zu achten. Nach zehn Tagen wurden sie wieder entlassen. »Versucht ja nicht noch mal, aus Ägypten abzuhauen«, erklärte ihnen der diensthabende Beamte. »Viel Glück!«

Doch Doaa entschied erneut, dass es den Versuch wert war. Sie wollten nach Europa. Die Erfahrungen im Gefängnis hatten ihre Ansichten ein für alle Mal verändert. Das Leben hier in Ägypten wiederaufzunehmen, schien ihr mittlerweile unvorstellbar. Bassem hingegen war zögerlicher geworden. Die Schleuser hatten jedoch immer noch ihre zweitausendfünfhundert Dollar. Und so rief Bassem wieder an und erhielt erneut eine Adresse in Alexandria. Eine Wohnung sah aus wie die andere. Diesmal wurden sie nur von einer syrischen Familie begrüßt, ein Mann, eine Frau und vier Kinder. Flüchtlinge wie sie selbst, die ihr Leben riskierten, weil sie so für sich eine bessere Zukunft erhofften als in diesem Vorhof zur Hölle, in dem sie derzeit lebten.

KAPITEL 8

Der Alptraum beginnt

Der Anruf kam um elf Uhr am Vormittag des 6. September 2014. Doaa packte für sich und Bassem eine Garnitur Kleidung zum Wechseln ein, zwei Zahnbürsten, einen verschließbaren Plastikbeutel mit Datteln und eine große Flasche Wasser. Sie verstaute die Sachen sorgsam in ihrem Micky-Maus-Rucksack, den sie noch aus ihrer Schulzeit in Syrien besaß. Dann wickelte sie ihren Pass und die Verlobungsurkunde in Frischhaltefolie und steckte sie sorgfältig in eine weitere Plastiktüte. In eine dritte Tüte packte sie ihr Handy und die Brieftasche mit den fünfhundert Euro und den zweihundert ägyptischen Pfund, die sie schon bei ihrem ersten Fluchtversuch mitgenommen hatten. Diese Plastikbeutel machte sie an den Trägern ihres ärmellosen roten T-Shirts fest, die erste von vier Lagen Kleidung, die sie für diese Reise ausgewählt hatte. In der schwülfeuchten Luft des späten Vormittags begann sie unter dem Plastik sofort zu schwitzen.

Fünf Kleinbusse warteten vor dem Hochhaus in Alexandria. In ihnen saßen schon dicht an dicht syrische und palästinensische Flüchtlinge. Sie schauten kurz auf, als sich die Türen öffneten, sagten aber kein Wort. Doaa und Bassem kletterten hinein und fanden ganz hinten noch einen Sitzplatz, auf den sie sich zu zweit quetschten. Ihren Rucksack und die Rettungswesten stopften sie zwischen Fenster und Sitz. Es saßen so viele Menschen im Bus, dass Doaa fast keine Luft bekam. Man spürte die schweigende Anspannung der Menschen, als sich der Bus hinter den anderen Kleinbussen einreihte und Richtung Autobahn rollte. Doaa zog sich die Jacke übers Gesicht, als könne sie sich so vor den eventuellen Blicken von Polizisten schützen. Als sie schon glaubte, jeden Moment von der stickigen Luft ohnmächtig zu werden, bog der Bus auf einen Parkplatz ein und hielt neben einem größeren, total heruntergekommenen Bus. Man befahl ihnen, auszusteigen und sich zu den anderen Passagieren in den anderen Bus zu quetschen. Doch dort standen die Leute schon dicht gedrängt und hatten jedes freie Fleckchen besetzt. »Rein mit euch, ihr Hunde!«, schrie ihnen jemand aus dem Bus entgegen. »Männer auf die eine Seite, Frauen auf die andere!« Da aber mehr Frauen und Kinder als Männer im Bus waren, war das nicht möglich. Ein anderer Schlepper bellte grob: »Wenn hier jemand das Maul aufreißt, werfen wir ihn aus dem Fenster!« Von all den Menschenschmugglern, mit denen Doaa und Bassem es mittlerweile zu tun bekommen hatten, waren dies zweifellos die schlimmsten und brutalsten.

Bassem, der gewöhnlich versuchte, Doaa zu beruhigen, überlegte schon, ob sie nicht besser wieder aussteigen sollten. Er traute diesen Typen nicht über den Weg. Als sie sich hinsetzten, sagte Doaa: »Für mich fühlt sich das an, als würden wir zur Hinrichtung gefahren!« Schon wenige Tage zuvor hatte sie ihre Skepsis geäußert, ob alles gut gehen würde. Sie saß mit Bassem auf dem elterlichen Balkon und sagte ihm, dass sie sich überhaupt nicht vorstellen könne, bald gemeinsam mit ihm irgendwo in Italien, Schweden oder anderswo in Europa zu sein. Für alles, was nach der Bootsfahrt kommen sollte, fehlte ihr die Fantasie. Als öffne man die Tür eines Hauses und finde dahinter gähnende Leere vor. »Das Boot wird sinken«, hatte sie tonlos zu Bassem gesagt. Da hatte Bassem ihre düsteren Vorahnungen noch mit einer Handbewegung abgetan, weil er glaubte, ihre Angst vor dem Wasser sei einfach zu groß. Nun war er sich da nicht mehr sicher.

Doch gerade als er Doaa seine Befürchtungen offenbaren

wollte, hielt der Bus an einer Raststätte. Sie konnten sich die Beine vertreten und sich in dem Laden sogar ein paar Erfrischungen kaufen. Sie durften auf die Toilette gehen. Einen Augenblick lang waren sie regelrecht euphorisch, so dankbar waren sie für die kurze Atempause. Doch als das Zeichen zum Einsteigen gegeben wurde, wieder in diesen Bus, ohne die geringste Ahnung, wohin es gehen sollte, wie lange die Fahrt noch dauern würde, und immer noch mit denselben Typen, da wurde Bassem einmal mehr bewusst, dass sie hier möglicherweise ihr Leben aufs Spiel setzten. Er wollte an der Raststätte zurückbleiben, aber Doaa hatte Angst, dass die Schlepper sie schlagen würden, denn sie trieben gerade die trödelnden Passagiere unnachsichtig zusammen. Und so stiegen auch sie wieder ein. Ihr Schicksal lag nicht mehr in ihrer Hand.

Es war schon nach neun Uhr abends, als der Bus wieder losfuhr. Er brachte sie über verschlungene Pfade durch verlassene Straßen, vorbei an halbfertigen oder verfallenen Gebäuden. Die Schleuser patrouillierten mit Holzstöcken durch den Mittelgang und schlugen zwischendrin zu, wenn jemand seine Kinder nicht ruhig halten konnte oder gar wagte zu fragen, wohin die Fahrt ging. Doaa starrte aus dem Fenster und las auf einem der Hinweisschilder: Khamastashar Mayo – das war ein Abschnitt am Strand von Damietta. »Wir sind ganz nahe an zu Hause«, sagte sie zu Bassem. »Hier war ich schon mal mit meiner Familie!« Offensichtlich hatten die Schleuser nun einen anderen Abfahrtsort gewählt. Sie befanden sich nicht mehr in der Nähe von Alexandria, sondern waren die Küste entlanggefahren bis fast nach Gamasa, das nur noch wenige Kilometer entfernt lag. Da der Akku ihres Handys fast leer war, bat sie ihren Nebenmann, sein Telefon benutzen zu dürfen, um ihre Mutter anzurufen. »Wir sind unterwegs! Betet für uns. Wir werden euch anrufen, sobald wir da sind.«

»Pass auf dich auf, *hayati,* sei vorsichtig«, antwortete Hanaa ihr. »Möge Gott dich schützen.«

Um elf Uhr nachts wurde angehalten. Vor ihnen erstreckten sich etwa fünfhundert Meter Sandstrand. »Raus mit euch! Lauft ans Meer!«, brüllten die Schlepper. Die Insassen stiegen der Reihe nach aus. Es waren bereits mehrere andere Busse da, und sie fanden sich wieder zwischen Hunderten von Menschen, die den Strand füllten. Die vor ihnen Richtung Wasser gingen, wateten bereits durch die flachen Wellen. Bassem schleuderte seine Flipflops von sich, nahm Doaas Hand und sprintete mit ihr los. Irgendwie dachte er, es sei sicherer, vorneweg zu laufen. An seiner Hand rannte Doaa zum Strand. Sie überholten Familien, die viel langsamer waren als sie. Als sie am Wasser anlangten, blieb Doaa stehen. »Bitte«, sagte sie. »Ich muss jetzt meinen ganzen Mut zusammennehmen.«

»Vertraue auf Gottes Willen, Doaa, und sei jetzt tapfer. Dies ist unsere einzige Chance«, entgegnete er, ergriff wieder ihre Hand und zog sie mit sich ins Wasser. Doaa spürte, wie die Wellen sich um ihre Knöchel legten, ihre Knie erreichten, ihre Taille. Sie hatte Angst, fortgerissen zu werden. Sie glaubte, in ihren allerschlimmsten Alptraum einzutauchen.

Eines von zwei hölzernen Beibooten mit Außenbordmotor, hellblau und etwa dreieinhalb Meter lang, hielt auf sie zu. Doch um in das Boot steigen zu können, mussten sie durch die doch schon recht hohen Wellen. Das Wasser ging Bassem bereits bis zur Schulter. Doaa wäre längst untergegangen, hätte sie nicht ihre dünne Rettungsweste gehabt und sich mit ihrer Hand fest in Bassems Schulter gekrallt. Die Weste rutschte an ihr hoch und hatte einen so schwachen Auftrieb, dass sie gerade mal ihr Kinn über Wasser hielt. Da begriff sie, dass man sie in dem Laden, wo sie die Westen für fünfzig US-Dollar pro Stück gekauft hatten, übers Ohr gehauen hatte. Das waren keine echten Rettungswesten. Mittlerweile gab es tatsächlich Unternehmen, die mit der Herstellung billiger Rettungswesten, die sie als Markenprodukte verkauften, aus dem Elend der Flüchtlinge Kapital schlugen. Manche dieser Westen sogen sich sogar mit Wasser voll. Doaas Weste schien mit irgendeinem Schaumstoff gefüllt worden zu sein, der kaum Auftrieb brachte. Sie versuchte, so gut sie konnte, ihr Gesicht über Wasser zu halten und die Weste nach unten zu ziehen, damit sie sich nicht über ihren Mund schob. Endlich schafften sie es bis zum Schlauchboot, und Bassem zog sich daran hoch. Einer der Schleuser half Doaa ins Boot. Immer mehr Leute kletterten hinein zu den schon zwanzig Personen. Man befahl ihnen, still zu sitzen, Schulter an Schulter. Dann zog ein Mann an einer Schnur. Der Motor sprang an. Man brachte sie zu einem Schiff hinaus, das am Horizont auf sie wartete.

Ein Ägypter, offensichtlich einer der Schleuser, stand in der Mitte des Schlauchboots und befahl ihnen: »Gebt mir euer ägyptisches Geld und die SIM-Karten aus euren Handys! In Europa werdet ihr sie nicht mehr brauchen.« Wer zögerte, wurde grob angefahren. Die Menschen im Schlauchboot hatten keine Wahl. Sie mussten ihm Geld und SIM-Karten geben. Doaa zog die Brieftasche unter dem T-Shirt hervor, klemmte sie zwischen ihre Knie und holte geschickt hundert ägyptische Pfund hervor. Den Rest des Geldes versteckte sie wieder. Ihr Handy blieb unter ihrer Kleidung verborgen. Als sie sich dem Schiff näherten, das sie übers Meer bringen sollte, wurde Doaa von Panik erfasst. Sie und Bassem hatten nie geglaubt, dass das Schiff nach Europa ein Kreuzfahrtschiff wäre, wie die Schlepper auf ihren Facebook-Seiten versprachen. Ja, nicht einmal das »Vier-Sterne-Schiff«, das ihnen der Mann am Telefon angepriesen hatte. Doch der Zustand des Kahns, der jetzt vor ihnen dümpelte, spottete jeder Beschreibung. Die blaue Farbe blätterte überall ab, darunter kam der Rost zum Vorschein. Am Heck erhob sich ein Gestänge zum Einholen von Netzen. Es war also ein Fischkutter, kein Passagierschiff. Doch Doaa dachte trotzdem voller Erleichterung: »Wir haben es endlich geschafft. Wir haben den ersten Abschnitt unserer Reise hinter uns gebracht. Sobald ich an Bord bin, muss ich nie wieder ins Wasser.«

Als Doaa und Bassem die Bordwand hinaufkletterten, standen schon Hunderte Menschen bereit, die ihnen an Deck halfen. Schnell stellte sich heraus, dass die meisten hier schon Tage warteten. Der Kutter dümpelte vor sich hin. Man wartete auf Doaas Gruppe, um auch noch den letzten Quadratmeter Ladefläche mit »Passagieren« zu füllen. Je mehr Menschen die Schleuser aufs Schiff pferchen konnten, desto mehr Geld gab es. Bassem schätzte, dass ungefähr fünfhundert Flüchtlinge an Bord waren. Hatte jeder der Passagiere wie sie 2500 US-Dollar bezahlt, dann würden die Menschenschmuggler allein mit dieser Fahrt eine Million Dollar verdienen. Hätten sie zusätzlich auch für die Kinder kassiert, wären ihre Einnahmen noch höher gewesen, denn es waren mindestens hundert von ihnen an Bord.

Als sie an Deck kamen, war der Kahn schon so voll, dass Doaa sich fragte, wo sie die übrigen Menschen aus den Bussen noch unterbringen wollten. Es schien kein Millimeter Platz mehr zu sein. Plötzlich hörte sie jemanden schreien: »Polizei! Polizei!« Und dann das Geräusch von Kugeln am Schiffsrumpf.

»Köpfe runter!«, riefen die Schlepper. Der Motor sprang an, das Schiff tuckerte los. Die Leute an Deck warfen sich alle zu Boden und beteten, dass sie keine der Kugeln treffen würde. Doaa hielt sich an der Reling fest. Dann ließ sie sich zu Boden sinken und steckte den Kopf zwischen die Knie. Sie hatte Angst, dass sie über Bord gehen würde, während das Schiff über die kabbelige See hoppelte. Erst als sie keine Kugeln mehr pfeifen hörte, hob sie den Kopf. Sie spähte über die Reling. Doch in der Dunkelheit war kein Land mehr in Sicht.

Doaa war starr vor Angst, als sie sich an der Reling hochzog. Sie und Bassem waren getrennt worden. Als sie an Bord geklettert war, hatte man sie ins sichere Mitteldeck geführt, wo die Frauen auf dem Boden kauerten. Bassem hingegen saß im Freien bei den Männern auf dem Oberdeck. Doaa hockte allein und zitternd da, eingezwängt zwischen zwei anderen Frauen. Den Familien sagte man, sie sollten sich einen Platz im Unterdeck suchen oder weiter hinten. Das Schiff roch stark nach Fisch, doch das war nichts gegen den Übelkeit erregenden Gestank, den die Toiletten verbreiteten. Allen war schlecht. Einige mussten sich übergeben, nicht nur wegen des Gestanks, auch wegen des starken Seegangs.

Nach und nach stellten sich die Passagiere leise flüsternd einander vor, um in all dem angstvollen Elend wenigstens einen Hauch von Zusammenhalt zu schaffen. Der Großteil der Passagiere waren Syrer. Mit ihnen waren siebenundzwanzig palästinensische Familien aus dem Gazastreifen an Bord und etwa fünfundzwanzig Afrikaner aus dem Sudan und aus Somalia. Dazu noch etwa zehn minderjährige Ägypter. Nur etwa die Hälfte der Passagiere trug Rettungswesten, und Doaa hatte den Verdacht, dass diese vielleicht genauso schlecht waren wie ihre. Ein junger Mann hatte eine Kinderweste an, die ihm nur bis zur Hälfte der Brust ging. Als sie das sah, begann sie, für eine sichere Überfahrt zu beten.

Am Sonntagmorgen, nachdem alle an Bord eine schlaflose Nacht verbracht hatten, stoppte der Kutter plötzlich, als ein weiteres Fischerboot in Sicht kam. Die Schlepper befahlen ihnen, auf das andere Schiff zu gehen. Doaa verstand nicht, warum sie mehrmals das Schiff wechseln mussten, doch sie hatte gehört, dass dies bei heimlichen Operationen so üblich war. Die einzelnen Fischkutter besaßen Lizenzen immer nur für ein bestimmtes Fanggebiet. Wenn man verschiedene Schiffe verwendete, zog man die Aufmerksamkeit der Behörden nicht so schnell auf sich. Der andere Kutter kam längsseits, dann machte die Crew ihn an Doaas Schiff fest. Trotzdem drifteten die beiden Schiffe natürlich immer ein wenig auseinander und wieder zusammen. Doaa hatte Mühe, sich festzuhalten, während sie von einem maroden Kahn auf den anderen kletterte. Widerwillig nahm sie die Hand, die ihr der Schlepper hinhielt, während einer aus der Schleuserbande sie vom alten Kahn quasi hinüberschubste.

Diesmal durften die Passagiere sich aussuchen, wo sie sitzen wollten, und so konnten Bassem und Doaa auf dem neuen Schiff wieder zusammen sein. Ihr Verlobter führte sie auf das Oberdeck an ein Plätzchen, wo sie sich an die Bootswand lehnen konnte. Sie setzten sich auf ihre Rettungswesten und kuschelten sich aneinander. Da kein Platz war, um sich hinzulegen, lehnte Doaa ihren Kopf gegen Bassems Schulter. Sein Kopf ruhte auf ihrem.

Kaum war der Kutter losgefahren, verteilte die Mannschaft in dem armseligen Versuch, einen Hauch von Mitgefühl zu zeigen, Dosenfleisch, das längst abgelaufen war. Bassem aß ein paar von den Datteln, die sie mitgenommen hatten, Doaa aber brachte keinen Bissen hinunter. Bei jeder Bewegung des Schiffes schwappten die Toiletten über. Der Gestank war so fürchterlich, dass Doaa kaum atmen konnte. »Nur noch drei Tage«, sagte sie sich, »dann werden wir von den Italienern gerettet, und der Alptraum ist vorüber.« War das Meer ruhig, so ließ auch die Seekrankheit für kurze Zeit nach. Dann packten die Passagiere ihre mitgebrachten Lebensmittel aus – Plätzchen, Trockenobst

und kleine Tetrapaks mit Fruchtsäften – und boten sie den anderen an. Dann hob sich die Stimmung für eine Weile, und die Menschen begannen, einander von ihren Träumen für die Zukunft zu erzählen.
Doaa beobachtete die Leute um sich herum und fragte sich, warum sie wohl hier waren. Sie hatte sich immer für die Palästinenser und ihre schreckliche Situation interessiert, weil sie in Dara'a einige palästinensische Freunde gehabt hatte. Wann immer sie die Nachrichten sah, regte sie sich über die Ungerechtigkeiten auf, die man den Menschen im Gazastreifen zumutete. Jetzt erfuhr sie, dass die meisten der Palästinenser an Bord vor dem letzten Angriff der Israelis geflohen waren. Andere kamen aus Syrien, das den Palästinensern einst Schutz gewährt hatte. Nun aber gerieten sie dort von beiden Seiten unter Beschuss: entweder weil man sie verdächtigte, für Assad Partei zu ergreifen, oder weil sie eben nicht für eine der Seiten zu den Waffen griffen. Eine vierköpfige palästinensische Familie saß direkt neben ihnen, und so begann sie mit der Mutter ein Gespräch. Sie kamen aus dem Flüchtlingslager Jarmuk in Damaskus, wo hauptsächlich Palästinenser lebten. Sie und ihr Mann Imad taten ihr Bestes, um die beiden Mädchen, die sechsjährige Sandra und die achtzehn Monate alte Masa, zu beruhigen, die viel weinten. Doaa fragte, wohin sie denn unterwegs seien. Die Mutter meinte, sie wollten nach Schweden gehen, wo ihr Schwager lebte. Er war ein Jahr lang unterwegs gewesen und hatte ihre achtjährige Tochter Sidra mitgenommen. Sie hatten gehofft, ihre Überlebenschancen zu vergrößern, wenn die Familie sich aufspaltete. Die Mutter gab Doaa die kleine Masa zum Halten. Dann stand sie auf und bat Doaa, ihr die Kleine zu geben, damit sie sie zur Toilette bringen konnte. Doaa drückte den warmen, kleinen Körper ans Herz, bevor sie das Kind der Mutter zurückgab.

»Vermutlich hat jeder auf diesem Schiff eine traurige Geschichte zu erzählen«, dachte Doaa, als sie zusah, wie Masa und ihre Mutter sich zu den Toiletten durchkämpften. Doch die meisten Menschen an Bord sprachen nicht über ihre Vergangenheit. Sie redeten über die Zukunft, darüber, wie sie diese schreckliche Reise hinter sich bringen und ein neues Leben anfangen würden. Die Zeit verging und unter den Passagieren stellte sich ein Gefühl von Solidarität ein. Man half den Familien mit den Kindern – unterhielt sie mit Geschichten, bot ihnen einen Schluck Wasser an oder ein paar Kekse. Hier gab es keine Unterteilung in Rassen, Religionen oder politische Richtungen, nur Menschen, die einander halfen, den Tag zu überstehen.

Doaa vermisste schmerzlich ihren Koran, den sie aus Syrien mitgebracht hatte, ihren kostbarsten Besitz. Seit sie ein junges Mädchen war, hatte sie jeden Abend darin gelesen, bevor sie zu Bett ging, und manchmal auch tagsüber, wenn sie Trost und Frieden suchte. Danach hatte sie ihn in den Schuber zurückgesteckt, der mit einem geometrischen Muster in Rosa und Weiß verziert war. Ihr Koran würde ihr jetzt Trost spenden, doch kaum dachte sie daran, wohin er verschwunden war, überkam sie Zorn. Sie war wütend auf die Schleuser, wütend auf die Polizisten und auf alle, die versuchten, aus der Verzweiflung der Flüchtlinge Kapital zu schlagen.

Einige Minuten später kam einer der Schlepper herüber und zeigte ihnen ein Buch. »Jemand hat diesen Koran verloren. Möchte ihn jemand von euch haben?« Er war der Erste der Menschenschmuggler, der ein freundliches Wort an sie richtete. Bassem plauderte gerade mit seinem palästinensischen Nebenmann namens Walid. Der streckte die Hand aus und nahm den Koran. Doch weil er nicht selbstsüchtig erscheinen wollte, bot er ihn Bassem und Doaa an. Doaa flüsterte ihrem Liebsten zu: »Ich hätte ihn wirklich gerne!« Da lächelte Walid freundlich und reichte ihn ihr. Kaum hatte sie das kleine heilige Buch in der Hand, spürte sie, wie Energie und Ruhe ihren Körper durchströmten. Allein das Gefühl des weichen Ledereinbands unter ihren Fingern schenkte ihr Trost. Sie küsste den Deckel und öffnete das Buch. Nun besaß sie wieder etwas, das sie beschützte. Sie blätterte durch das Buch und entdeckte darin kleine Zettelchen mit handgeschriebenen Gebeten. Sie las sie alle, schloss das Buch sorgfältig wieder, wobei sie darauf achtete, dass auch keines der Zettelchen herausrutschte. Dann schob sie es unter ihr T-Shirt, möglichst nah an ihrem Herzen.

Gelegentlich schloss sich eine der Frauen um sie herum Doaa an, wenn sie den Koran hervorholte und Gebete rezitierte. Gemeinsam baten sie Gott, das Schiff sicher nach Italien zu geleiten. Die junge Frau, die links von ihr saß, fing ein Gespräch mit ihr an und erzählte ihr vom Leben in den palästinensischen Flüchtlingslagern im Libanon. Sie fragte Doaa, warum sie aus Syrien geflohen sei und wohin sie wollte. Als sie erfuhr, dass Doaa und Bassem sich in Ägypten verlobt hatten, war sie begeistert. Sie selbst nannte sich Um Khalil, »Mutter von Khalil«. Das war der Name ihres zweijährigen Sohnes, der neben ihr saß. »Eine Braut!«, rief sie aus. »Wir werden euch eine schöne Hochzeit ausrichten, wenn wir in Europa sind! Wir werden die ganze Nacht lang singen und tanzen!«

Doaa war tiefbewegt. Die Frau rechts von ihr war eine syrische Palästinenserin in mittleren Jahren. Auch sie war voller Optimismus: »Wenn wir in Italien ankommen, werden wir dir das hübscheste Kleid kaufen, das man sich denken kann. Und wir werden zwei große Feste feiern – eines zu deiner Hochzeit und das andere, weil wir sicher angekommen sind!«

»Du hast ja so ein Glück mit Bassem«, meinte Um Khalil

zu Doaa. Dabei sah sie Bassem in die Augen und warf ihm ein strahlendes Lächeln zu. Da flammte in Doaa plötzlich Eifersucht auf, und sie wandte sich brüsk von Um Khalil ab und Bassem zu.

Bassem wusste sofort, was mit ihr los war. »Plaudere doch noch ein bisschen mit ihr, sie ist nett!«, flüsterte er Doaa ins Ohr.

»Was meinst du damit?«, flüsterte Doaa erschrocken. Versuchte er etwa, auf dem Umweg über sie mit der anderen Frau anzubandeln?

Bassem lachte sie an. »Bist du etwa eifersüchtig?«, neckte er sie. Als er aber merkte, dass sie sich wirklich Sorgen machte, beruhigte er sie: »Ich habe doch nur Augen für dich, meine Liebste.« Bei diesen Worten kuschelte Doaa sich ganz eng an ihn und nahm seine Hand in die ihre. »In nur zwei Tagen erreichen wir die italienische Küste«, meinte er. »Und dann reisen wir weiter nach Schweden. Dort können wir heiraten und eine eigene Familie gründen.« Von Freunden, die es nach Europa geschafft hatten, hatte er gehört, dass die Schlepper, sobald sie in italienischen Gewässern waren, Leuchtraketen abfeuerten, damit die Küstenwache auf sie aufmerksam wurde. Meist verließen die Schmuggler dann das Schiff. Sie wurden von Komplizen abgeholt. Das Schiff bleibe dann für eine Weile ohne Kapitän und Mannschaft zurück, erklärte Bassem. Oder diese taten, als seien sie selbst Flüchtlinge, um nicht verhaftet zu werden. Und natürlich ließen sie die Passagiere schwören, ihre Identität nicht zu verraten. Dann aber machten sie sich bei der erstbesten Gelegenheit auf und davon.

Keiner der Passagiere hatte eine Vorstellung davon, wo sie sein könnten. Rundum war ja nur Wasser. Hin und wieder versuchten die Leute, mit ihrem Handy ein Signal zu bekommen, doch es gab keines.

In jener Nacht froren die Passagiere. Ihre dünnen Kleider waren vom Salzwasser durchnässt, das die Wellen übers Deck spülten. Doaa zuckte zusammen, als sie fühlte, wie Um Khalils Sohn ihr Gesicht berührte und an ihrer Kette zog. Doch sie war kein bisschen wütend, weil er sie geweckt hatte. Seine sanfte Berührung hatte vielmehr etwas Beruhigendes.

Als am dritten Tag die Sonne aufging, trockneten die Kleider allmählich. Dafür wurde es nun drückend heiß. Doaas Kleider klebten ihr am Leib. Die Plastiktüten für die Dokumente und das Telefon schienen mit ihrer Haut verschmelzen zu wollen.

Später am Nachmittag kam wieder ein Fischkutter heran. »Steht auf«, blafften die Schleuser und befahlen ihnen, noch einmal das Schiff zu wechseln. Die Passagiere klagten, leisteten aber keinen Widerstand. Wenn sie die nächste Etappe der Reise überstehen wollten, mussten sie auf das andere Schiff. Zu Doaas Überraschung stiegen nur etwa einhundertfünfzig Passagiere mit Bassem und ihr auf das neue Boot. Die anderen blieben sitzen. Einer der Schleuser erklärte, dass der Seegang zu stark sei. Man müsse daher die Leute auf zwei verschiedene Boote aufteilen. Doaa und Bassem folgten den Anweisungen der Schlepper ohne jeden Widerspruch. Bassem meinte noch optimistisch, dass man Italien bestimmt schneller erreichen würde, wenn nicht so viele Menschen an Bord wären. Doaa blickte sich um, ein bisschen verwirrt, aber ebenfalls hoffnungsfroh. Sie bemerkte, dass die zwei kleinen Mädchen, Masa und Sandra, mit ihren Eltern ebenfalls an Bord gekommen waren. Dies war das vierte Schiff, das sie seit Beginn ihrer Reise bestiegen. Und hoffentlich auch das letzte.

Am Dienstagmorgen, den 9. September 2014, waren sie vier Tage unterwegs, als Doaa und Bassem wieder einen Kutter in der Ferne erkannten. Als er näher kam, sahen sie, dass es derselbe war, auf dem sie bis zum vorherigen Tag unterwegs gewesen waren. Wieder kam das Fischerboot näher, und die Schleuser befahlen, dass die Flüchtlinge zurück auf das alte Schiff sollten. An diesem windigen Tag schlugen die Wellen hoch. Die Schlepper warfen ihren Komplizen auf dem größeren Schiff dicke Seile zu. Die Schiffe krachten gegeneinander. Das Geräusch war so laut wie die Explosionen damals in Dara'a. Doaa erinnerte sich noch gut an die Angst, die sie damals empfunden hatte.

Auf dem kleineren Kahn bildete sich eine Schlange. Kinder schrien, als man sie wie einen Sack Kartoffeln in die Arme der Schleuser auf dem anderen Boot warf. Als Doaa an der Reihe war, rutschte sie aus, kaum hatte man sie auf Deck abgesetzt. Sie stürzte und verletzte sich am Ellbogen. Bassem half ihr auf. Dann sahen beide voller Entsetzen zu, was mit Walid geschah, dem Palästinenser, der Doaa den Koran überlassen hatte. Walid stützte sich mit der Hand an der Bordwand ab, gerade in dem Moment, als diese gegen das andere Schiff krachte. Walid schrie auf. Als er an Deck war, sah man, dass seine Finger zerquetscht waren. Das Blut spritzte nach allen Seiten. Die Passagiere taten ihr Möglichstes, um die Hand zu verbinden und die Blutung zu stoppen, doch Walids Finger waren weg. Er saß auf Deck und stöhnte vor Schmerzen. Doaa starrte ihn fassungslos an. Der Schock lähmte sie.

Die Schleuser hingegen blieben völlig unbeeindruckt. Sie blafften weiter ihre Befehle und hievten die verbleibenden Passagiere an Bord. Ein Mann stolperte und fiel mit dem Gesicht gegen einen Eisenmast. Seine Stirn platzte auf. Doaa wurde schlecht, als eine Frau, die ihn kannte, Nadel und Faden aus dem Gepäck holte und in aller Ruhe die Wunde vernähte.

Als die Passagiere alle wieder zurück auf dem alten Schiff waren, warf man die Motoren an. Ein Mitglied der Mannschaft ging herum und verteilte altes Fladenbrot. Als er Bassem ein paar Stücke gab, sah dieser Doaa an: »Du brauchst das, damit du bei Kräften bleibst.« Doaa schüttelte den Kopf. »Danke, aber ich habe keinen Hunger«, entgegnete sie matt. Bassem war wütend, aber er nahm trotzdem ihren Anteil. Es war der vierte Tag auf See, und Doaa hatte nur einmal gegessen, ein paar Bissen Thunfisch aus der Dose, den ihr jemand angeboten hatte. Walid saß neben ihnen. Er hatte offensichtlich Schmerzen und hielt sich die Hand. »Ich glaube, ich sterbe gleich. Das tut so höllisch weh«, sagte er zu Doaa. Er zitterte. Sie kniete sich neben ihn und las ihm ein paar Verse aus dem Koran vor in der Hoffnung, dass ihm dies Trost spenden würde.

Die Mannschaft auf diesem Kutter war sehr viel freundlicher als die auf dem ersten Schiff. Shoukri Al-Assoulli, ein palästinensischer Passagier aus dem Gazastreifen, der die Überfahrt mit seiner Frau und seinen beiden Kindern Ritaj und Yaman wagte, unterhielt sich mit dem Kapitän, der ihm anvertraute, er sei eigentlich kein Schleuser, sondern ebenfalls auf dem Weg nach Europa, um dort Asyl zu beantragen. Er erzählte Shoukri, dass er im Gefängnis gesessen habe. Nach seiner Entlassung habe er eine Möglichkeit gesucht, seine Familie zu ernähren. Daher hätten er und ein paar Freunde mit den Schleppern einen Deal gemacht. Sie würden die Mannschaft stellen und das Schiff steuern im Austausch für eine kostenlose Überfahrt nach Europa, wo sie alle Arbeit suchen wollten. Er bat Shoukri und die anderen, ihn nur ja nicht an die Behörden zu verraten, wenn sie in Italien ankämen. Sie seien in derselben miesen Lage wie die anderen Flüchtlinge, erklärte er: Menschen, die in Ägypten nicht über die Runden kamen und auf der Suche nach einem besseren Leben waren.

Die Flüchtlinge versprachen allesamt, ihn nicht zu melden, doch allmählich wurden sie ungeduldig. Die Strapazen der

Reise machten sich bemerkbar. Man hatte ihnen allen gesagt, dass die Überfahrt höchstens zwei Tage dauern würde. Nun waren sie schon seit vier Tagen unterwegs.
Etwa um drei Uhr nachmittags näherte sich wieder ein Fischkutter. »Nicht noch einmal!«, dachte Doaa und mit ihr wohl einige andere. Dieser Kahn war noch kleiner als der, auf dem sie sich im Moment zusammendrängten. Es sah aus, als sei er noch nicht mal seetüchtig. Die Farbe blätterte überall ab, und sämtliche Metallteile waren von Rost überzogen. Die Mannschaft aus ungefähr zehn Männern legte längsseits an. Dann hieß es: »Los, kommt rüber, sonst schicken wir euch zurück nach Ägypten.« Die Flüchtlinge, die sich durch die drei gemeinsam auf engstem Raum verbrachten Tage und das gemeinsame Ziel Italien verbunden fühlten, weigerten sich. Der Kahn sah einfach zu heruntergekommen aus. »Wir sind doch schon so oft umgestiegen«, klagte einer der Passagiere. Einer der Väter stand auf und protestierte: »Nein, wir gehen da nicht rüber. Die Kinder haben schon genug mitgemacht!« Doaa dachte an Walids Finger und erschauderte bei dem Gedanken, noch einmal das Schiff zu wechseln. Alle waren sich einig: Sie würden nicht auf dieses Schiff gehen. Angesichts der allgemeinen Entschlossenheit hatten die Schmuggler keine Wahl. Sie mussten auf die Wünsche der Leute eingehen. Man handelte einen Deal aus – die Passagiere durften auf diesem Kutter bleiben, wenn jeder an Bord die Geschichte des Kapitäns bestätigte: Er und seine Mannschaft seien ebenfalls Flüchtlinge aus Syrien, und Schleuser seien keine an Bord. Sie hätten dieses Schiff selbst gechartert.
Natürlich waren alle Passagiere einverstanden. Auch die Mannschaft schien erleichtert. Der Kapitän stellte die Motoren wieder an. Das kleinere Schiff folgte ihnen im Kielwasser. »Wie lange dauert es denn noch?«, fragte ihn jemand. »Nur neunzehn Stunden, dann sind wir in Ita-

lien«, versicherte der Kapitän. Die Passagiere jubelten und klatschten in die Hände, als sie dies hörten. »Inschallah, so Gott will, schaffen wir es bis Italien!«, hörte man allenthalben. Um Khalil umarmte zuerst Doaa, dann Bassem. Zum ersten Mal, seit sie ihren Fuß ins Wasser getaucht hatte, fühlte Doaa, dass sie es vielleicht nach Europa schaffen könnten.

KAPITEL 9

Einzig das Meer

Doaa und Bassem kehrten auf ihren Platz an der Steuerbordseite des Oberdecks zurück und quetschten sich zwischen die anderen. Sie machten es sich für den letzten Abschnitt der Reise bequem. Alle waren erleichtert, so nah am Ziel zu sein, und die Stimmung an Bord verbesserte sich zusehends. Erleichterte Eltern halfen ihren Kindern, die Rettungswesten abzulegen, damit sie es ein bisschen bequemer hatten, wenn sie sich auf dem harten Deck schlafen legten. Das Schiff schien nun schneller über die ruhige See zu gleiten, die Passagiere lachten und scherzten miteinander. Die Sonne stand strahlend am blauen Himmel. Da die Tageshitze allmählich fühlbar wurde, suchten einige Passagiere unter einer Plastikplane aus zusammengenähten Reissäcken Schutz. Doaa aber blieb draußen in der Sonne und genoss die Wärme auf ihrem Gesicht. »Nur noch neunzehn Stunden«, sagte sie sich, »dann ist alles vorüber. Dann sind Bassem und ich in Europa, auf dem Weg in unser neues, gemeinsames Leben.« Die Zeit im Gefängnis, die Stunden in überfüllten Bussen oder Lastwagen, bis zur Erschöpfung über Sandstrände zu laufen – am Ende war es doch die ganze Anstrengung wert gewesen. Sie drückte Bassems Hand und lehnte ihren Kopf an seine Schulter. Er lächelte sie zuversichtlich an und flüsterte: »Wir schaffen das, Doaa.«

Doaa lächelte zurück und erlaubte sich zum ersten Mal, die Augen zu schließen und ein wenig zu schlafen. Das Schiff wiegte sie hin und her, die Sonne schenkte ihnen ihre Wärme. Sie hatte höchstens ein paar Minuten geschlafen, als plötzlich wieder Motorengeräusch zu hören war, das nicht von ihrem Schiff kam. Irgendjemand brüllte Beleidigungen in einem ägyptischen Dialekt. Es war höchstens eine halbe Stunde vergangen, seit das kleinere Schiff sie angehalten hatte. Doaa und Bassem standen auf, um nachzusehen, woher das Geschrei kam. Sie hielten sich fest und beugten sich über die Reling. Ein blaues Fischerboot mit der Nummer 109 am Bug kam schnell auf sie zu. Es war ein Doppeldecker, deutlich größer und moderner als der Kutter, auf dem sie unterwegs waren. Doaa sah etwa zehn Männer an Bord, die ganz normal angezogen waren, also nicht, wie sonst bei Schleppern üblich, nur schwarze Kleidung trugen. Einige hatten Baseballkappen auf, die sie tief ins Gesicht gezogen hatten, anderen schien es vollkommen egal zu sein, ob die Passagiere ihr Gesicht zu sehen bekamen. Doaa hatte noch nie in ihrem Leben Piraten gesehen, doch bei der Niedertracht, die aus den Gesichtern dieser Männer sprach, war dies das erste Wort, das ihr in den Sinn kam.

»Ihr Hunde!«, brüllten die Männer. »Hundesöhne! Haltet sofort an! Was glaubt ihr, wo ihr hinfahren werdet? Ihr hättet in eurem eigenen Land bleiben sollen.«

Als das größere Schiff nur noch wenige Meter entfernt war, schrie einer der Schleuser auf ihrem Kahn alarmiert: »Was zum Teufel treibt ihr da?!«

»Wir werden euch Hunde auf den Grund des Ozeans schicken«, brüllte einer zurück. Dann fingen sie an, Holzstücke aufs Flüchtlingsboot zu schleudern. In ihren Augen funkelte der Hass. Dann drehte der Doppeldecker ab und fuhr davon. Nicht für lange! Die Männer kehrten um und hielten wieder auf Doaas Schiff zu. Entsetzt sah Doaa, wie die Männer auf Kollisionskurs gingen. Sie würden sie genau an der Stelle rammen, wo sie und Bassem an der Reling standen. Doaa erstarrte vor Angst.

»Doaa, Doaa! Zieh deine Rettungsweste über!« Bassems

Stimme überschlug sich fast. Er schüttelte sie. »Sie wollen uns umbringen!« Rundherum brach Panik aus. Jeder griff nach den Rettungswesten. Schreckensrufe brandeten auf, unterbrochen von lauten Gebeten und dem Geschrei der Kinder. Der Doppeldecker beschleunigte. Doaa hatte gerade ihre Weste in die Hand genommen, als die Piraten die Schiffswand durchbrachen. Metall kreischte, Holz splitterte. Genau unter ihren und Bassems Füßen. Der Aufprall war so stark, dass es sich anfühlte wie ein Raketeneinschlag. Doaa stolperte vorwärts und wäre beinahe über die Reling gestürzt. Doch Bassems Arme hielten sie fest. Er zog sie zurück, Doaa aber sah, dass andere Menschen nicht so viel Glück hatten. Sie fielen auf das Zwischendeck oder auf andere Passagiere. Ein Schrei hallte ihr in den Ohren, aber sie wusste nicht, woher er kam. Ihre Kehle war wie zugeschnürt. Sie brachte keinen Laut hervor. In der allgemeinen Aufregung hatte Doaa ihre Rettungsweste verloren und konnte sie nicht wiederfinden. Es gelang ihr kaum, sich festzuhalten, aber Bassem zog sie an sich. Da bemerkte sie, dass das Schiff sich auf eine Seite neigte. »Oh Gott«, dachte Doaa, »nicht das Wasser. Nicht ertrinken. Bitte lass mich jetzt sterben und nicht im Meer.« Sie hielt sich mit einer Hand an der Reling fest, um nicht das Gleichgewicht zu verlieren. Die andere Hand hielt Bassem gefasst.

»Hör mir zu, Doaa«, sagte er. »Halt dich auf jeden Fall an meiner Hand fest. Lass nicht los, dann schaffen wir es. Ich verspreche dir, dass ich dich nicht ertrinken lassen werde.« Doaa hörte die Männer auf dem anderen Schiff lachen, als sie noch mehr Holzstücke herüberschleuderten. Dieses Lachen gehörte und gehört zum Schlimmsten, das ihr je zu Ohren gekommen war. Sie konnte einfach nicht fassen, dass es den Männern offensichtlich Spaß machte, ein Schiff zu versenken, auf dem sich kleine Kinder befanden. Rundherum erhoben sich laute Schreckensschreie und verzweifelte Gebete.

Schließlich zog sich das angreifende Schiff zurück. In Doaa keimte die Hoffnung auf, dass der Angriff vorüber wäre und die Männer ihnen nur einen Schrecken hatten einjagen wollen. Doch ein paar Sekunden später beschleunigten sie erneut. Nun war Doaa klar, dass diese Kerle keine Gnade kannten. Sie wollten jeden Mann, jede Frau und jedes Kind an Bord töten. Beim zweiten Aufprall senkte sich der Bug des klapprigen Flüchtlingskahns abrupt ins Meer.

Doaa entglitt Bassems Hand, der versuchte, das Gleichgewicht zu halten. Sie verlor ihn aus den Augen, als die Menschenmenge vorwärtsstolperte. Doaa wurde gegen die Bootswand gedrückt, während die Leute von hinten schoben.

Während die Menschen einer nach dem anderen ins Wasser fielen, ertönte lauter Jubel auf dem anderen Schiff. Und Rufe, dass doch jeder Einzelne von ihnen ersaufen möge. »Sollen doch die Fische euer Fleisch fressen!«, schrien die Männer und fuhren davon. Der kaltblütige Fluch hallte in Doaas Kopf wider.

Das Flüchtlingsschiff war schon zur Hälfte unter Wasser. Es sank schnell. Doaa dachte an die Hunderte von Menschen, die im Schiffsrumpf gefangen saßen. »Sie werden sterben«, schoss es ihr durch den Kopf, als sie sich an der Reling des sinkenden Schiffes festhielt. Und dann: »Genau wie wir.«

Sie hielt sich fest, so gut sie konnte, doch schließlich rutschten ihre Finger ab, und sie glitt ins Wasser, ging sofort unter. Doaa verfing sich zwischen den Plastikreissäcken, die die Passagiere zum Sonnensegel zusammengebunden hatten. Sie strampelte wie verrückt, um wieder an die Oberfläche zu kommen, doch die Säcke hielten sie und ein paar Dutzend andere unter der Oberfläche. Mit aller Macht kämpfte Doaa die Panik nieder, die sie zu überwältigen drohte. Sie schloss die Augen und öffnete sie wieder. Die anderen versuchten ebenfalls, sich von der Plane loszustrampeln. Es gab keine einzige Luftblase, und der Weg zur Oberfläche war ihr versperrt. Ihr fiel wieder ein, wie ihr Cousin sie damals ins Wasser geworfen hatte. Wie sie nur noch Wasser hatte atmen können. Doch diesmal war ihre Familie nicht da, um sie herauszuziehen. Um sie herum war nur Wasser. Der Druck auf ihre Brust wurde mit jeder Sekunde stärker. Die Augen schienen ihr aus dem Kopf quellen zu wollen, als sie neuerlich versuchte, Luft zu bekommen, und stattdessen nur Wasser aufschnappte. Da bemerkte sie plötzlich einen feinen Lichtschimmer. Ein Loch in der Plane. Sie streckte die Arme aus, steckte die Hände durch die Öffnung, alles wie in Zeitlupe. Dann zog sie sich durch das kleine Loch heraus, gelangte an die Wasseroberfläche. Gurgelnd atmete sie ein. Oben sah sie, dass die Plastikplane immer noch am Schiff hing. Über die Plane krabbelnd, konnte sie das Heck erreichen – den einzigen Teil des Schiffes, der noch aus dem Wasser ragte – und sich irgendwo festhalten. Und so robbte sie mit aller Kraft über die Säcke. Als sie den Bootsrand erreichte, krallte sie sich so vehement daran fest, dass sie ihre eigenen Hände nicht mehr spürte. Sie zog sich hinauf und schnappte röchelnd nach Luft. Dann schaute sie nach unten. Die Menschen unterhalb der Plastikplane aus Reissäcken bewegten sich nicht mehr.

Rundherum hörte sie Schreien, nur übertönt vom Motor des Schiffes. Sie sah aufs Meer hinaus, wo Menschen strampelten und die Namen ihrer Angehörigen riefen oder Gott um Hilfe anflehten. Sie klammerten sich verzweifelt an allem fest, was auf dem Wasser trieb – Gepäck, Wasserkanister, selbst an anderen Menschen –, und zogen alles mit sich in die Tiefe. Doaa bemerkte, dass sich das Wasser allmählich rot färbte. Von den Menschen, die in die Schiffsschraube gezogen und von deren Blättern zerstückelt wurden. Um das Schiff trieben Leichenteile. Es war schlimmer als alles, was sie je in den Kriegstagen in Dara'a gesehen hatte. Voll blankem Entsetzen sah sie zu, wie ein Kind schrie und mit aller Kraft versuchte, sich am Schiff festzuhalten. In der nächsten Sekunde rutschte es ab, und sein kleiner Körper wurde zerfetzt. Rundherum nichts als Blut und Schreie. Doaa zwang sich wegzusehen und richtete den Blick auf den Teil des Schiffsdecks, der noch aus dem Wasser ragte. Dort baumelte ein Mann leblos in dem Gestänge für die Fischernetze, um seinen Hals ein Tau, Arme und Beine abgeschnitten, das Gesicht voller Blut.

Fast verrückt vor Angst, begann Doaa verzweifelt zu schreien: »Bassem!« Sie hatte eine Todesangst, dass er unter den Toten sein könnte. Immer und immer wieder schrie sie seinen Namen, den entstellten Körper des Mannes vor Augen, der sich in dem Tau verfangen hatte. Einige Sekunden später hörte sie Bassems Stimme: »Doaa, Doaa, schau ihn nicht an. Schau mich an!« Doaa drehte sich um, als sie Bassems Stimme hörte, und entdeckte ihn auf dem Meer. Der metallene Bootsrand schnitt ihr in die Hände. Ihre Füße baumelten im Wasser. Sie wollte auf Bassem zuschwimmen, aber sie brachte es nicht über sich, den Bootsrand loszulassen. Doch das Schiff sank, und die Strömung würde sie unweigerlich auf die rotierende Schiffsschraube zuschieben. Immer mehr Menschen gerieten zwischen die Blätter. Doch sie konnte einfach nicht loslassen. Dann würde das Meer sie verschlingen. »Lass los, sonst zerstückelt das Ding dich auch!«, rief Bassem ihr zu. Er versuchte, ihr entgegenzuschwimmen, doch die Wellen trieben ihn ab.

Neben ihr erklang plötzlich eine Stimme. »Tu, was er sagt,

Doaa!« Es war Walid. Er hielt sich mit der einen heilen Hand am sinkenden Heck fest, den Blick auf die Schraube gerichtet. Dann löste er seinen Blick und sah Doaa mit angstverzerrtem Gesicht an. »Ich kann nicht schwimmen«, sagte er, »und ich habe keine Rettungsweste.«
»Ich kann auch nicht schwimmen.« Auch ihre Rettungsweste war schon lange weg. Nun trieben sie beide Zentimeter für Zentimeter auf die rotierenden Blätter zu.
Wieder rief Bassem: »Doaa! Spring! Sofort!«
»Wir müssen loslassen«, schrie Doaa Walid zu, selbst schreckensstarr allein bei der Vorstellung.
Da wischte die Trauer den Schrecken aus Walids Gesicht. »Setze deine Hoffnung auf Gott«, sagte er mit einer Sanftheit, die ihr die Tränen in die Augen trieb. »Wenn du an Gott glaubst, dann wird er dich retten.«
Doaa schloss die Augen und öffnete die Hände. Sie sank rücklings ins Wasser und spreizte die Gliedmaßen. Ein paar Sekunden lang lag sie quasi auf dem Wasser. Dann spürte sie, wie jemand an ihrem Kopfschal zog. Der löste sich und versank im Meer. Als sie so dahintrieb, spürte sie, wie ihr langes Haar in die Tiefe gezogen wurde. Die Ertrinkenden waren außer sich vor Angst und griffen nach allem, was in ihre Reichweite kam, um sich zurück an die Oberfläche zu ziehen. Hände fassten nach ihrem Kopf, Doaas Gesicht wurde unter die Wasseroberfläche gezerrt. Irgendwie schaffte sie es, die Hände wegzustoßen. Sie holte Atem und richtete sich im Wasser auf. Dann bewegte sie Arme und Beine, um sich über Wasser zu halten. Sie erinnerte sich, wie sie andere hatte schwimmen sehen, und machte im Wasser Tretbewegungen, während unweit von ihr das letzte Stück des Fischkutters in den Wellen versank. Nun war nichts mehr zu sehen außer Wrackteile, Blut, Leichen und einige andere Überlebende. Sie spürte, dass sich unter ihr etwas bewegte, und wusste, dass es

Ertrinkende waren und jeden Augenblick einer von ihnen sie packen und unter Wasser ziehen konnte.
Dann sah sie Bassem. Er schwamm auf sie zu und hielt einen blauen Schwimmreifen fest, wie Kinder ihn im flachen Wasser benutzen, nur etwas größer. »Stülp dir das über den Kopf, damit du nicht untergehst«, sagte er und schob ihr den nur teilweise aufgeblasenen Ring über die Schultern. Voller Angst, dass jemand nach ihren Beinen greifen könnte, zog sie sich durch den Ring hindurch und setzte sich hinein. Arme und Beine baumelten im Wasser. Dann verlor sie kurzzeitig das Bewusstsein. Bassem spritzte ihr Meerwasser ins Gesicht, um sie wieder zu sich zu bringen.
Die Sonne sank langsam unter den Horizont, das Meer war still geworden und lag glatt vor ihnen, wodurch die Überreste des Schiffbruchs vor dem unwirklichen Schimmern nur umso deutlicher hervortraten. Die Überlebenden bildeten kleine Gruppen. Einige trugen Rettungswesten, die jedoch kaum ihre Köpfe über Wasser hielten. Vielen hatte man solche gefälschten Westen verkauft wie ihr, die einen viel zu geringen Auftrieb hatten. Sie fragte sich, ob die Schleuser, die ihnen diese Westen angedreht hatten, nicht von Anfang an geplant hatten, das Schiff untergehen zu lassen.
Bassem hielt sich an Doaas Plastikschwimmreifen fest und bewegte im Wasser eifrig die Beine. Er entdeckte einen Mann, der eine Wasserflasche hatte, und bat ihn, Doaa doch davon einen Schluck abzugeben. Sie nahm einen winzigen Schluck, dann erbrach sie all das Salzwasser, das sie geschluckt hatte. Das half. Von nun an war sie nicht mehr so unglaublich matt. Erst da bemerkte sie all die Menschen um sie herum, die weinten und trauerten. Shoukri Al-Assoulli, der Mann aus Palästina, den sie auf dem Kutter kennengelernt hatten, schrie laut. Er hielt sich

an einer Plastikpackung voll leerer Wasserflaschen fest und rief immer wieder die Namen seiner Frau und seiner Kinder: »Hiyam! Ritaj! Yaman!« Mit der freien Hand ruderte er zu anderen Überlebenden und fragte immer wieder: »Haben Sie sie gesehen? Meine Frau, meine Kinder?« Bei Shoukri, dem Freund eines Freundes, hielt er an. Auch er hatte Frau und Kinder verloren. »Wie soll ich nur meiner Mutter sagen, dass sie tot sind?«, klagte er.

Eine Frau zog ein wasserfestes Handy hervor und versuchte, jede Notrufnummer anzurufen, die ihr und den Leuten in ihrer Gruppe einfiel. Aber es gab kein Netz. Eine andere Frau holte ihr Telefon aus den zahllosen Plastikfolien, in die es eingewickelt war. Es war tatsächlich unbeschadet und trocken. Sie hoffte, mehr Glück zu haben, doch dann stellte sich heraus, dass der Akku leer war.

Langsam senkte sich die Dunkelheit über die im Meer treibenden Flüchtlinge. Das Meer wurde pechschwarz, die Wellen schlugen höher. Doaa zitterte vor Kälte, weil all ihre Sachen nass waren. Die Wellen trieben die Grüppchen immer weiter auseinander. Die Menschen hatten sich instinktiv an den Händen gefasst, weil sie glaubten, so eine bessere Chance zum Überleben zu haben. Eine Gruppe würde bestimmt eher entdeckt als ein Einzelner. Bassem klammerte sich an Doaas Schwimmreifen fest, und Doaa hielt ganz fest seinen Arm. Sie hatte Angst, dass auch er abgetrieben werden könnte. Stunden vergingen. Das laute Weinen der Kinder war zu einem schwachen Wimmern geworden. Doaa tastete nach dem Koran, den Walid ihr gegeben hatte. Sie spürte, dass er immer noch sicher über ihrem Herzen lag. Da begann sie, aus dem Gedächtnis laut Gebete zu rezitieren. Bald stimmten andere Menschen ein. Einen kurzen Augenblick lang fühlte sie sich ihnen sehr verbunden und näher bei Gott. Der Mond und die Sterne waren die einzigen Lichtquellen. Sie schienen gleichermaßen auf die Lebenden wie auf die Toten. Leichen trieben überall auf dem Wasser. »Verzeih mir, Doaa, du solltest so etwas nicht sehen müssen«, entschuldigte sich Bassem bei ihr. Aber sie schüttelte nur energisch den Kopf und fasste ihren Verlobten noch fester am Arm.

Zwischen fünfzig und hundert Menschen hatten den Schiffbruch überlebt, doch im Laufe der Nacht starben viele von ihnen an Erschöpfung oder vor Verzweiflung. Viele, die ihre Familie verloren hatten, zogen einfach die Rettungswesten aus und ließen sich ins Meer sinken. Einmal vernahm Doaa verzweifelte Rufe hinter sich. Als sie sich umsah, erblickte sie einen jungen Mann, der seine Weste auszog, während die anderen aus seiner Gruppe ihn anflehten: »Bitte, gib nicht auf.« Doch er schob die Jacke weg und tauchte mit dem Kopf voran ins Meer. Er war Doaa so nahe, dass sie ihn hätte berühren können.

Und doch keimte in all der Verzweiflung unter den Überlebenden auch eine innige Solidarität auf. Menschen, die Rettungswesten trugen, schwammen zu jenen hinüber, die keine hatten, und erlaubten ihnen, sich an ihrer Schulter festzuhalten. Wer noch ein bisschen Essen und Wasser übrig hatte, teilte mit den anderen. Die, die sich ihren Kampfgeist bewahrt hatten, trösteten und ermutigten die anderen, die am liebsten sofort aufgegeben hätten.

Bassem zog seine Jeans aus, die ihn nach unten zog, aber auch er wurde allmählich schwächer. Nun trieben sie schon mehr als zwölf Stunden im Wasser. »Es tut mir so leid, Doaa, es tut mir so unendlich leid«, entschuldigte er sich immer wieder. Er war am Boden zerstört. Er war es gewesen, der sie aufs Meer gebracht hatte, obwohl sie sich gerade davor so gefürchtet hatte. »Es ist alles mein Fehler. Ich hätte dich nicht auf das Schiff bringen sollen.«

»Wir haben diese Entscheidung gemeinsam getroffen«,

sagte sie mit fester Stimme. Seine Zähne klapperten, seine Lippen waren ganz blau. Als sie sah, wie schwach er war, liefen ihr die Tränen über die Wangen, aber sie redete weiter in zuversichtlichem Ton: »Wir schaffen das, Bassem«, sagte sie, wie er auf dem Kutter zu ihr gesagt hatte. »Wir werden ganz sicher gerettet, und dann gründen wir gemeinsam eine Familie.«

»Ich schwöre bei Gott, Doaa, ich liebe dich mehr als alles auf dieser Welt«, sagte er und nahm ihre Hand. Er kreuzte die Arme über den Schwimmreifen und ließ seinen Kopf darauf ruhen. Der Schlaf übermannte ihn immer für wenige Minuten, dann wachte er wieder auf. Doaa hielt seine Hand fest, als wäre sie das Einzige, was sie davon abhalten könne, sich all jenen anzuschließen, deren Leben das Meer gefordert hatte.

Als am nächsten Tag die Sonne aufging, sah Doaa, dass weniger als die Hälfte der Schiffbrüchigen überlebt hatte. Überall um sie herum trieben Leichen. Doaa erkannte einige von ihnen wieder, doch sie gehörten nicht zu den Überlebenden vom Vortag. Da wurde ihr klar, dass es sich wohl um die Menschen handelte, die zuvor ertrunken waren. Ihre Körper trieben jetzt an die Wasseroberfläche. Die Menschen, die vor ihren Augen untergegangen waren, waren hingegen im Laufe der Nacht verschwunden. Viele der Leichen hatten die Hände vor der Brust gefaltet, als wäre ihnen kalt. Die wenigen Überlebenden, die keine Rettungswesten hatten, hielten sich aus schierer Verzweiflung an den Leichen fest, um nicht unterzugehen.

Doaa würgte es, als sich der Geruch des Todes ausbreitete. Als Bassem erwachte und sich umsah, begann er wieder, sich zu entschuldigen. Nun aber vernahm Doaa in seiner Stimme den Klang der Resignation, als habe er die Hoffnung aufs Überleben aufgegeben. Es hörte sich eher so an,

als wolle Bassem sich mit dieser Entschuldigung von ihr verabschieden.
»Mach dir keine Sorgen«, versicherte Doaa Bassem und spürte, wie die Liebe zu ihm ihr fast die Kehle zuschnürte. Auch sie hatte begriffen, dass sie es womöglich nicht schaffen würden. »Das ist unser beider Schicksal.«
Ein Mann in der Nähe hatte wohl mitbekommen, dass das junge Paar langsam den Mut verlor. Er rief herüber: »Beweg dich, sonst wird dein Körper ganz steif!« Und so ließ Bassem den Ring los und schwamm ein paar Runden, wobei er nachsah, ob sich irgendetwas finden ließ, womit er Doaa Erleichterung verschaffen könnte – eine Flasche Wasser, um den papiertrockenen Mund zu befeuchten, ein wenig Saft, um die Schwindelgefühle zu bekämpfen, unter denen sie mittlerweile beide litten. Doch da war nichts, einzig das endlose Meer. Und da und dort ein paar Holzstücke und Köpfe, die aus dem Wasser ragten. So kam Bassem unverrichteter Dinge zu Doaa zurück und schüttelte den Kopf. Die Sonne stieg allmählich höher, wärmte die Körper, trocknete sie aber gleichzeitig weiter aus. Der Durst war unerträglich. Bassem war übel von all dem Salzwasser, das er geschluckt hatte. Doaa steckte ihren Finger in seinen Mund, damit er sich übergeben konnte. Danach kreuzte Bassem wieder die Arme über Doaas Schwimmreifen und legte den Kopf darauf ab.
Eine kleine Gruppe Überlebender sammelte sich um das junge Paar. Alle traten Wasser, um sich warm zu halten. Einige redeten sinnloses Zeug, vermutlich im Delirium. Ein Mann meinte: »Da drüben ist ein Café. Holen wir uns doch etwas Tee!« Im allgemeinen Stimmengewirr sah Bassem Doaa plötzlich direkt in die Augen. Dann erhob er die Stimme, so dass jeder ihn hören konnte, und erklärte feierlich: »Ich liebe dich mehr, als je ein Mensch wird wissen können. Es tut mir leid, dass ich dich im Stich gelassen

habe. Ich wollte nur das Beste für dich.« Doaa sah, dass er im Fieber sprach, seine Augen glänzten. Er sah ihr direkt in die Augen, als sei es das letzte Mal, dass er sie so anschauen sollte. Seine Stimme wurde so eindringlich, wie Doaa es an ihm gut kannte. So hatte er mit ihr geredet, als er drohte, nach Syrien zurückzugehen, wenn sie ihn nicht heiraten wolle. Als sei es das Allerwichtigste in seinem Leben, diese Worte herauszubringen. »Es war meine Aufgabe, auf dich zu achten«, sagte er, »und ich habe versagt. Ich wollte für uns ein neues Leben. Ich wollte das Beste für dich. Verzeih mir, bevor ich sterbe, meine Geliebte.«

»Da gibt es nichts zu verzeihen«, brachte Doaa schluchzend heraus. »Wir werden immer zusammen sein, im Leben und im Tod.« Sie bat ihn, weiter durchzuhalten, und versicherte ihm immer wieder, dass all das schließlich nicht seine Schuld sei.

Als sie die Hand hob, um seine Wange zu streicheln, sah sie einen älteren Mann auf sie zusteuern, der ein Baby auf der Schulter trug. Mit der anderen Hand hielt er sich an einem Wasserkanister fest und strampelte, was er nur konnte, um sie beide zu erreichen. Als er am Schwimmreifen angekommen war, sah er Doaa mit bittenden Augen an und sagte: »Ich bin erschöpft. Könntet ihr bitte Malak eine Zeitlang halten?« Die Kleine trug einen rosafarbenen Schlafanzug, hatte gerade mal zwei Zähne und schrie, was das Zeug hielt. Doaa dachte, dass sie wirklich wie ein *malak* aussehe, was »Engel« bedeutet. Der Mann erklärte, er sei ihr Großvater, ein Fischer aus dem Gazastreifen. Sie hätten ihre Heimat verlassen, um den Bomben der Israelis zu entkommen. Siebenundzwanzig Mitglieder seiner Familie seien an Bord gewesen, alle anderen seien ertrunken. »Wir beide sind die einzigen Überlebenden. Bitte behaltet das Mädchen bei euch«, bat er. »Sie ist erst neun Monate

alt. Passt auf sie auf. Macht sie zu einem Teil von euch. Mein Leben ist vorüber.«
Doaa nahm Malak und bettete sie an ihre Brust, so dass das Köpfchen auf dem Koran lag, den Doaa immer noch an ihrem Herzen trug. Die kleine Malak entspannte sich bei der Berührung und hörte zu weinen auf. Es tröstete Doaa, den winzigen Körper so nah an ihrem zu fühlen.
Malaks Großvater berührte das Gesicht der Kleinen. »Mein kleiner Engel. Dass du so etwas erleben musst! Armes Ding. Lebe wohl, Kleines, vergib mir, aber ich sterbe.« Dann schwamm er davon. Doaa und Bassem konzentrierten sich ganz auf das Kind. Dieses junge Leben schien Bassem neuen Mut einzuhauchen, während er die Wangen der Kleinen sanft streichelte. Ein paar Augenblicke später kam Malaks Großvater zurück und wollte nach ihr sehen. Als er erkannte, dass das Pärchen sich gut um die Kleine kümmern würde, verabschiedete er sich ein zweites Mal. Als Doaas Blick wieder auf ihn fiel, trieb er mit dem Gesicht nach unten auf dem Meer, höchstens zehn Meter von ihnen entfernt.
Malak zitterte. Ihre Lippen waren blau und aufgesprungen. Doaa tauchte ihren Finger ins Meer und befeuchtete sie zärtlich. Einen Moment lang dachte sie, ihre Spucke wäre vermutlich besser gewesen, weil das Kind dann kein Salz aufnähme, doch Doaa hatte einfach keine Spucke mehr. Sie hatte irgendwo gelesen, dass man einen Menschen warm halten konnte, indem man die Adern am Handgelenk rieb, also tat sie das mit der kleinen Malak. Und sie sang ihr die Lieder vor, die ihre Mutter für sie gesungen hatte, als sie noch klein war.
Doaas Stimme lullte auch Bassem in den Schlaf, doch Doaa wusste, dass er wach bleiben musste, weil er sonst vielleicht den Halt verlor und von ihr wegtrieb. Also klatschte sie dicht bei seinen Ohren laut in die Hände.

»Ich habe Angst, Bassem«, flüsterte sie ihm ins Ohr. »Bitte, lass mich nicht hier auf hoher See allein! Halt nur noch ein bisschen durch, dann schaffen wir es nach Europa.«
Doaa merkte, dass sein Gesicht allmählich blau wurde.
Dann sagte er: »Allah, schenke Doaa meinen Geist, auf dass sie leben kann.«
»Sag doch nicht so etwas, Bassem«, bettelte Doaa. »Wir werden gemeinsam bei Gott sein.« Doch sie wusste, dass er vollkommen erschöpft war und ihr allmählich entglitt. Doaa begann zu weinen bei dem Gedanken, dass sie ihn nicht würde retten können. Alle Kraft, die sie noch hatte, lag in ihrem Wissen um Gottes Wort.
»Bassem, bevor du stirbst, musst du beim Koran schwören, dass du als Muslim sterben wirst und dein Glaube dich begleiten wird«, drängte sie ihn. »Sprich mir nach: ›Ich schwöre, dass es nur einen Gott gibt, und Mohammed ist sein Prophet.‹«
»Ich schwöre, dass es nur einen Gott gibt, und Mohammed ist sein Prophet«, sagte Bassem. Dann schloss er die Augen. Doaa schlug ihm ins Gesicht, um ihn wach zu halten, doch er hatte schon angefangen, im Delirium zu sprechen: »Mama, das Silber ist für dich.«
Er halluzinierte. Um ihn bei Bewusstsein zu halten, tat Doaa, als spiele sie mit. »Ja, Bassem. Wenn es dir bessergeht, werden wir das Silber holen. Bleib einfach nur bei mir. Halte durch. Bitte lass mich nicht allein.«
Doaa merkte, dass Bassem allmählich das Bewusstsein verlor. Offensichtlich hatte er sich vorhin von ihr verabschieden wollen. Daher wollte sie ihm ein letztes Geschenk machen. Unter Tränen stammelte sie: »Ich wähle denselben Weg, den du gewählt hast. Ich vergebe dir in diesem Leben, und im Jenseits werden wir wieder vereint sein.« Doaa nahm Bassems Finger in ihre rechte Hand, während sie Malak im linken Arm hielt.

Nach einer gewissen Zeit spürte sie, wie seine Finger ihr entglitten. Sein Körper erschlaffte und glitt ins Wasser. Er trieb weg von ihr. Doaa versuchte verzweifelt, ihn zu sich herzuziehen, aber da war er schon außer Reichweite. Sie konnte nicht aus dem Schwimmreifen heraus, ohne die kleine Malak loszulassen. »Bassem«, schrie sie, »um Gottes willen, geh nicht! Antworte mir! Ich kann ohne dich nicht leben.« Immer und immer wieder schrie sie schluchzend diese Worte.

Da kam ein Mann schwimmend heran und prüfte Bassems Puls. »Es tut mir leid, aber er ist tot«, sagte er, selbst völlig apathisch.

Doaa begriff, dass Bassem für diesen Mann nur einer von vielen war. Seit die Sonne aufgegangen war, waren mindestens zwei Dutzend Menschen gestorben. Doch für Doaa war dies das Ende von allem. Sie hatte den kostbarsten Menschen in ihrem Leben verloren und wäre am liebsten mit ihm gestorben. Sie stellte sich vor, wie sie sich aus dem Schwimmreifen gleiten ließ, hinab ins Meer, wo Bassem lag. Dann aber spürte sie Malaks Ärmchen um ihren Hals und wusste, dass sie nun allein für dieses Kind verantwortlich war. Doaa wusste, dass sie versuchen musste, die Kleine am Leben zu erhalten.

Bassem trieb zuerst eine Weile auf dem Wasser. Dann sank er allmählich in die Tiefe. Das Letzte, was Doaa von ihm sah, war sein dichter schwarzer Haarschopf, bevor das dunkle Wasser ihn verschlang. Er war fort. In der ganzen Zeit hatte sie nur einmal laut aufgeschrien, sich nur diesen einen Augenblick des Unglücks erlaubt. Ein Mann in der Nähe versuchte, Doaa zu trösten. Sie hatte ihn schon auf dem Schiff gesehen. Er erzählte ihr von sich, als die Sonne ein zweites Mal unterging. Er stamme aus Damaskus, sagte er, während er neben ihr im Wasser Tretbewegungen machte. Er habe seinem Sohn nur eine gute Ausbildung und eine Zukunft ohne Bomben ermöglichen wollen. Als er ihr erzählte, wie er hilflos hatte zusehen müssen, wie sein Kind in die rotierenden Blätter der Schiffsschraube geriet, die mit einem Hieb seinen Kopf abtrennten, liefen ihm Tränen über die Wangen. Auch seine Frau war vor seinen Augen ertrunken. »Du hast es doch auch gesehen – du hast meine Frau und meinen Sohn sterben sehen!«, schrie er. Doaa fragte sich, ob es sein Kind gewesen war, das die Schiffsschraube vor ihren Augen getötet hatte.

»Weinen Sie nicht«, sagte Doaa zu ihm. »Sie werden bald im Himmel mit ihnen vereint sein.«

»Du bist gesegnet«, wiederholte der Mann. »Du hast dies alles hier nicht verdient.«

Bald sammelten sich weitere Menschen bei Doaa, um gemeinsam zu beten oder um sie zu bitten, ihnen doch beim Erbrechen zu helfen, damit sie das Salzwasser aus dem Körper bekämen. Offensichtlich hatten die Menschen zugesehen, als sie Bassem half, sich zu übergeben. Nun kamen sie alle zu ihr herüber, und sie half ihnen mit der freien Hand beim Erbrechen. Danach wusch sie ihre Finger im Meer. Obwohl die Menschen nur Wasser erbrachen, verursachte der Geruch Doaa Übelkeit. Andererseits tröstete es sie, wenn sie ihnen Erleichterung verschaffen konnte. Die Dankbarkeit der anderen tat ihr gut.

Es war mittlerweile Donnerstagabend. »Zwei Tage treibe ich nun schon in einem Meer voller Toter«, dachte Doaa. Sie bemerkte, dass nur noch etwa fünfundzwanzig Menschen am Leben waren. Malak schlief die meiste Zeit. Kaum aber wachte sie auf, begann sie zu schreien. Doaa wusste, dass sie dringend Wasser brauchte.

Unter den anderen Überlebenden war auch die kleine Familie, die sie auf dem Schiff kennengelernt hatte, mit den Töchtern Sandra und Masa. Sie alle trugen Rettungswesten, die sie über Wasser hielten, doch Sandra, das ältere

Mädchen, hatte Krämpfe. Ihr Körper schüttelte sich heftig. Ihr Vater hielt sie im Arm und redete ihr unter Schluchzen gut zu. Doaa glaubte, förmlich zu sehen, wie die Seele der Kleinen ihren Körper verließ, als dieser plötzlich erschlaffte. Sandras Mutter schwamm mit entschlossener Miene zu Doaa herüber und hielt Masa, die Kleine, in den Händen.

Sandras Mutter klammerte sich mit einer Hand an Doaas Schwimmreifen fest, sah Doaa direkt in die Augen und sagte: »Bitte, rette unser Baby. Ich werde nicht überleben.« Ohne zu zögern, griff Doaa nach Masa und legte sie auf ihre linke Seite, direkt unter Malak, die ihr Köpfchen nun unter Doaas Kinn schob. Sie bettete Masas Kopf auf ihre Seite, direkt unter ihrer Brust, und tatsächlich streckte sich der kleine Körper auf ihr aus. »Sie ist noch nicht einmal zwei Jahre alt und muss schon durch diese Hölle gehen«, dachte Doaa und strich Masa übers Haar. Dabei fragte sie sich, ob der Schwimmreifen sie drei wirklich tragen würde. Masas kleine Beinchen lagen im Wasser, und die Wellen zupften und zerrten an den dreien.

Lautes Klagen riss Doaa aus ihren trüben Gedanken. Sandra war tot, und ihre Eltern beweinten ihren toten Körper. Doaa hielt den rechten Arm fest um die kleine Masa geschlungen und versuchte, die trauernde Frau zu trösten. Doch nur wenige Minuten später wurde auch der Körper ihres Mannes schlaff. Er hatte aufgegeben. Seine Frau sah ihn fassungslos an. »Imad!«, schrie sie auf. Dann wurde auch sie still und ertrank vor Doaas Augen.

Als die Nacht hereinbrach, wurde das Meer wieder schwarz. Dichter Nebel breitete sich aus. Die Mädchen begannen, unruhig zu werden und zu weinen. Doaa tat ihr Bestes, um sie zu beruhigen, aber sie wollte ihre schmerzenden Arme nicht bewegen aus Angst, die Mädchen zu verlieren. Das Gewicht auf ihrer Brust behinderte sie beim

Atmen, andererseits ließ so ihr dauernder Drang zu husten ein wenig nach. Sie hatte entsetzlichen Durst. Am Vormittag hatte jemand ihr ein Stück fettiges Sesam-Halva gegeben, das er im Wasser gefunden hatte. »Es ist für die Kinder«, sagte der Fremde, bevor er es ihr in die Hand drückte. Doaa brach kleine Stücke ab und schob sie den Mädchen in den Mund. Der süße Geschmack schien sie zu beruhigen. Ein bisschen was davon aß sie selbst, wurde davon aber nur noch durstiger.

Wasser war alles, an was die Überlebenden noch denken konnten. Die Männer urinierten in Plastikflaschen und tranken die Flüssigkeit, um am Leben zu bleiben. Doaa wandte die Augen ab.

Wenige Meter weiter hielt sich Shoukri Al-Assoulli mit einer anderen Gruppe Überlebender über Wasser. Wie Doaa hatte er die beiden letzten Tage überstanden. Wie sie hatte er alles verloren. Jetzt glaubte er, den Verstand zu verlieren. Die Menschen um ihn herum litten unter Wahnvorstellungen. Einer sagte: »Spring rein ins Auto. Mach doch die Tür auf, dann fahren wir weg.« Ein anderer bat um einen Stuhl zum Hinsetzen. Der Dritte lud alle anderen in sein Haus ein, das gleich um die Ecke war.

Ein Mann namens Foad Eldarma bat Shoukri, doch seiner Frau Bescheid zu sagen, damit sie ihn abholen käme. Dann wiederum wollte er, dass Shoukri ihn zu ihr nach Hause bringe. Ein anderer Mann, den Shoukri kannte, schwamm zu ihm hinüber und sagte, er solle doch mitkommen, er wisse, wo Wasser zu finden sei. Shoukri folgte ihm schwimmend ein paar Meter, aber natürlich war da nichts dergleichen. Ein anderer Mann meinte, dass er ein Café ganz in der Nähe kenne, in dem sie alles Wasser der Welt bekommen und noch ein paar Shishas rauchen könnten. Er habe hundert Dollar bei sich und würde alle einladen. »Kommst du mit?«, fragte er Shoukri.

»Na klar«, gab Shoukri zur Antwort.
»Aber schwimmend brauchen wir zwei Stunden, bis wir dort sind.«
»Kein Problem. Los, auf geht's.«
Ein paar andere Männer schlossen sich ihnen an, als sie sich durch die Wellen kämpften. »Wir müssen geradeaus schwimmen, und da vorne geht es dann links«, meinte der Mann. Da bekam Shoukri kurz wieder einen klaren Kopf und merkte, dass der Mann Halluzinationen hatte – wie er selbst. Er schwamm zu den anderen zurück, um sich der Gruppe Überlebender anzuschließen, die sich nicht weit von Doaas Grüppchen über Wasser hielten. Der Nebel hüllte sie ein, machte sie blind und ließ sie vor Kälte zittern. Eine Frau, die ihre beiden Töchter verloren hatte, schluchzte: »Mir ist so kalt. Bitte wärmt mich.« Shoukri und sein Freund Mohammad nahmen sie in die Mitte, um sie zu schützen.
In jener Nacht träumte Shoukri von seiner Familie. Er war sicher, er sei zu Hause, und ließ die Packung leerer Wasserflaschen los, an der er sich festgeklammert hatte. Doch sobald er zu sinken begann, kam er wieder zu Bewusstsein und hielt sich wieder fest. Später hatte er das Gefühl, an Land zu sein und den Menschen Rettungsringe zuzuwerfen und Wasser zu geben. Im Laufe der Stunden verließen ihn immer wieder die Sinne. Er war nicht sicher, ob er noch lebendig war oder schon tot.
Doaa wünschte sich nichts sehnlicher, als das Geräusch der Wellen ausblenden zu können. Es war wie die Musik in den Horrorfilmen und machte das Sterben, dessen Zeugin sie wurde, nur umso schrecklicher. Es war, als gingen die Menschen im Rhythmus der Wellen unter. Immer wenn jemand starb, hatte sie das Gefühl, das Herz müsse ihr im Leib zerspringen. Wie viele Menschen hatte sie gesehen, die ihre Rettungswesten einfach auszogen, wenn sie

beschlossen hatten zu sterben? Sie konnte sie längst nicht mehr zählen. »Ich mache ihnen keinen Vorwurf«, dachte sie, obwohl ihre Religion Selbstmord eigentlich verbot. »Ihr Leiden war zu viel für sie. Und wer bin ich, über jemanden zu urteilen, der sich in dieser Situation das Leben nimmt? Ich bin nur ein winziges Pünktchen auf dem weiten Meer, das mich auch bald verschlingen wird.« Die beiden Mädchen auf ihrer Brust verliehen ihr Kraft, sonst wäre sie selbst schon längst untergegangen.

Doaa war erschöpft, hatte aber Angst, einzuschlafen, damit die Kinder ihr nicht aus den Armen glitten. Sie zählte die Leichen, die um sie herum trieben – sieben an der Zahl. Glücklicherweise musste sie ihre Gesichter nicht sehen, denn sie schwammen mit dem Rücken nach oben, aufgebläht und schwarz. Sie sahen aus wie Wale. Der Gestank war unerträglich. Wann immer eine Welle eine Leiche auf sie zutreiben ließ, stieß sie sie mit Armen und Beinen weg. Ein Mann namens Momen half ihr dabei. Er war einer der wenigen, die noch schwimmen konnten. Er blieb nun nahe bei Doaa.

Momen gab ihr Kraft mit seinen ermutigenden Worten. »Du bist selbstlos, Doaa. Ich habe dir zugesehen, wie du die anderen unterstützt. Du bist so tapfer und stark. Ich möchte auf dich aufpassen. Wenn wir überleben, würde ich dich gerne heiraten.«

Aus irgendeinem Grund klangen diese Worte an diesem Ort in Doaas Ohren nicht übertrieben, sondern nur liebevoll. Er brauchte das einfach, um selbst weiterzumachen, brauchte etwas, auf das er sich freuen konnte, falls er je lebendig dem Meer entkommen würde. Doaa antwortete: »Halt dich nur fest hier, über alles andere reden wir später, wenn wir all das hinter uns haben.«

Am Morgen des dritten Tages ging wieder die Sonne auf. Ein Mann, eine Frau und ein kleiner Junge kamen in Sicht.

Die Erwachsenen hielten sich an einem Schwimmreifen fest, der dem Doaas sehr ähnlich war. Im Reifen trieb der Junge. Doch plötzlich platzte der Schlauch, und der Junge fiel ins Wasser und schlug wie wild mit den Armen. Doaa sah, dass die Frau ebenfalls nicht gut schwimmen konnte. Sobald sie sich nicht mehr am Schwimmreifen festhalten konnte, sank sie ins Wasser, tauchte noch einmal auf, um gurgelnd einzuatmen, dann fiel ihr Kopf nach vorne, und ihr Körper erschlaffte.

Dem Jungen konnte der Mann helfen. Er legte sich seine Arme um den Hals und schwamm auf Doaa zu. »Bitte nimm ihn doch eine Weile«, bat er. Er war so erschöpft, dass er nur noch stammeln konnte. Der Junge sei sein Neffe, die Frau, die eben ertrunken sei, sei die Mutter des Kleinen gewesen. Doaa zögerte: »Aber wir haben keinen Platz mehr!« Der Junge war etwa drei Jahre alt, viel größer als die Mädchen. Masa und Malak würden ertrinken, wenn der Schwimmreifen sank. Doch der Junge sah sie mit angstvoll geweiteten Augen an, und Doaas Herz war mit ihm. »Wir finden schon einen Weg«, sagte sie und streckte die Hand nach ihm aus. Sie zog ihn auf ihre ausgestreckten Beine. Aber er entwand sich ihrem Griff, hob den Kopf und sah sich um. »Wasser, bitte Wasser«, bettelte er. »Ich will meinen Onkel. Ich will meine Mama.« So jammerte er immer und immer wieder.

Doaa wusste nicht, was sie tun sollte, um den verzweifelten Jungen zu beruhigen. Außerdem fürchtete sie, dass auch ihr Schwimmreifen platzen würde, wenn sie sich allzu weit vorbeugte. Sie wollte sie doch nur alle miteinander in Sicherheit wissen. Der Junge erinnerte sie an Hamudi. Es wäre schrecklich, wenn sie ihm beim Ertrinken zusehen müsste. Doch der Junge fragte nur immer wieder nach seiner Mutter. »Deine Mama holt für dich Wasser und etwas zu essen«, schwindelte Doaa. Das beruhigte ihn einige

Minuten lang, dann aber fing er wieder an, über Durst zu klagen. Um ihn zu beruhigen, schöpfte Doaa ein wenig Salzwasser aus dem Meer und gab es ihm zu trinken. In den nächsten beiden Stunden schwamm sein Onkel immer ein paar Meter, um seinen Körper in Bewegung zu halten, und kam dann zurück, um nach dem Jungen zu sehen. Er hatte nichts, woran er sich festhalten konnte. Dann wurden die Lippen des Jungen blau. Er begann, heftig zu zittern. Seine schmale Brust hob und senkte sich. Sein Onkel hielt sich an Doaas Schwimmreifen fest, nahm den Jungen in seine Arme und fing zu weinen an. »Bitte, bleib bei uns«, redete er ihm zu.

Der Junge sagte nur schwach: »Bitte, Onkel. Du darfst nicht auch noch sterben!« Dann erschlaffte sein Körper auf der Schulter seines Onkels. Der Mann drückte den Jungen an seine Brust und stieß sich von Doaas Schwimmreifen ab. Sie sah zu, wie er mit dem kleinen Körper immer tiefer ins Meer sank. Gleich neben ihr trieb der Leichnam der Mutter.

»Lieber Gott«, hörte sie Momen sagen. »Alle um uns herum sterben. Ich habe meinen Sohn sterben sehen und meine Frau. Warum passiert uns das? Warum haben sie unser Schiff nur versenkt? Niemand wird kommen, um uns zu retten.«

»Sie kommen, Momen«, sagte Doaa sanft, »so Gott will. Sei stark und bete. Dann bleibt die Hoffnung in dir lebendig.«

Doch noch während sie diese Worte sprach, fing Doaa selbst an zu schluchzen. Sie hatte den kleinen Jungen nur wenige Stunden auf ihren Beinen gehalten, und doch hatte sie das Gefühl, als sei er ein Teil von ihr. »Es heißt, der Schmerz, den eine Mutter fühlt, wenn sie ihr Kind verliert, ist der schlimmste auf der ganzen Welt. Genauso fühle ich mich jetzt. Ich habe diesen kleinen Jungen geliebt.« Sie hatte so viel Tod gesehen, doch diese letzte Szene ließ ihr Herz in tausend Stücke zerspringen. »Es ist meine Schuld, dass er gestorben ist«, sagte sie weinend zu Momen. »Ich hätte ihn retten müssen.«

»Nein, nein«, rief Momen. »Es war Gottes Wille. Du bist gut, du hast ja versucht, ihn zu retten.«

Doch Doaa trauerte, weil sie das Gefühl hatte, den Kleinen im Stich gelassen zu haben. Dies aber stärkte nur ihre Entschlossenheit, Malak und Masa zu retten. Nichts war für sie jetzt mehr von Bedeutung. Nur das Leben der Mädchen zählte noch.

Wann immer die Kleinen unruhig wurden, sang sie ihnen ihr Lieblingslied vor: »Schlaft, ihr Kindlein, schlaft bei mir wie unter dem Flügel einer Taube.« Sie erfand auch Fingerspiele, um sie abzulenken. Bald hatte sie heraus, dass Malak unter dem Kinn kitzlig war und laut lachte, wenn sie so tat, als seien ihre Finger eine Maus, die über Malaks Brust und ihren Hals lief. Sobald die Mädchen einschliefen, rieb Doaa ihre kleinen Körper, um sie warm zu halten. Und wenn sie das Gefühl hatte, dass sie das Bewusstsein verloren, schnippte sie laut mit den Fingern neben ihren Ohren und sagte: »Malak, Masa, wacht auf, meine Lieben. Wacht auf!«

Das einzige Wort, das Masa daraufhin sagte, war: »Mama.«

Doaa fühlte sich den Kindern so verbunden, dass sie sich einzubilden begann, sie sei ihre Mutter. Das Überleben der Mädchen war wichtiger als ihr eigenes Leben.

Wenn Doaa nicht damit beschäftigt war, die Kinder zu trösten, rezitierte sie Koranverse. Einige der Überlebenden sammelten sich um sie und beteten mit ihr. Viele kannten das Ayat Al Kursi auswendig, ein Gebet, das Doaa immer vor dem Schlafengehen sprach.

Die Stimmen beruhigten die Kinder, die Worte trösteten Momen und die anderen um Doaa herum. Die Verse des

Korans verliehen Doaa eine Stärke, die ihr direkt von Gott zu kommen schien. Sie klammerte sich an die Hoffnung, dass bald jemand kommen und sie retten würde.

Am Freitag erlebten sie ihren vierten Morgen auf See. Doaa fiel auf, dass Malak und Masa jetzt fast dauernd schliefen und sich kaum noch bewegten. Sie fühlte ständig ihren Puls, um sicherzustellen, dass die beiden noch am Leben waren.

Momen wurde für Doaa und die Mädchen sozusagen zum Leibwächter. Sie zu beschützen, war nun sein Lebenssinn. Unter den Überlebenden war keine einzige Frau mehr. Die anderen Männer, die bei Doaa Trost suchten, bildeten einen Ring um sie. Manche versuchten, sich auf ihren Schwimmreifen zu lehnen, um sich ein bisschen auszuruhen. Momen aber versuchte, sie zu verscheuchen. Er warnte: »Sie hat die Kinder auf dem Schoß! Passt auf, dass sie nicht das Gleichgewicht verliert!« Doaa aber ließ die Männer bleiben. »Lehnt euch bitte nur ganz leicht auf den Reifen, um der Kinder willen.« Momen hatte selbst keine Rettungsweste, aber er war ein guter Schwimmer. Doch am späten Nachmittag erkannte Doaa auch bei ihm die Zeichen der Erschöpfung. »Du darfst mich nicht verlassen!«, rief Doaa. Er war seit Bassems Tod der einzige Erwachsene, dem sie sich noch nahe fühlte und dem sie vertraute. Sie wusste nicht, was sie ohne seine Hilfe anfangen sollte. Momen hatte sich auf den Rücken gelegt und die Augen geschlossen. Plötzlich erschlaffte auch sein Körper und drehte sich, so dass sein Gesicht nach unten zeigte. Nun fühlte Doaa sich vollkommen allein für die beiden Mädchen verantwortlich, die ganz von ihr abhängig waren.

Sie lag mit Malak und Masa auf der Brust im Schwimmreifen und verlor immer wieder das Bewusstsein. Wenn sie die Augen öffnete, kam ihr alles verschwommen vor. Sie

spritzte sich Wasser ins Gesicht, um sich wach zu halten, und prüfte erneut, ob die Mädchen noch atmeten. Dann lehnte sie sich zurück und sah zum Himmel hinauf, der ihr nebelverhangen erschien. Da auf einmal glaubte sie, ein strahlend weißes Flugzeug über sich zu erkennen. »Ich habe Halluzinationen«, dachte sie. Ein Flugzeug? Unmöglich! Dann fiel ihr ein, was Bassem gesagt hatte: »Allah schenke Doaa meinen Geist, auf dass sie leben kann.« Sie begann, im Wasser nach der Stelle Ausschau zu halten, an der Bassem gestorben war, doch es sah alles gleich aus: nur Wasser und tote Körper um sie herum. Sie versuchte, den Gedanken an ihren Liebsten wegzuschieben, der im Wasser versunken war und vermutlich von Haien gefressen wurde, ohne ein ordentliches Begräbnis zu haben.
Ängstlich suchte sie den Himmel noch einmal ab, ob sich nicht doch noch Spuren von dem weißen Flugzeug fanden. Stattdessen sah sie einen kleinen grauschwarzen Vogel. Er flog auf sie zu, zog Kreise über ihrem Kopf und glitt wieder davon. Der Vogel kam dreimal zurück. Jedes Mal schien er sie direkt anzusehen. »Ob das wohl heißt, dass in der Nähe Land ist?«, fragte sie sich. Sie hatte vier Tage lang keinen Vogel gesehen, nicht einmal eine Möwe. »Der Vogel ist bestimmt ein Zeichen Gottes«, dachte sie. »Vielleicht rettet uns ja doch jemand.«
Nicht lange, nachdem der Vogel fort war, hörte sie Motorengeräusch. Tatsächlich flog jetzt wieder das weiße Flugzeug über ihr. Diesmal wusste sie, dass sie sich das nicht einbildete. »Lieber Gott!«, schrie sie. »Ob uns wohl jemand gesehen hat?« Die wenigen Überlebenden waren längst fortgetrieben worden. Sie war allein mit Malak und Masa. Zwei Männer schwammen auf sie zu – Mohammad, ein Palästinenser, den sie kannte, und ein Afrikaner, den sie noch nie zuvor gesehen hatte. Mohammad trug eine Rettungsweste, der Afrikaner hielt sich an einem großen

Wasserkanister aus Plastik fest. Doaa suchte erneut den Himmel ab, da schienen Sterne auf sie herabzustürzen wie bei einem Feuerwerk. Wieder flog das Flugzeug eine Schleife um die Stelle, an der sie trieben.

»Da ist wirklich ein Flugzeug!«, rief Doaa hoffnungsvoll. »Kommt näher, dann sehen sie uns vielleicht!«, sagte sie zu den Männern.

»Ich sehe nichts«, gab Mohammad zurück und blinzelte zum Himmel hinauf.

»Gib mir deine Plastikflasche«, befahl Doaa. Als er sie ihr reichte, hielt sie sie so, dass die Sonne sich im Wasser brach. Die Reflexe mussten vom Flugzeug aus zu sehen sein! Und tatsächlich ging der Pilot tiefer. Sie hoben alle drei die Arme, winkten und riefen: »Hilfe! Rettet uns!«

Dann aber war das Flugzeug plötzlich verschwunden, und die Sonne versank langsam am Horizont. Doaa betete: »Bitte, lieber Gott, sie müssen uns doch gesehen haben.« Die Vorstellung, eine weitere Nacht auf dem pechschwarzen Meer verbringen zu müssen, versetzte sie in Panik.

Die Sonne stach ihr direkt in die Augen und blendete sie, doch sie suchte immer noch voller Hoffnung den Horizont ab. Als sie ein großes Schiff in der Ferne erkannte, bat sie Mohammad, der in der Nähe war: »Bitte, bleib bei mir. Hilf mir, das Schiff zu erreichen.« Doaa wusste, dass sie nicht paddeln konnte, wenn sie die Mädchen hielt.

»Ich kann nicht länger Wasser treten«, sagte Mohammad. »Ich bin zu müde. Ich schwimme zu dem Schiff hinüber und sage Bescheid, dass du hier bist.«

Die beiden Männer schwammen los. Doaa sah, wie sie zu kämpfen hatten, um das Schiff zu erreichen. Bald konnte sie Mohammad nicht mehr sehen. Der Afrikaner allerdings schien nicht vorwärtszukommen. Doaa fragte sich, wieso er nicht weiterschwamm, bis sie merkte, dass er

gestorben war. Er hatte den Tod in ebenjenem Moment erlitten, als die Rettung nahe war.
Die Nacht brach herein, und Doaa sah gar nichts mehr in der Dunkelheit. Das Meer war unruhig. Doaa spürte, wie etwas gegen ihren Schwimmreifen stieß. Sie drehte sich um. Es war die Leiche des Afrikaners. Sein Gesicht war geschwollen, die Augen hatte er weit aufgerissen. Doaa schrie und stieß den Leichnam weg, doch die Strömung trieb ihn immer wieder auf sie zu. Sie bettete die Mädchen auf ihren Bauch und versuchte, mit dem verbleibenden Arm in die Richtung zu paddeln, in der sie das Schiff zuletzt gesehen hatte.
Doch sie schien nicht vorwärtszukommen. Sie drehte sich um und blickte zurück. Dort schienen die Lichter eines zweiten großen Schiffes zu warten. Sie nahm ein wenig Wasser mit der Hand auf und spritzte es ins Gesicht der Kinder, um sie wach zu halten.
»Wie schaffe ich es nur zu dem Schiff?«, fragte sie sich. »Es ist so weit weg. Lieber Gott, ich habe den Willen, es bis dorthin zu schaffen, aber bitte verleih mir auch die nötige Kraft.«
Sie versuchte, mit dem einen Arm auf das Schiff zuzupaddeln, mit dem anderen hielt sie die Kinder. Ihr war gleichgültig, was aus ihr wurde, doch wenn Malak und Masa diese Hölle überleben sollten, dann hatte ihr Leben einen Sinn gehabt. Sie wollte so lange leben, bis sie wusste, dass sie die Kinder in Sicherheit gebracht hatte. Dann würde sie aufhören zu kämpfen und endlich wieder mit Bassem vereint sein.

KAPITEL 10

Rettung in der Stunde des Todes

Die CPO *Japan*, ein Chemietanker, war auf dem Weg übers Mittelmeer nach Gibraltar, als ein Notruf von der Malteser Küstenwache einging: ein Schiff mit Flüchtlingen sei gesunken. Alle Schiffe in der Nähe wurden aufgerufen, Hilfe zu leisten. Das UN-Seerechtsübereinkommen legt fest, dass alle Schiffe »jeder Person, die auf See in Lebensgefahr angetroffen wird, Hilfe zu leisten« haben. (Art. 98) Als der Kapitän der CPO *Japan* den Notruf hörte, änderte er sofort den Kurs und beorderte einige Besatzungsmitglieder auf das Frachtdeck, die nach den Schiffbrüchigen Ausschau halten sollten. Schiffe, die diese Region befuhren, kontrollierten die Gewässer stets auf Flüchtlinge und Migranten, die sich über das Mittelmeer wagten, da sie wussten, wie häufig diese Versuche mit dem Tod endeten. Die Mannschaft der CPO *Japan* versuchte alles, um eventuelle Überlebende zu retten. Doch als sie an der von der Küstenwache durchgegebenen Position eintrafen, sahen sie nur unzählige tote Körper im Meer treiben.

Das Schiff verlangsamte die Fahrt, um die Leichen nicht zu verletzen. Die CPO *Japan* erhielt einen Funkspruch von einem Containerschiff, das schon vor ihnen am Unglücksort eingetroffen war und fünf Schiffbrüchige gerettet hatte. Wegen der einbrechenden Dunkelheit habe man die Suche allerdings eingestellt. Sie im Dunkeln fortzusetzen sei sinnlos, hieß es.

Seit Beginn der europäischen Flüchtlingskrise 2014, als bis dahin ungekannte Menschenmengen den gefährlichen Weg über das Mittelmeer nach Europa suchten, spielten

Handelsschiffe bei der Rettung von Flüchtlingen in Seenot eine wichtige Rolle. Im selben Jahr, in dem Doaas Schiff versenkt wurde, bargen Handelsschiffe insgesamt etwa 40 000 Schiffbrüchige, obwohl sie dafür schlechter ausgerüstet sind als spezielle Such- und Bergungsschiffe. Darüber hinaus kostet jede Rettungsaktion die Schiffseigner Zeit und Ressourcen.

Der Kapitän der CPO *Japan* dachte zunächst, seine Pflicht getan zu haben, schließlich war er dem Notruf nachgekommen. Niemand würde ihm einen Vorwurf machen, wenn sein Schiff nun wieder dem ursprünglichen Kurs folgte. Doch als er all die vielen Toten sah, befahl er, ein Rettungsboot zu Wasser zu lassen. »Wenn das andere Schiff fünf Menschen aus dem Wasser gezogen hat, dann sind vielleicht noch mehr da«, sagte er sich. Er wollte nicht aufgeben, gerade jetzt, wo er in der hereinbrechenden Dunkelheit nur noch Leichen entdeckte.

Die Mannschaft war entschlossen die Suche fortzusetzen. Sie waren nur einfache Seeleute, Männer aus Osteuropa und von den Philippinen, die das Schicksal auf diesem Schiff zusammengewürfelt hatte. Sie waren kein ausgebildetes Rettungsteam, doch sie wollten ihre Fahrt nicht fortsetzen, ohne wenigstens den Versuch unternommen zu haben, Überlebende zu finden.

Der Wind hatte aufgefrischt, die See wurde immer unruhiger. Die Sicht war schlecht. Drei Seeleute stiegen in das Rettungsboot, die anderen ließen es langsam zu Wasser. Das Rettungsboot war ein Hightech-Modell, das selbst schwerer See standhielt. Die Körper zahlloser Ertrunkener trieben an dem Boot vorbei. »Lasst die Toten«, gab der Kapitän über Funk durch. »Wir suchen nur nach Überlebenden.«

Das Rettungsboot schob sich durch die Wellen, doch alles, was die Männer entdeckten, waren Tote und immer noch mehr Tote. Fast schien es, als sei die ganze Aktion vergebens, als der Kapitän plötzlich einen weiteren Funkspruch durchgab. Auf dem Schiff habe jemand eine Frauenstimme gehört, die um Hilfe rief. Irgendwo da draußen sei noch jemand am Leben. Das Rettungsboot hielt auf den Bug des Mutterschiffes zu. Vielleicht würde man die Hilfsbedürftige hier finden.

Der Wind blies immer rauher, daher war es schwierig, auch nur irgendetwas zu vernehmen. Hin und wieder stellten sie den Motor ab und lauschten in die Dunkelheit. Und tatsächlich war immer wieder die schwache Stimme einer Frau auszumachen, doch sie schien jedes Mal aus einer anderen Richtung zu kommen. »Rufen Sie weiter«, schrie man ihr immer und immer wieder zu. Wenn sie das nicht täte, würde man sie wohl niemals finden.

Nach vier Tagen und Nächten im Wasser, ohne etwas zu essen oder zu trinken, schwanden Doaas Kräfte allmählich. Ihre Arme schmerzten und ihr war so schwindlig, dass sie fürchtete, das Bewusstsein zu verlieren. Sie hatte kein Gefühl mehr in den Beinen, und ihr Hals war wund vom ständigen Rufen. Immer wenn sie aufgeben wollte, richtete sie ihr Augenmerk auf die beiden Mädchen auf ihrer Brust. Das verlieh ihr neue Entschlossenheit. Sie paddelte weiter, um nicht unterzugehen. Bei jeder Armbewegung rief sie: »*Ya Rabb!* Oh Gott!« Doch ihre Stimme schien gegen den Wind nicht anzukommen.

Sie hatte die CPO *Japan* entdeckt, als sie näher kam. Da war es ihr so vorgekommen, als sei das Schiff ganz nahe, nun aber schien es fort zu sein. »Wo ist es nur?«, fragte sie sich. Zweifel überkamen sie. Ob sie und die Mädchen doch sterben würden, bevor jemand sie fand?

Dann hörte Doaa Stimmen. Sie konnte nur ein paar englische Worte ausmachen: »Where are you? Keep talking so we can follow your voice and find you.« *Wo sind Sie?*

Sprechen Sie weiter, damit wir Ihrer Stimme folgen und Sie finden können. Wieder verschwand Doaa in einem Wellental und konnte keine Stimmen mehr hören. Das Rauschen des Meeres übertönte alles.

Doaas Gedanken rasten. Wie lautete nur das Wort für »Hilfe« auf Englisch? Es wollte ihr einfach nicht einfallen. Stattdessen rief sie alle englischen Worte in den Wind, die ihr in den Sinn kamen. Es kostete sie ihre letzte Kraft, zu rufen und immer wieder zu rufen. »Ob sie mich wohl sehen können?«, fragte sie sich, während sie auf den Wellen auf und ab schaukelte. Vielleicht bildete sie sich ja nur ein, dass sie rief? Vielleicht gab sie ja in Wirklichkeit keinen Laut von sich? Dann aber sah sie einen Suchscheinwerfer, der ohne Unterbrechung über die Wellen wanderte. Immer wenn sie rief, kam der Lichtkegel näher. Sie paddelte auf das Licht zu und versuchte, es mit ihrer Willenskraft zu ihr herzuzwingen. Sie war nun wild entschlossen, Malak und Masa zu retten. Dieser Vorsatz verlieh ihr ungeahnte Kräfte.

Die Mädchen bewegten sich kaum noch. Sie verloren immer wieder das Bewusstsein. Doaa spritzte ihnen immer wieder Wasser ins Gesicht, damit sie wach blieben. Sie umschwamm die Leichen, so schnell sie konnte, immer auf die Stimmen zu, die ihre einzige Hoffnung waren. Sie konnte Masa und Malak nicht sterben lassen, jetzt, wo die Rettung so nah war.

Doaas Mund war so trocken, dass die Worte nur noch krächzend über ihre Lippen kamen. Sie war nicht sicher, wie lange sie noch rufen oder sich und die Mädchen über Wasser halten konnte. Aber ihre Angst, dass die Suchmannschaft umkehren würde, wenn sie keinen Laut mehr von sich gab, hielt sie bei Kräften. Die Leiber der Mädchen lagen nun schwer auf ihrer Brust. Doaa hatte das Gefühl, als fließe durch ihre Adern *ein* Blut, als schlage ihr Herz gemeinsam im Takt. »Sobald Masa und Malak in Sicherheit sind, will ich dorthin, wo Bassem gestorben ist. Dann kann ich mit ihm zusammen sein.« Der Gedanke, dass sie nur noch ein bisschen durchhalten musste, bis sie bei ihm sein könnte, tröstete sie.

Endlich, nach zwei Stunden, sah ein Matrose aus dem Fenster des Rettungsbootes und schrie: »Ich sehe sie!« Der Kegel des Suchscheinwerfers erfasste Doaa. Eine futuristisch anmutende rote Kapsel in der Größe eines Kleinbusses schwebte auf sie zu. Es war ein Anblick wie aus einem Science-Fiction-Film. Daher dachte sie anfangs auch, sie bilde sich das alles nur ein. Das Ding sah überhaupt nicht aus wie ein Rettungsboot, zumindest wie keines, das sie je gesehen hatte. Die Männer auf dem Boot starrten völlig perplex auf sie hinunter: Wie hatte es diese schmale, junge Frau nur geschafft, diesen Schiffbruch mit einem einfachen aufblasbaren Schwimmreifen zu überleben?

An der Seite des Rettungsbootes schwang eine Tür auf. Es sah aus, als würde man in einen Käfig eintreten. Ein Mann kam heraus, rief Doaa an und reckte ihr eine Stange entgegen. Doaa klammerte sich daran fest, und sie und die Mädchen wurden an das Boot herangezogen. Als sie näher kam, sagte Doaa etwas zu den Männern, die die Rettungsstange hielten, doch sie merkte schnell, dass sie kein Wort verstanden.

Sobald sie Doaa ganz herangeholt hatten, packten die Männer ihre Arme und Beine, um sie ins Boot zu ziehen, doch Doaa wehrte sich. Mit versagender Stimme bat Doaa ihre Retter auf Arabisch, doch zuerst Malak und Masa zu nehmen. Sie deutete auf ihre Brust und hob die dünne Jacke an, unter der die beiden Kleinen lagen, nur gehalten von Doaas allmählich versagender Kraft im rechten Arm. Die Männer waren völlig überrascht. Da hatte diese zerbrechlich wirkende junge Frau nicht nur selbst überlebt, wo so viele andere gestorben waren, sie hatte auch noch zwei Kinder am Leben erhalten. Einer der Schiffsoffiziere, Dmytro Zbitnyev, nahm das erste Kind aus Doaas Armen, dann das zweite. Dann bettete er sie sorgsam in die Arme seiner Kameraden, die sie sofort in Thermodecken wickelten. So kostbar war dieses bisschen Leben inmitten all der Toten. Schließlich beugte Dmytro sich vor und zog Doaa ins Boot. Erneut wehrte sie sich.

»Ich liebe diese Mädchen so sehr. Bitte lass sie am Leben bleiben«, dachte sie, als sie an Malaks süßes Zweizahnlächeln dachte. »Wenigstens sind sie jetzt in Sicherheit. Ich muss nicht mehr für sie kämpfen. Nun kann ich Bassem folgen.« Zum ersten Mal seit Tagen war sie allein. Voller Erleichterung, weil sie ihre Pflicht getan hatte, zog Doaa die Knie an und versuchte, sich vom Boot wegzudrücken. »Ich will zurück zu Bassem. Ich will mit ihm sterben.« Doaa war nicht sicher, ob sie diese Worte wirklich laut ausgesprochen hatte.

In diesem Moment ergriff ein Mitglied der Mannschaft sie am Bein und zog sie näher heran, damit er sie ins Boot ziehen konnte, in die Wärme. Sie war im Delirium. Durst und Erschöpfung forderten ihren Tribut. Doaa wusste nicht mehr, was wirklich war und was sie sich nur einbildete. »Ich kann nicht ohne ihn leben«, dachte sie. Doch obwohl sie fest entschlossen war, ihrem Geliebten in die Tiefen des Meeres nachzufolgen, war sie so schwach, dass sie den Rettungsversuchen der Männer keinerlei Widerstand mehr entgegensetzen konnte. Dmytro hob sie mit Leichtigkeit ins Boot und legte sie sorgfältig auf den Boden. Sofort hüllte man Doaa in eine Decke. Jemand drückte ihr einen feuchten Schwamm an die Lippen, damit sie ein bisschen Feuchtigkeit aufsaugen konnte. Als sie das süße Wasser schmeckte, flammte ein mörderischer Durst in ihr auf, schlimmer als je an den Tagen im salzigen Wasser der See. Sie machte ein Zeichen: mehr, mehr. Sie versuchte, mit der Hand nach der Wasserflasche zu greifen, war aber zu schwach. Ein Mann schob ihr einen Strohhalm zwischen die aufgesprungenen Lippen, und ihr ausgetrockneter Körper saugte die klare Flüssigkeit auf. Das Wasser schmeckte himmlisch, aber Doaa trank so schnell, dass sie sich erst einmal übergeben musste.

In der Zwischenzeit lagen Masa und Malak reglos da. »Wir müssen alles tun, um sie am Leben zu halten!«, sagte Dmytro. Dann funkte er an den diensthabenden Offizier auf dem Schiff, man möge die Küstenwache verständigen und einen Rettungshubschrauber schicken. Dmytro sollte sich später fragen: »War das ein Wunder? Oder Schicksal? Seeleute auf Handelsschiffen wie wir sind nicht ausgebildet für die Suche nach Überlebenden unter solchen Bedingungen. Dass wir sie gefunden haben, ist, als hätten wir eine Nadel im Heuhaufen entdeckt. Bei diesem Wetter hätten sie in dem kleinen Schwimmreifen keine Stunde mehr überlebt.«

Doaa lag wie leblos im Boot, schwach und ausgehungert. Sie konnte keinen Muskel mehr bewegen, während man sie zurück auf die CPO *Japan* brachte. Sie spürte die Wellen, die das Boot gegen das große Schiff drückten. Es waren mehrere Anläufe nötig, bevor man es wieder an Bord holen konnte. Als dies geschehen war, legten die Männer sie auf eine Trage. Sie konnte Masa und Malak nicht mehr sehen, nur viele neugierige, besorgte und gütige Augenpaare um sie herum. Niemand sprach Arabisch, aber man verstand sie, als sie den Männern sagte, dass sie nicht die Mutter der Mädchen sei.

Doaa zitterte auf ihrer Trage, denn sie trug immer noch ihre nassen Sachen. Ein Mann hielt ihr einen steif gebügelten, orangefarbenen Overall hin, wie ihn hier alle trugen.

Irgendwie schaffte sie es, ihnen zu signalisieren, dass sie sich selbst und allein umziehen wolle. Die Männer schienen das zu verstehen. Sie bildeten einen Kreis um sie herum, mit dem Rücken zu ihr, und Doaa zog, ohne ihr Schamgefühl verletzen zu müssen, ihre nassen Sachen aus und schlüpfte in den Overall. Es erforderte all ihre Kraft, ihn überzustreifen. Als sie mit der Hand über ihren hämmernden Kopf fuhr, verfingen ihre Finger sich in dem weißen Haargummi, den sie immer noch trug. Sie erinnerte sich an das Lächeln auf Bassems Gesicht, als er ihr dieses kleine Geschenk machte. Tränen liefen ihr übers Gesicht. Ihre Gefühle ließen sich nicht mehr zurückdrängen. Sie fühlte sich so nackt. Hätte sie doch nur einen Schleier gehabt, um ihr Haar zu bedecken! Sie war noch nie mit unbedecktem Haupt in Gegenwart nicht zur Familie gehörender Männer gewesen. Doaa legte die Hand auf ihre Halskette und ertastete mit den Fingern die beiden Anhänger, die Bassem ihr geschenkt hatte und die ihr so viel bedeuteten: die Flagge der syrischen Opposition und eine Kugel, die Bassem kurz vor seiner Flucht in Dara'a aufgesammelt hatte.

Dann riss sie sich zusammen und untersuchte die Sachen und Dokumente, die sie so sorgfältig in Plastik verpackt hatte. Dies waren nun ihre einzigen Besitztümer. Aber es war alles noch da und unbeschädigt. Und so reichte sie sie voller Vertrauen einem der Männer, die sie aus dem Wasser gezogen hatten: ihr Pass und der von Bassem, ihr Verlobungsvertrag, die fünfhundert Euro in zusammengerollten Banknoten, ihr Handy und ihren geliebten Koran. Dann brach sie auf Deck zusammen. Ihre letzte Kraft hatte sie verlassen. Die Seeleute halfen ihr zurück auf die Trage und brachten sie unter Deck in eine kleine Kabine. Sorgsam hob man sie in ein Bett, schob ihr ein weiches Kissen unter und deckte sie mit einer warmen Decke zu.

Die nächste Station der Küstenwache, die über einen Rettungshubschrauber verfügte, war auf Kreta. Daher gab man dem Kapitän per Funk durch, er möge die Insel ansteuern. Es würde mindestens vier Stunden dauern, bis sie dort ankamen, vier Stunden also, bis Doaa und die Mädchen die dringend benötigte medizinische Hilfe bekämen. Der Kapitän ließ die Motoren anwerfen und befahl volle Fahrt.

In der Zwischenzeit leisteten die Männer mit dem, was an Ausrüstung vorhanden war, Erste Hilfe bei Masa, Malak und Doaa. Ein Mann reichte Doaa einen Schokoriegel. Sie ließ ihn auf der Zunge schmelzen. Es schmeckte wunderbar, aber dann kratzte der viele Zucker sie im Hals. Sie musste husten und konnte gar nicht mehr aufhören. Jemand legte ihr eine Sauerstoffmaske übers Gesicht. So ging es wieder. Sie fühlte sich, als schaukle sie noch immer auf dem Meer. Wann immer sie die Augen öffnete, konnte sie kaum glauben, wirklich auf einem Schiff zu sein, sicher und am Leben.

In jener Nacht fiel Doaa immer wieder in unruhigen Schlaf. Einmal, als sie erwachte, sah sie, wie die Männer mit ihr Selfies machten. Es störte sie nicht. Sie wusste, dass es gute Menschen waren, und fühlte sich sicher in ihrer Obhut. »Gott hat mich ihnen anvertraut«, dachte sie und fiel in einen leichten Schlaf. In einem fort träumte sie vom Ertrinken oder Ersticken. Einmal wachte sie auf, weil sie sich übergeben musste. In dem Traum war sie unter Wasser gesunken und versuchte verzweifelt, an die Oberfläche zu gelangen. Plötzlich schreckte sie auf und erblickte einen Mann, der neben ihrem Bett stand. Man hatte ihre Kleider gewaschen, sorgfältig gebügelt und zusammengefaltet. Sie dufteten nach Seife. Dann legte der Mann ihre Dokumente, das Geld und ihren Koran auf ihr T-Shirt und packte dann alles zusammen in eine Plastiktüte. Diese

gütige Geste tröstete Doaa, und so ließ sie sich wieder zurück ins Bett fallen und schloss die Augen.
Während Doaa gegen ihre Alpträume ankämpfte, versuchten die Männer verzweifelt, die beiden Mädchen zu retten. Ein Mitglied der Mannschaft sprach mit einem Arzt von der Malteser Küstenwache, der ihm sagte, was man für die Kinder tun konnte. Da kein Arzt oder Sanitäter an Bord war, mussten die Männer sich auf ihre eigenen Erste-Hilfe-Kenntnisse verlassen. Man sagte dem Arzt, dass die Mädchen schlecht aussähen – beide waren bewusstlos, atmeten nur flach, und ihre Körpertemperatur war gefährlich niedrig. Doaa war ebenfalls in schlechtem Zustand. Sie war schwach und konnte nichts als kaum verständliche Worte äußern. Doch die Mädchen schienen dem Tod näher zu sein als dem Leben. Der Arzt bat die Seeleute, den Mädchen nur kleine Schlucke warmes Wasser zu geben und sie mit einer Wärmflasche in warme Decken zu wickeln. Vermutlich seien sie unterkühlt. Man müsse so schnell wie möglich ihren Körper wärmen. Ein Mann überwachte ständig die Atmung und maß ihre Körpertemperatur.
Fünf Stunden nachdem man sie aus dem Wasser gezogen hatte, hörte Doaa einen Hubschrauber. Da kamen auch schon ein paar Seeleute in ihre Kabine und gaben ihr durch Gesten zu verstehen, dass sie nun weitertransportiert werden sollte. Doaa versuchte aufzustehen, doch ihre Beine konnten ihr Gewicht nicht tragen. Sie fiel zurück aufs Bett. Sechs Männer standen um sie herum und hoben sie hoch. So trugen sie Doaa aufs Oberdeck, über dem der Hubschrauber flog. Man seilte einen Rettungskorb ab. Der Boden des Korbes war Flechtwerk aus Metallstangen und Seilen und hing an mit Gummipuffern gesicherten Seilen, die zu einem Kabel führten. Wenn man die Seile anzog, wurde aus dem flachen Geflecht ein pyramiden-

ähnlicher Käfig. Der Wind fing sich in Doaas Haar. Ihr war kalt, als ein Mann mit einer Weste und einem Helm sie hochhob und in den Korb setzte. Sie war so schwach, dass sie nicht aufrecht sitzen konnte. Der Mann kniete sich neben sie und hielt sich an den Seilen fest. Während man sie zum Hubschrauber hinaufzog, lächelte er ihr aufmunternd zu. Aus sicherer Entfernung sah sie hinunter auf die schwarze, aufgewühlte See. Sie dachte: »Ich kann das Meer jetzt nicht mehr hassen, weil Bassem jetzt ein Teil davon ist.« Da fiel ihr ein, was er zu ihr gesagt hatte: »Wenn ich sterbe, wünsche ich mir nur, dass du glücklich wirst.«

Zwei starke Arme streckten sich aus dem Hubschrauber ihr entgegen und zogen sie in die Kabine. Doaa war erstaunt, darin andere Überlebende zu sehen. Der Erste, auf den ihr Blick fiel, war Mohammad – der Mann, der gemeinsam mit dem Afrikaner zu dem ersten Schiff hingeschwommen war und ihr versprochen hatte zurückzukommen, was er nicht getan hatte. Das Schiff war also doch keine Einbildung gewesen. »Du bist da«, sagte er ohne jede emotionale Regung in der Stimme. Doaa wandte den Blick ab. Sie hatte dem Mann, der nicht zurückgekommen war, um die drei Mädchen zu retten, nichts zu sagen. Dann bemerkte sie Shoukri, den Palästinenser, der Frau und zwei Kinder verloren hatte, gleich nachdem der Fischkutter gesunken war. Er saß stumm da und starrte durch das Fenster hinaus aufs Meer. Sie erkannte zwei andere Männer, erinnerte sich aber nicht an ihre Namen. In den Armen eines Crewmitglieds lag die kleine Masa, eng in eine weiße Fleecedecke eingewickelt. Ihre winzigen nackten Füßchen ragten seitlich heraus. Sie bewegte sich nicht einmal. »Bitte, bitte, lass sie am Leben sein«, betete Doaa. Ihr Blick wanderte unruhig über die Bänke. Sie suchte nach Malak, vergeblich. Vielleicht würde man sie jetzt erst heraufziehen, dachte Doaa. Doch die Tür schloss

sich, und der Hubschrauber setzte sich in Bewegung. Doaa machte ein Crewmitglied auf sich aufmerksam. »Malak?«, rief sie voller Verzweiflung. »Das Baby!?«
Es war zu laut im Hubschrauber. Sie verstand nicht, was der Mann zu ihr sagte. Aber selbst wenn sie ihn akustisch verstanden hätte: Der Mann sprach Englisch. Sie fragte wieder. Diesmal übersetzte einer der anderen Überlebenden für sie. Die kleine Malak sei gestorben, sagte er Doaa. Die Mannschaft habe alles versucht, um sie wiederzubeleben, doch es war vergeblich. Doaas Kehle schnürte sich zu, als sie diese Nachricht hörte. Sie begann zu schluchzen. Es fühlte sich an, als habe man ihr das Herz herausgerissen, genau dort, wo bis vor kurzem noch Malak ihr Köpfchen hingebettet hatte. Diese Ungerechtigkeit verschlug Doaa den Atem. Da hatte Malak vier Tage im Wasser überlebt, nur um in dem Moment zu sterben, in dem sie in Sicherheit war. Erschüttert fragte Doaa sich, ob die Kleine wohl auch gestorben wäre, hätte Doaa sie weiter im Arm gehalten und ihr Kinderlieder und Verse aus dem Koran vorgesungen, wie sie es im Wasser gemacht hatte. Ein Arzt näherte sich Doaa und fühlte besorgt ihren Puls. Dann wandte er sich eilig ab und ging zu Masa hinüber, die flach auf dem Rücken lag. Er machte eine Herzmassage, drückte mit der flachen Hand immer wieder rhythmisch auf ihre Brust. Doaa hielt den Atem an. Sie würde es nicht überstehen, sollte auch Masa sterben. Nach einigen schrecklichen Sekunden hörte der Arzt auf mit der Herzmassage und setzte sich wieder aufrecht hin, ein erleichtertes Lächeln auf dem Gesicht. Masa atmete wieder, und eine zarte Hoffnung keimte in Doaas Herz auf.
Eine Stunde später landete der Hubschrauber auf einem Militärstützpunkt nahe der Hafenstadt Chania im Westen von Kreta. Zwei Krankenwagen warteten bereits am Landeplatz. Als die Sonne sich gerade über den Horizont

zu erheben begann, hob man Doaa auf eine Trage und brachte sie fort.
Als sie wieder erwachte, lag sie im Krankenhaus. Ein Polizist saß neben dem Bett und sprach sie in einer Sprache an, die Doaa noch nie gehört hatte. Neben ihm stand ein Mann, in etwa so alt wie ihr Vater, und redete auf Arabisch mit ihr, mit starkem ägyptischem Einschlag. Er fragte sie nach ihrem Namen, woher sie komme, und erklärte ihr, dass sie jetzt in einem griechischen Krankenhaus liege und in Sicherheit sei. Dann begann er, die Fragen des Polizisten zu übersetzen: Von wo aus sei der Fischkutter der Schleuser abgefahren? Wer sei alles darauf unterwegs gewesen? Wie viele Menschen in etwa? Wohin wollten sie? Wer waren die Schleuser? Wie war der Kutter untergegangen? Die Fragen machten Doaa fast schwindlig. Am liebsten hätte sie einfach weitergeschlafen. Sie sagte ihnen, so schnell sie es eben hervorbrachte, dass eine Bande von Schurken das Schiff absichtlich versenkt hatte und dass fast alle der gut fünfhundert Passagiere dabei das Leben verloren hatten. Der Polizist wollte wissen, ob die Mädchen, die Doaa bei sich gehabt hatte, ihre Töchter gewesen seien. Als sie den Kopf schüttelte, fragte er: »Wie kommt es, dass das nicht Ihre Kinder waren?« Sie empfand diese Frage als merkwürdig, erklärte dann aber, dass das Mädchen, das noch lebe, Masa heiße und aus Syrien komme wie Doaa. Das andere Mädchen, Malak, stamme aus dem Gazastreifen und sei die einzige Überlebende einer siebenundzwanzigköpfigen Familie, die ebenfalls auf dem Schiff gewesen sei. Leider sei Malak dann auch gestorben. Unter Tränen erzählte Doaa, dass die Mädchen ihr von ihren Familien anvertraut worden waren und dass sie versucht hatte, sie durchzubringen. Wieder überfiel sie angesichts von Malaks Tod tiefe Trauer, und sie weinte sich in den Schlaf.

Als sie das nächste Mal erwachte, sah Doaa, dass man sie in ein großes Krankenzimmer verlegt hatte, in dem auch andere Patienten lagen. Sie zog die Decke weg und betrachtete verwundert ihre Arme und Beine, die voller hässlicher violetter und schwarzer Flecken waren. Sie wollte aufstehen, um auf die Toilette zu gehen, fiel dabei aber hin. Als sie versuchte, sich vom Boden hochzuziehen, fühlte sie einen scharfen Schmerz in den Beinen. Sie fragte sich, ob sie vielleicht nicht mehr laufen konnte. Neben dem Schmerz in den Beinen taten Doaa auch die Arme weh, die sie tagelang in der immer gleichen Haltung um Masa und Malak geschlungen gehabt hatte. Sogleich kam eine Krankenschwester, half ihr auf einen Rollstuhl und schob sie ins Bad. Drinnen gab Doaa ihr mit Gesten zu verstehen, dass sie nun gerne allein bleiben wollte. Die Schwester schloss die Tür hinter sich. Doaa zog sich mit beiden Armen hoch und stützte sich am Waschbecken ab. Sie erkannte ihr Gesicht im Spiegel kaum wieder. Sie hatte einen starken Sonnenbrand, die Haut schälte sich in Fetzen ab. Ihre Augen musterten sie, als gehörten sie einer Fremden, die ihr mit verlorenem Blick gegenüberstand. Sie fuhr sich mit den Fingern durch das unordentliche Haar. Dabei blieben ihr ganze Büschel in den Händen. Offensichtlich hatte sie geschrien, denn die Schwester kam herbeigestürzt und öffnete mit besorgtem Blick die Tür. Sie half Doaa zurück in den Rollstuhl und brachte sie wieder ins Bett. Doaa war glücklich, ihrem grausigen Spiegelbild entronnen zu sein.

Wieder im Bett, fragte sie sich, ob sie ihre Mutter anrufen sollte. Aber was sollte sie ihr sagen? Wie konnte sie ihr berichten, was geschehen war? Außerdem war ihr immer noch schwindlig. Sie fühlte sich desorientiert und hatte Mühe, sich an eine Telefonnummer zu erinnern. Doaa griff nach dem Handy, doch das war natürlich tot. Sie starrte es an und dachte: »Genauso fühle ich mich auch: tot, obwohl ich am Leben bin.«

Die kleine Masa war in eine andere Klinik gebracht worden, die Universitätsklinik von Kreta in Heraklion. Dort gab es eine Intensivstation für Kinder. Dr. Diana Fitrolaki, die sich um Masa kümmerte, meinte, das Mädchen sei mehr tot als lebendig gewesen, als man sie dorthin gebracht habe. Sie hatte akutes Nierenversagen, war unterkühlt und vollkommen ausgetrocknet. Dementsprechend war sie nur die Hälfte der Zeit bei Bewusstsein. Die Ärztin wusste nicht, ob sie, wenn sie erwachen würde, nicht einen Hirnschaden davongetragen hätte. Einen Fall wie Masa hatte man in der Klinik noch nie gesehen. Das Team dort arbeitete rund um die Uhr, um sie zu retten. Sie wurde künstlich beatmet und bekam Infusionen, um Flüssigkeit und Glukose in ihren Organismus zu bringen. Die Schwestern, die sich um sie kümmerten, nannten sie Nadja. Sie nahmen sie häufig auf den Arm und sangen ihr Lieder vor. Die Kleine wurde nicht eine Minute aus den Augen gelassen.

Bald tauchte auch die Presse auf. Masas Überlebenskampf wurde in Griechenland zur Topstory. Ein Foto von der Kleinen in ihrem Krankenhausbettchen, wie sie mit großen, traurigen Augen in die Kamera blickte, wurde in allen Zeitungen und auch im Internet veröffentlicht. Am vierten Tag nach der Rettung trat Krankenhausdirektor Nikos Haritakis vor die Kameras und verkündete: »Das Kind hat lange Tage und Nächte gegen die Wellen gekämpft. Als sie hierherkam, war sie vollkommen ausgetrocknet, hatte schweren Sonnenbrand und litt unter einem gefährlichen biochemischen Ungleichgewicht der Blutsalze. Und doch konnten wir sie innerhalb von vier Tagen von der Beatmungsmaschine nehmen. Heute ist sie sich ihrer Umwelt klar bewusst. Sie isst und trinkt normal und ist in gutem Zustand. Ein so kleines Mädchen hätte von der Austrocknung leicht einen irreversiblen Gehirnschaden davontragen können.«

Sobald sich die Nachricht verbreitete, dass das Wunderbaby sowohl den Schiffbruch als auch die vier Tage im Wasser überlebt hatte, kamen Anrufe von griechischen Familien aus dem ganzen Land, die anboten, das Kind zu adoptieren. Direktor Haritakis schätzt, dass gut fünfhundert Anfragen eingingen. Niemand konnte der hübschen Kleinen widerstehen, die ein so schreckliches Schicksal ereilt hatte.

Nach einer gut viertägigen Behandlung erholte Doaa sich im Krankenhaus allmählich, zumindest körperlich. Man brachte sie in ein Heim für alte Menschen, wo sie wieder ganz auf die Beine kommen sollte. Die Medien hatten sie zur Heldin ernannt, weil sie »Baby Nadja« gerettet und selbst so lange im Mittelmeer überlebt hatte. Der Ägypter, der für sie übersetzt hatte, als sie im Krankenhaus wieder zu Bewusstsein gekommen war, besuchte sie häufig mit seiner Frau. Sie brachten ihr Sachen zum Anziehen und boten an, sie bei sich zu Hause aufzunehmen. Die Familie hatte selbst vier Töchter, eine davon in Doaas Alter. Sie sei herzlich willkommen, versicherte man ihr, und es mache überhaupt keine Probleme. Außerdem sei sie ja jetzt allein in einem fremden Land. Sie brauche Schutz. Die griechischen Behörden boten ihr an, sie in einer kleinen Wohnung unterzubringen. Man werde ihr Geld für den Lebensunterhalt zur Verfügung stellen. Außerdem könne sie in Griechenland Asyl beantragen.

Doaa wusste aber, dass sie in einem fremden Land alleine nicht zurechtkommen würde. Und so nahm sie das Angebot der ägyptischen Familie an. Nach zwei Tagen im Altersheim zog sie zu der Familie nach Chania. Man hatte ihr ein Bett im Zimmer der Mädchen aufgestellt. Das bescheidene und gemütliche Heim, die vertrauten Familienrituale und die ägyptische Küche linderten Doaas Leid ein wenig.

Aber sie wusste natürlich, dass ihre Eltern vermutlich verrückt vor Sorge waren. Sie hatten mehr als eine Woche lang nichts von ihr gehört. Doaa war zu krank und zu desorientiert gewesen, um sie anzurufen. Immer wenn sie zum Telefon griff, versuchte sie, sich an die Telefonnummern zu erinnern – vergeblich. Und sie überlegte, was sie sagen sollte. Allein die Vorstellung, ihnen erzählen zu müssen, was ihr und Bassem passiert war, erschöpfte sie, und so flüchtete sie sich in den Schlaf. Doch natürlich musste dieser Anruf irgendwann einmal getätigt werden. Doaa zermarterte sich das Gehirn, um sich an eine der Telefonnummern zu erinnern, die ihrer Eltern, ihrer Schwestern, ihrer Freundinnen. Bis sie schließlich auf die Idee kam, die SIM-Karte aus dem kaputten Telefon zu nehmen. Ihre Gastgeber hatten ihr ein Handy gegeben, in das sie die Karte einsetzte. Sie wusste, wenn sie Freunden ein Foto über WhatsApp schickte, dann wurde die Telefonnummer des Empfängers über dem Foto angezeigt. Also öffnete sie auf dem neuen Telefon sofort den Messenger-Dienst und ging die Kontakte-Liste durch. Die erste Nummer, die sich vielleicht als hilfreich erweisen konnte, war die einer Freundin in Ägypten. Sie wählte die Nummer, doch es war mitten in der Nacht. Niemand antwortete. Sie fühlte sich müde, und es ging ihr alles unendlich langsam von der Hand, doch sie scrollte weiter durch ihre Telefonkontakte. Schließlich stolperte sie über ein Foto, das ihr ihre Schwester Ayat, die jetzt im Libanon lebte, geschickt hatte. Über dem Foto stand Ayats Nummer, die Doaa sofort eintippte.

Es klingelte ein paarmal, dann hörte sie die schlaftrunkene Stimme ihrer Schwester: »Hallo?«

»Ayat, hier ist Doaa!« Das Reden strengte sie immer noch enorm an. Die nächtlichen Hilferufe auf dem Meer hatten ihr beinahe die Stimme geraubt.
»Doaa! Wo warst du denn?« Ayat klang erleichtert. Doaa hätte fast angefangen zu weinen, als sie die Stimme ihrer Schwester hörte. Von ihr erfuhr Doaa, Hanaa hätte sich vor zwei Tagen ganz verzweifelt nach ihr erkundigt. Ayat hatte nicht gewusst, dass Doaa und Bassem auf einem Schiff nach Italien unterwegs waren, das schon längst hätte eintreffen sollen. Doch seit diesem Anruf war auch Ayat in großer Sorge.
»Wo ist Bassem?«
»Bassem schläft in der Moschee, denn wir sind hier nur Mädchen, und da kann er nicht hierbleiben«, log Doaa. Sie brachte es einfach nicht über sich, ihrer älteren Schwester zu sagen, dass Bassem tot war. Würde sie die Worte aussprechen, wäre das Geschehene unumkehrbare Realität. Dann sagte sie Ayat, dass sie auflegen müsse, weil sie ein geliehenes Telefon benutze.
»Du musst Mama anrufen und ihr sagen, dass es dir gutgeht«, sagte Ayat.
»Ich werde sie anrufen, aber ich kann mich nicht an ihre Nummer erinnern. Bitte gib sie mir, dann rufe ich sie an«, versprach Doaa, bevor sie auflegte.
Doaa konnte keinen klaren Gedanken mehr fassen. Sie lag die ganze Nacht wach. Was sollte sie ihrer Familie nur wegen Bassem sagen? Auf einmal wusste sie nicht mehr, was Wirklichkeit war und was sie sich nur eingebildet hatte. Sie hatte tagelang nur ans Überleben gedacht und daran, wie sie die Mädchen am Leben halten sollte. Jetzt aber wusste sie nicht mehr, was sie als Nächstes tun sollte. Masa und Malak hatten ihrem Leben einen Sinn gegeben, und dieser Sinn war jetzt fort. Vorher hatte sie nur gemeinsam mit Bassem Pläne gemacht. Jetzt aber war sie allein. Wenn

sie mit ihren Eltern redete, würde sie sich eingestehen müssen, dass er nicht mehr da war. Dann würde sie sich einem Leben ohne ihn stellen müssen. Und dem Gefühl, dass sie für seinen Tod verantwortlich war. Als Bassem umkehren wollte, hatte sie darauf bestanden, die Reise fortzusetzen, obwohl sie selbst schlimme Vorahnungen gehabt hatte.
Als sie begriff, dass sie das Gespräch nicht mehr länger hinausschieben konnte, griff sie zum Telefon und rief ihre Mutter an.

Von dem Augenblick an, da Hanaa und Shokri Doaa und Bassem verabschiedet hatten, waren diese in Sorge gewesen. Hanaa hatte düstere Vorahnungen, dass sie die beiden niemals wiedersehen würde. Nach Doaas letztem Anruf, als sie ihren Eltern mitteilte, dass sie den Strand gleich erreichen würden, von dem aus das Schiff ablegen sollte, waren entweder Hanaa oder Shokri zu Hause geblieben, um das Telefon besetzt zu halten. Außerdem wollten sie auf diese Weise neugierigen Fragern aus dem Weg gehen. Nach fünf Tagen ohne die geringste Nachricht war Hanaa außer sich vor Sorge. Die Überfahrt hätte allerhöchstens vier Tage dauern sollen. Sie rief Doaas Freunde an und bat sie, doch auf *Fleeing from Death to Death* nachzusehen, einer Facebook-Seite, auf der Nachrichten über Flüchtlingsboote und deren sichere Ankunft in Europa veröffentlicht wurden. Auf der Seite waren viele Schiffe verzeichnet, doch keines, das Gamasa am 6. September verlassen hatte.
Hanaa versuchte, sich einzureden, dass die beiden es geschafft und nur noch keine Möglichkeit gefunden hatten, sie zu kontaktieren. Oder vielleicht hatte das Schiff auf See einen Motorschaden erlitten, und sie warteten nun darauf, gerettet zu werden. Shokri fragte sich, ob sie es vielleicht

nicht auf das Schiff geschafft hatten wie die Male zuvor und jetzt irgendwo im Gefängnis saßen, ohne einen Anruf tätigen zu können. Die einzige Möglichkeit, die sie nie erwähnten, war, dass Doaa und Bassem auf See den Tod gefunden haben könnten.

Dann tröpfelten von Freunden und Angehörigen widersprüchliche Nachrichten herein. Auf dem Weg zum Laden hörte Nawara, dass das Schiff gesunken sei, Doaa und Bassem aber zu den etwa zweihundert Überlebenden gehörten. Dann wieder sagten Nachbarn zu Saja, dass Doaa und Bassem tot seien. Die Schwestern behielten diese Gerüchte für sich, weil sie ihren Eltern Angst und Aufregung ersparen wollten.

Etwa sechs Tage, nachdem sie zum letzten Mal mit Doaa gesprochen hatte, hörte auch Hanaa, dass ein Schiff im Mittelmeer gesunken sein sollte – ohne Überlebende. Sie fürchtete schon das Schlimmste, wollte aber ihre Familie nicht beunruhigen. Und sich selbst nicht eingestehen, dass Doaa vielleicht tot sein könnte. Dann, am 18. September, zwölf Tage, nachdem Doaa und Bassem aufgebrochen waren, klopften einige Nachbarn an die Tür der Al Zamels und fragten, ob sie nicht hereinkommen dürften, sie hätten Neuigkeiten. Nach dem Ausdruck auf ihren Gesichtern zu urteilen, ging es um Doaa und Bassem. Hanaa hatte viel zu viel Angst, um zu fragen. Die Frauen gingen auf den Balkon hinaus, die Männer setzten sich mit düsteren Gesichtern ins Wohnzimmer.

Gerade als der Erste den Mund öffnen wollte, läutete Hanaas Telefon. Sie griff danach, glücklich, die angespannte Stille durchbrechen zu können, froh, die Botschaft, die man ihr gleich überbringen würde, noch ein wenig von sich fernhalten zu können. »Wer ist am Apparat, und worum geht es, bitte?« Das war für Hanaa erstaunlich abrupt.

»Mama, ich bin's, Ayat! Hör mal, Doaa lebt!« Es war Ayat, die ihrer Mutter sogleich von dem Anruf um drei Uhr morgens berichten wollte. Doaa sei in Sicherheit und lebe bei einer Familie in Griechenland.

»Gott sei's gedankt!« Hanaa bekam schwache Knie vor Erleichterung.

Sie erzählte Ayat, sie habe vor einigen Tagen von einem Schiffbruch gehört, habe aber niemanden beunruhigen wollen. Dann fragte sie Ayat nach Bassem.

»Doaa hat gesagt, dass er in einer Moschee schläft, aber sie hat dabei komisch geklungen«, antwortete Ayat. »Ich weiß nicht. Sie war total durcheinander. Irgendwie hat sich das, was sie sagte, falsch angehört.« Ayat gab Hanaa Doaas Nummer in Griechenland, damit sie selbst mit ihr sprechen könnte.

Hanaa wählte sofort die Nummer, kaum dass Ayat aufgelegt hatte. Eine Frau ging ans Telefon und sagte etwas auf Arabisch. Hanaa fragte ein wenig ängstlich, ob sie ihre Tochter Doaa sprechen könne.

Nach einigen langen Sekunden Wartezeit ging Doaa ans Telefon. »Mama, es geht mir gut. Ich rufe dich an, wenn ich mich besser fühle.« Sie klang schwach und unendlich weit weg.

Trotzdem war Hanaa erleichtert. Irgendwie kam es ihr komisch vor, dass Doaa sofort einhängen wollte. »Wo ist Bassem?«

»Er ist im Supermarkt«, versetzte Doaa kurz.

Hanaa spürte, dass etwas nicht stimmte. Doaa antwortete normalerweise nicht so, und nie zuvor hatte sie es eilig gehabt aufzulegen. Sie bat darum, noch einmal mit Doaas Gastgeberin sprechen zu dürfen. Als die Frau wieder am Apparat war, drängte Hanaa auf Einzelheiten. »Es geht ihr gut«, versicherte ihr die Frau und versprach, Doaa so zu behandeln, als sei sie ihre eigene Tochter. Als Hanaa nach

Bassem fragte, hörte sie wieder, er sei weggegangen. Und das war's. Die Anspannung in der Stimme ihrer Gesprächspartnerin verriet Hanaa, dass Doaa noch in der Nähe war, daher fragte sie, ob sie allein mit ihr sprechen könne. Ein paar Sekunden vergingen, dann sprach die Frau weiter, diesmal deutlich ungezwungener. Sie sagte Hanaa, sie vermute, Bassem sei ertrunken wie der Großteil der anderen Passagiere. Doaa aber weigere sich, das wahrzuhaben. Sie meinte, Doaa sei eine Heldin. Sie habe vier Tage in einem Schwimmreifen auf hoher See überlebt und ein kleines Mädchen gerettet. »Doaa hat ein gutes Herz. Sie ist hier bei uns sicher. Danken Sie Gott, dass sie noch am Leben ist.« Dann flüsterte die Frau ins Telefon: »Möge Bassem in Frieden ruhen.« Und dann gab sie das Telefon weiter an Doaa.

Doaas Stimme klang so schwach, dass man sie kaum wiedererkannte. Hanaa hätte am liebsten losgeweint, doch sie wusste, dass sie jetzt für Doaa stark sein musste. »Sag etwas, meine Tochter, damit dein Vater und unsere Nachbarn dich hören können.« Die Familie und die Nachbarn umringten Hanaa, als sie erfuhren, dass Doaa lebte. Hanaa stellte das Telefon auf Lautsprecher und sagte: »Alle sind hier und fragen nach dir.«

»Ich bin okay«, versicherte Doaa. Mehr brachte sie nicht heraus.

Beim Klang ihrer Stimme brachen alle, die sich in Hanaas Wohnzimmer versammelt hatten, in Tränen aus.

»Gönn dir Ruhe, Doaa«, sagte Hanaa und versprach, gleich am nächsten Tag wieder anzurufen.

Jede Nacht wurde Doaa von Alpträumen heimgesucht und wachte schweißgebadet auf. Immer wieder sah sie vor sich, wie Bassem vor ihren Augen in den Fluten versank. Diese Träume überfielen sie Nacht für Nacht, trotzdem hatte Doaa Mühe, die Realität des Vorgefallenen zu akzeptieren. Erst ganz allmählich konnte ihr Bewusstsein die Tatsache akzeptieren, dass Bassem tot war. Tagsüber, wenn sie allein zu Hause war, wurde sie von Trauer überwältigt. An manchen Tagen trat sie auf den Balkon der Wohnung hinaus, sah zum Himmel hinauf und stellte sich Bassem dort vor. »Wenn du nur heute hier bei mir wärst!«, sagte sie dann, das Gesicht den Wolken zugewandt, als hoffe sie auf eine Antwort. »Mein Glück ist verloren ohne dich.« An anderen Tagen tat Doaa so, als sei Bassem noch am Leben. Dann hing sie ihren Tagträumen nach und stellte sich vor, wie sie ihm im Einkaufszentrum von Chania über den Weg lief. Sie würden sich in die Arme fallen und ein neues Kapitel in ihrer Liebesgeschichte würde beginnen. Sie brachte es einfach nicht über sich, ihrer Familie von Bassems Tod zu erzählen. Als Shokri einmal mit seiner Tochter telefonierte, fragte er sie, wie sie denn mit Bassems Tod fertig würde. Und Doaa sagte unwillkürlich: »Er ist nicht tot, Papa. Er ist am Leben.«

In der Zwischenzeit verbreitete sich in den sozialen Medien der arabischen Welt die Nachricht, dass eine junge Frau einen der schlimmsten Schiffbrüche im Mittelmeer überlebt und ein kleines Mädchen gerettet hatte. Da Freunde und Familien von Vermissten verzweifelt auf Neuigkeiten warteten, schöpften sie durch Doaas Geschichte neue Hoffnung. Ein Freund ihrer Gastgeberfamilie veröffentlichte Doaas Telefonnummer auf einer Facebook-Seite für die Angehörigen der Opfer. Innerhalb von Minuten trafen Hunderte Anfragen und Telefonanrufe ein. »Wissen Sie, was mit meiner Tochter geschehen ist?« – »Ist mein Sohn noch am Leben?« – »Hat meine Mutter überlebt?« – »Hier ein Foto meiner Schwester. Haben Sie sie zufällig gesehen?« – »Haben Sie meinen Vater gesehen?« – »Haben Sie meinen Onkel gesehen?« – »Haben Sie meinen Freund gesehen?« Die Flut der Nachrichten war zu viel für Doaa, und doch tat sie ihr Bestes, um auf die Anfragen zu antworten. Sie bat um Fotos der Vermissten, damit sie sehen konnte, ob sie jemanden wiedererkannte. Wie aber sollte sie ihnen sagen, dass es keine Hoffnung gab? Dass sie nur von sechs Überlebenden in Griechenland wusste, zu denen sie selbst gehörte, und von fünf anderen, die man nach Malta gebracht hatte? Mehr waren es nicht. Sie erkannte auf den Fotos einige der Ertrunkenen wieder. Aber wie sollte sie das den verzweifelten Angehörigen mitteilen?

Unter den Kommentaren, die sie erhielt, waren auch bösartige: »Wie kommt es, dass ihr als Einzige überlebt habt? Ihr habt wohl mit den Schleusern gemeinsame Sache gemacht!« Die vielen Nachrichten zu lesen, erschöpfte Doaa. Jede einzelne erinnerte sie an die Todesfälle, deren Zeugin sie geworden war, und wühlte die Trauer um Bassem und Malak wieder auf.

Dann erreichte sie eines Tages eine Nachricht von einem gewissen Mohammad Dasuqi auf ihrem Handy: »Doaa, ich glaube, du hast meine Nichte Masa gerettet.« Auf ihrem Display sah sie ein Bild von einem kleinen Mädchen in einem blauen Kleid mit weißen Stiefmütterchen darauf. Doaa sah sich das Bild genau an. Das Mädchen, das in die Kamera lächelte, war tatsächlich Masa, das Kind, das Doaa auf See vier Tage lang in den Armen gehalten hatte.

Doaa streckte ihrer Pflegemutter hier Handy hin und rief aus: »Masa hat eine Familie!« Diese Nachricht zauberte Doaa ein breites Lächeln aufs Gesicht. Zum ersten Mal seit dem Schiffbruch war sie glücklich. Endlich konnte sie jemandem eine gute Nachricht schicken: »Ja, das ist die kleine Masa, die zusammen mit mir gerettet wurde.«

Doaa erfuhr, dass Mohammad Dasuqi der achtundzwanzig Jahre alte Bruder von Masas Vater Imad war. Er lebte als Flüchtling in Schweden zusammen mit Masas älterer

Schwester, der achtjährigen Sidra. Er hatte damals nur genug Geld für zwei Leute gehabt, hatte aber beantragt, die Familie nachholen zu dürfen, seine Frau, seine kleine Tochter und Sidras Eltern und Geschwister. Doch es war über ein Jahr vergangen, und die schwedischen Behörden hatten die nötigen Papiere immer noch nicht ausgestellt. Da wollte Masas Vater nicht länger warten und beschloss, die Dinge selbst in die Hand zu nehmen. Wenn Mohammad und Sidra es sicher nach Europa geschafft hatten, dann musste doch auch der Rest der Familie dorthin zu bringen sein. Er vertraute sich den Schleppern an. Bevor er an Bord des alten Fischkutters ging, machte er ein Foto von Sandra und Masa, auf dem die beiden nebeneinanderstanden, jede in eine leuchtend orangefarbene Rettungsweste gehüllt. Sandra legte ihren Arm selbstsicher um Masas Schultern. Er schickte das Bild seinem Bruder, weil er sicher war, dass sie alle bald wieder vereint sein würden. Als Mohammad von dem Schiffbruch hörte und dass fast alle an Bord ums Leben gekommen waren, wurde ihm das Herz schwer. Er wusste, dass sein Bruder, seine Schwägerin und die beiden Mädchen auf dem Schiff gewesen waren. Vermutlich waren sie tot. Dann las er von der neunzehnjährigen Syrerin, die überlebt und ein zweijähriges Mädchen gerettet hatte. Er sah ein Bild des Kindes und verglich es mit dem Foto, das sein Bruder ihm geschickt hatte. Masa war also am Leben!

Sofort am nächsten Tag, nachdem er von Doaa die Bestätigung bekam, flog Mohammad Dasuqi nach Kreta. Er begab sich in das Krankenhaus, in dem die Kleine lag – er wollte seine Nichte sehen. Es sollte jedoch fast ein Jahr dauern, bis die UN-Flüchtlingshilfe und die schwedische Botschaft in Athen bestätigten, dass Mohammad tatsächlich mit Masa verwandt war. Man erkannte ihn als Erziehungsberechtigten an und leitete die Familienzusammenführung ein. Die ganze Zeit über lebte Masa in einem Waisenhaus in Athen, das auf die Behandlung traumatisierter Kinder spezialisiert war. Sie spielte mit anderen Kindern und lernte schnell Griechisch. Nach DNA-Tests und Gerichtsverhandlungen durfte Masa dann endlich zu ihrem Onkel, ihrer Tante, ihrer älteren Schwester und einer Cousine ziehen. Nun wartete auf sie ein neues Leben in Schweden.

***

Die Begegnung mit Masas Familie war für Doaa der Wendepunkt. Diese Erfahrung gab ihr das Gefühl, ihr Herz könne vielleicht doch geheilt werden. In einzelnen, flüchtigen Momenten begann auch sie zu hoffen, dass sie vielleicht eines Tages zusammen mit ihrer Familie ein neues Leben beginnen könnte. Doch die Nachrichten aus Ägypten waren niederschmetternd. In den Wochen nach ihrer Rettung baten Zeitungen und Nachrichtenagenturen aus aller Welt Doaa um Interviews. Natürlich wollte man wissen, unter welchen Umständen es zu dem Schiffbruch gekommen war. In vielen Artikeln zitierte man sie direkt, wie sie die Schleuser beschuldigte, den Fischkutter gerammt zu haben und für den Tod von gut fünfhundert Menschen verantwortlich zu sein. Doaa ahnte nicht, welche Tragweite – und welche Konsequenzen – dies haben sollte. Bis sie einen Anruf von ihrer Mutter erhielt.

»Jemand hat mich bedroht, Doaa!«, berichtete Hanaa ihrer Tochter. Doaa hörte die Angst in ihrer Stimme, dieselbe Furcht, die sie damals ausgestanden hatte, als ägyptische Männer gedroht hatten, Doaa und ihre Schwestern zu vergewaltigen. »Er hat gesagt: ›Sag Doaa, sie soll das Maul halten und nur ja keine Namen nennen. Wir wissen, wo ihr lebt!‹«

Das war der erste einer ganzen Reihe von anonymen Anrufen. Und jedes Mal bedrohte der Anrufer Doaas Familie.
Hanaa sagte, sie habe die Anrufe der Polizei gemeldet und auch das UN-Flüchtlingswerk UNHCR informiert. Dort man nahm die Drohungen sehr ernst. Man schickte jemanden, um mit der Familie zu reden, und riet, die Wohnung zu wechseln. »Aber ich will nicht umziehen«, meinte Hanaa zu Doaa. Und diese versicherte ihrer Mutter, dass sie von nun an keine Interviews mehr geben würde. Dann würden die Männer sie vielleicht in Ruhe lassen.
Doch nur wenige Tage später kam wieder ein angstvoller Anruf von ihrer Mutter. Sie war mit der Familie zu Hause gewesen, als jemand geklopft hatte. Draußen stand ein elegant gekleideter Ägypter und fragte höflich nach ihren Pässen. Er sei von der Polizei. Hanaa gab ihm die geforderten Dokumente, ohne zu überlegen. Er blätterte sie durch und las laut die Namen vor. »An dem Punkt bin ich misstrauisch geworden«, erzählte sie Doaa. Hanaa nahm ihm die Pässe aus der Hand und fragte ihn: »Warum brauchen Sie überhaupt unsere Pässe?«
»Ich habe nur überprüft, ob hier Syrer leben«, antwortete er und verließ das Haus. Hanaa lief sofort zur Polizeistation in ihrem Viertel und fragte, ob man einen Beamten zu ihnen geschickt habe, um die Pässe zu überprüfen. Als man ihr sagte, dass dies nicht der Fall sei, machte sie sich ernsthaft Sorgen und hoffte, der Familie nicht geschadet zu haben. Doch dann erhielt sie eine obszöne SMS, die mit den Worten endete: »Ich kenne die Namen deiner Töchter.«
Bald darauf merkten Saja und Nawara, dass sie auf dem Heimweg verfolgt wurden. Sie drehten sich um und sahen einen großen, gutgekleideten Mann, der anscheinend ein Messer in der rechten Hand hielt. Die Mädchen erkannten

den Mann sofort wieder: Es war derselbe, der sich als Polizist ausgegeben und nach ihren Pässen gefragt hatte. Voller Angst wechselten sie die Straßenseite und sprachen einen ihrer Nachbarn an, der gerade vorüberkam. Als die Mädchen Hanaa und Shokri erzählten, was passiert war, wurde ihnen klar, dass sie umziehen mussten. Hanaa meldete sich wieder bei der UNHCR, die jemanden vorbeischickten. Sie erzählten ihm die ganze Geschichte, von Doaa und den Drohungen und den sexuellen Belästigungen, denen die Mädchen ausgesetzt waren, bevor Hanaa und Shokri sie von der Schule nahmen. Der Vertreter der UNHCR meinte, dass sie aufgrund ihrer Situation am UNHCR-Neuansiedlungsprogramm teilnehmen dürften. Schweden war eines der Länder, die »gefährdete« syrische Flüchtlinge aufnahmen. »Schweden«, meinte Hanaa, »da wollten Doaa und Bassem hin.«

Doaa war entschlossen, alles zu tun, um ihre Familie aus Ägypten herauszuholen. Ihr Zorn auf jene, die nun auch noch ihre Angehörigen bedrohten, riss sie aus ihrer Trauerstarre und motivierte sie zum Handeln. Sie wandte sich an die UNHCR-Mitarbeiterin Erasmia Roumana, welche die einzelnen Fälle bearbeitete. Doaa vertraute ihr. Erasmia meinte, der Fall sei recht kompliziert, und bis zu einer Entscheidung werde es vermutlich noch lange dauern. Doaas Familie hatte zwar Anspruch auf Schutz durch das Programm, doch Griechenland hatte kein Neuansiedlungsabkommen mit irgendeinem anderen europäischen Staat. Roumana erklärte, Doaa habe die Möglichkeit, in Griechenland Asyl zu beantragen. Wenn der Antrag genehmigt werde, dürfe sie bleiben und habe auch das Recht zu reisen. Am Ende könne sie auch die griechische Staatsbürgerschaft beantragen. Doch Doaas Herz hing nun einmal an Schweden. Sie und Bassem hatten geplant, sich dort ein neues Leben aufzubauen. Wenn sie nicht mit Bassem nach Schweden konnte, dann vielleicht mit ihrer Familie. Und wenn das nicht klappen sollte, würde sie ganz alleine dorthin gehen. In Schweden wollte sie dann tun, was sie und Bassem geplant hatten – eine Familienzusammenführung beantragen, damit ihre Familie nachkommen konnte. Tag für Tag musste Doaa gegen die Verzweiflung ankämpfen, die sie immer wieder überfiel. Doch dass sie nun für die Sicherheit ihrer Familie kämpfen konnte, erfüllte sie mit neuer Entschlossenheit. Und so nahm ihr Leben in den nächsten Monaten wieder geordnetere Züge an. Ihre Geschichte hatte die griechische Zivilgesellschaft gerührt. Der Bürgermeister von Chania bat die Regierung, Doaa für ihr mutiges Handeln die griechische Staatsbürgerschaft zu verleihen. Der Appell verhallte, doch allein der Versuch half Doaa, sich selbst mit neuen Augen zu sehen – als einen Menschen, der über Stärke und Tapferkeit verfügte.

Am 19. Dezember 2014 verlieh die renommierte Akademie von Athen Doaa den jährlich verliehenen Preis für außergewöhnliche Tapferkeit. Dieser Preis war mit dreitausend Euro dotiert. Die Preisverleihung in Athen und der Stolz, den sie dabei empfand, veränderten Doaa; sie konnte ihr Leben in neuem Licht sehen. Und sie begann, sich auf die Zukunft zu konzentrieren. Sie sagte sich, dass sie nicht aufhören würde zu kämpfen, bis sie wieder mit ihrer Familie vereint wäre. Danach wollte sie Jura studieren und Anwältin werden, um für mehr Gerechtigkeit in der Welt zu kämpfen. Denn davon hatte sie in ihrem Leben nur wenig erlebt.

Dass sie von ihrer Familie getrennt war, bereitete ihr Kummer. Es kostete sie enorme Anstrengung, sich der Trauer und Verzweiflung zu erwehren, die sie immer wieder in ihren dunklen Bann ziehen wollten. In den ersten neunzehn Jahren ihres Lebens hatte sie nie den Kreis der Familie verlassen. Jetzt, wo sie zum ersten Mal auf sich gestellt war, fand sie es leichter, mit ihren Erinnerungen allein zu sein, als sie mit anderen zu teilen. Sie dachte und fühlte anders als andere Mädchen ihres Alters. Sie genoss zwar die Gesellschaft ihrer neuen »Schwestern«, die sehr lieb zu ihr waren, aber sie wusste auch, dass diese nicht wirklich verstehen konnten, was Doaa durchgemacht hatte. Sie fand keine Worte, um die grauenhafte Erfahrung all des Leids und des Tods auszudrücken, deren Zeugin sie geworden war, genauso wenig ihren abgrundtiefen Kummer. Wann immer sie versuchte, darüber zu sprechen, ließ der Schmerz sie sogleich verstummen. Und nach all dem Bösen, das sie erlebt hatte, fiel es ihr schwer, Menschen zu vertrauen. Doaa spürte, dass sie sich nur selbst helfen konnte.

Es gab Momente, wo die Erinnerungen an die zurückliegenden Szenen auf dem Meer in ihren Kopf schossen. Dann packte der Schmerz sie hart und unvermittelt. Eines Tages bürstete sie ihr Haar und sah in den Spiegel. Da roch sie plötzlich Bassems Rasierwasser. Sie drehte sich schnell um, um zu sehen, ob er etwa hinter ihr stand. Freunde in Ägypten hatten ihr gemailt, dass er Gerüchten zufolge am Leben und im Gefängnis sei. Ein Teil von ihr wollte unbedingt glauben, dass das wahr wäre. Doch der andere Teil erinnerte sie unerbittlich an die Realität. Sie überlegte immer noch fieberhaft, wie sie ihm hätte helfen können. Sie brauchte Stunden, um danach wieder einzuschlafen. Wenn sie am nächsten Morgen aufwachte, hoffte sie immer noch, dass alles nur ein böser Traum war. Vielleicht würde er ja irgendwann draußen vor der Tür stehen.

Im Sommer 2015, fast ein Jahr nach ihrer Rettung, kämpfte Doaa immer noch mit Trauer, Alpträumen und der Angst, dass sie es nicht schaffen würde, wieder ins Leben zurückzukehren. Eines Tages sah sie in den Nachrichten einen Bericht über viele ihrer Landsleute, die nun in Griechenland ankamen. Sie kamen durch die Türkei und von dort aus übers Meer und suchten den Weg über den Balkan nach Österreich, Deutschland und Schweden. Sie überlegte häufig, ob sie nicht ihr Preisgeld nehmen, nochmals einen Schleuser bezahlen und auf diesem Weg nach Schweden gelangen sollte wie die anderen Flüchtlinge. Doch das Team von der UNHCR warnte Doaa, dass die Reise gleichwohl gefährlich sei, vor allem für eine allein reisende Frau. Und man bat sie um Geduld, es werde sich eine andere Lösung finden. Man arbeite daran, sie zusammen mit ihrer Familie nach Schweden zu bringen. Sobald der ganze Papierkram erledigt sei, könne Doaa nach Schweden fliegen und dort ganz legal zusammen mit ihrer Familie ein neues Leben beginnen. Doaa fiel es unglaublich schwer, die nötige Geduld aufzubringen. Sie schaffte es nur mit Mühe, den Menschen zu trauen, die ihr Hilfe versprachen. Aber sie sah ein, dass es der einzige Weg war, auch ihre Familie gefahrlos in Sicherheit zu bringen. Bis es soweit war, suchte sie im Kokon ihrer Gastfamilie Schutz und Heilung.

In diesem Sommer 2015 begleitete Doaa ihre Gastfamilie zu einem Strand-Picknick. Ein Jahr voller Trauer, Ängste und Alpträume lag hinter ihr. Nachdem sie wie die anderen alles aufgegessen hatte, stand Doaa plötzlich auf, zog die Sandalen aus und ging ins Meer hinein, bis ihr das Wasser an die Schultern reichte. Es war klar, kühl und still. Sie stand da und hielt den Atem an. Dann überließ sie ihren Körper dem Meer und ließ sich fallen, bis das Wasser – für einige Sekunden – auch ihr Gesicht bedeckte. Als sie herauskam und zum Strand hinaufging, drehte sie sich einen kurzen Moment lang um und richtete den Blick auf die Unendlichkeit des Meeres. »Ich habe keine Angst mehr vor dir«, sagte sie stolz.

NACHWORT

Doaa war in Kreta zwar sicher, und auch ihre Wunden heilten allmählich, dennoch war sie bald von großer Unruhe erfüllt. Sie machte sich Sorgen um ihre Zukunft. Die griechische Regierung hatte ihr angeboten, in Griechenland Asyl zu beantragen. Doch trotz der Güte der Menschen um sie herum fühlte sich Doaa in Griechenland nicht zu Hause. Hier hatte sie Tag für Tag das Meer vor Augen, in dem Bassem den Tod gefunden hatte. Der Anblick des Wassers jagte ihr zwar keine Angst mehr ein, aber sie wollte weg von allem, was sie an dieses Grauen erinnerte. Bassem und sie hatten stets davon geträumt, sich in Schweden ein neues Leben aufzubauen. Diesen Traum wollte sie sich nun erfüllen. Gleichzeitig hatte Doaa Angst um ihre Familie. Die Drohungen der Schlepper wurden massiver, und sie konnte nichts dagegen unternehmen. Am allermeisten aber vermisste sie die liebende Umarmung ihrer Mutter, die schöne Zeit im Kreise der Familie, wo es von Leben nur so wimmelte. Ihr ganzes Leben hatte sie im Schoß der Familie verbracht. Das ließ sich nicht durch WhatsApp oder Skype ersetzen. Außerdem fühlte sie sich für die Gefahr verantwortlich, in welche ihre Lieben durch sie geraten waren. Sie wollte sie unbedingt aus Ägypten herausholen, auch wenn sie nicht wusste, wie genau sie das anstellen sollte. Sie wollte gemeinsam mit ihnen ein neues Leben anfangen.

Ich lernte Doaa im Januar 2015 kennen. Tee trinkend, saßen wir so manche Stunde im Wohnzimmer ihrer Gastfamilie, während Doaa erzählte, was sie erlebt hatte. Ihre eiserne Entschlossenheit, mir die Umstände ihrer Flucht haarklein zu berichten, berührte mich tief. Ich merkte schnell, dass sie mir diese Geschichte aus zwei Gründen anvertraute – zum einen, damit ich ihr und ihrer Familie half, in einem anderen Land von vorn anzufangen, und zum anderen als Warnung an andere Flüchtlinge, sich nicht auf dieselbe gefährliche Reise einzulassen. Mir wurde klar, dass Doaa für ihre Familie die Rolle auszufüllen gedachte, die in der arabischen Welt gewöhnlich der älteste Sohn einnimmt. Sie übernahm die Sorge für die Ihren. Doaa hoffte, dass sie das Schicksal ihrer Familie zum Besseren wenden konnte. An diesem Punkt hatte sie das Vertrauen verloren, dass Regierungen oder Behörden ihr dabei helfen würden. Und sie glaubte nicht mehr, dass die Verantwortlichen für die Schiffskatastrophe je zur Rechenschaft gezogen werden würden. »Uns Syrern hilft niemand außer Gott«, sagte sie mir einmal. »Es sieht immer so aus, als interessiere die Welt sich für uns, aber das sind nur Worte. Ich bin müde. Ich kann nicht zurück zu meinen Eltern. Meine Familie kann nicht hierherkommen. Ich habe so viele Versprechungen gehört, aber ich möchte endlich Taten sehen.«

Ich war entschlossen, ihre Geschichte weiterzuerzählen und ihr bei ihrem Neuanfang in Schweden zu helfen. Ihr Mut war von der griechischen Presse hoch gelobt worden. Auch der Preis der Akademie von Athen würdigte ihn. Aber meiner Ansicht nach gehörte diese Geschichte vor ein weit größeres Publikum. Denn ich war sicher, dass die meisten Menschen sich in Doaas Lage versetzen konnten.

Meine Kolleginnen und Kollegen hatten den Antrag auf Neuansiedlung in einem anderen EU-Land in Gang gebracht, was damals in Griechenland unüblich war. Doch Doaa wurde als Sonderfall behandelt – eine traumatisierte junge Frau, deren Familie bedroht war. Das verlangte nach einer Sonderbehandlung. Zu jener Zeit gab es bereits ein Programm für die Überführung von Flüchtlingen nach

Europa und anderswo. Flüchtlinge, die sich in Ägypten aufhielten, zählten dazu. Und so fasste man die Asylanträge von Doaa und ihrer Familie zusammen und beantragte, dass sie in das gleiche Land aufgenommen werden sollten. Ich saß mit Doaa gerade in einem Straßencafé in Chania, als uns im Oktober 2015 die Nachricht erreichte, dass die schwedische Regierung sie und ihre Familie aufnehmen würde. Sie solle sich darauf einstellen, die Reise in den nächsten Wochen anzutreten. Zum ersten Mal, seit wir angefangen hatten, gemeinsam an dem Buch zu arbeiten, sah ich einen Ausdruck echter Freude auf ihrem Gesicht. Als ich zur Feier des Tages Eisbecher bestellte, rief sie gerade ganz aufgeregt zu Hause an, um ihrer Familie die gute Nachricht mitzuteilen.

Am 18. Januar 2016 bestiegen Hanaa, Shokri, Saja, Nawara und Hamudi ein Flugzeug von Kairo nach Stockholm. Von dort aus flogen sie in die kleine Stadt Östersund, wo sie von schwedischen Beamten abgeholt wurden. Per Bus ging es dann weiter ins Dörfchen Hammerdal im verschneiten Nordwesten Schwedens. Am selben Morgen war Doaa von Chania aus nach Athen geflogen, von da weiter nach Kopenhagen und schließlich nach Stockholm, wo sie das Flugzeug nach Östersund bestieg. Als sie gegen Mitternacht in ihrem neuen Heim ankam, musste sie sich erst ihren Weg durch den meterhohen Schnee bahnen. Die ungewohnte Kälte ließ sie erschauern. Sie klopfte schüchtern an die Tür des schneebedeckten Holzhauses. Im selben Moment riss ihre schon wartende Mutter die Tür auf und ihre Tochter in die Arme. Shokri stand hinter ihr, die Augen voller Tränen. Nach eineinhalb Jahren durfte Doaa endlich wieder eintauchen in die Wärme ihrer Familie. Sie hätte ihre Mutter am liebsten gar nicht mehr losgelassen.

Obwohl sie fast alles verloren haben, was ihnen wichtig war – die Heimat, die Menschen, die sie kannten, ihren Beruf –, weigern sich Flüchtlinge wie Doaa doch, die Hoffnung aufzugeben. Welche Wahl aber blieb Doaa und ihrer Familie? Als Flüchtlinge in Ägypten oder in anderen Nachbarstaaten zu leben, wo es kaum Chancen auf eine gute Ausbildung oder eine erfüllende Arbeit gab? Oder ins Kriegsgebiet zurückzukehren, wo die Zukunft noch düsterer war – und sie in Lebensgefahr schweben würden? Oder auf einem der sogenannten »Todesschiffe« die Überfahrt übers Mittelmeer zu wagen, auf der Suche nach Sicherheit und Chancen in Europa?

Die meisten Flüchtlinge haben kein Heim mehr, in das sie zurückkehren könnten. Ihre Häuser, Geschäfte und Städte sind zerstört. Seit Ausbruch des Syrienkriegs 2011 haben sich die Kampfhandlungen Schritt für Schritt auf alle Regionen des Landes ausgeweitet. Wirtschaft und Infrastruktur sind zerstört. Von den über 22 Millionen Syrern leben mittlerweile etwa fünf Millionen als Flüchtlinge in den Nachbarstaaten und fast sieben Millionen als Binnenflüchtlinge im eigenen Land.

Seit März 2011 wurden mehr als eine Viertelmillion Syrer bei den Kämpfen getötet, über eine Million Menschen wurden verletzt. Nach UN-Angaben hat sich die Lebenserwartung eines Syrers seit dieser Zeit um zwanzig Jahre verringert. Etwa 13,5 Millionen Menschen, darunter sechs Millionen Kinder, sind auf humanitäre Hilfe angewiesen. Die Hälfte von ihnen lebt in schwer zugänglichen oder besetzten Regionen, so dass es sehr schwierig ist, ihnen die nötige Hilfe zukommen zu lassen.

Bei Veröffentlichung dieses Buches geht der Krieg in Syrien in sein sechstes Jahr. In den Nachbarländern leben die syrischen Flüchtlinge oftmals in Flüchtlingslagern mitten in der Wüste, in Behelfsunterkünften oder verfallenen

Häusern. Tag für Tag sehen sie die Nachrichten und hören, dass ihre Heimatdörfer und -städte in Schutt und Asche gebombt wurden. Und sie erhalten die Nachricht, dass wieder ein Freund oder Verwandter gestorben ist, was die seelische Belastung weiter vergrößert.

Die Länder, die die Syrer einst mit offenen Armen aufgenommen haben, sind überlastet. Im kleinen Libanon, selbst unter dem Joch bitterer Armut und politischer Instabilität leidend, machen Flüchtlinge mittlerweile ein Viertel der Bevölkerung aus. Es gibt nicht genug Schulen, Wasserleitungen, sanitäre Anlagen oder Unterkünfte, um die ständig wachsende Zahl an Flüchtlingen zu versorgen. Nach mehr als fünf Jahren Krieg und ohne Hoffnung auf Frieden haben viele Syrer die Zuversicht verloren, je wieder in ihre Heimat zurückzukehren. Ihnen bleibt nichts mehr. Der Nahe Osten bietet kaum eine Perspektive und so nehmen die Flüchtlinge weite Wege in Kauf, um sich ein neues Leben aufzubauen und ihren Kindern eine Ausbildung zu verschaffen. Auch wenn dies bedeutet, den gefährlichen Weg übers Mittelmeer wählen zu müssen.

Die stark angestiegenen Flüchtlingszahlen 2014 und 2015 wurden zu einem Weckruf für die europäische Politik. Man erkannte, dass man den Libanon, Jordanien und die Türkei mit dem Zustrom von Flüchtlingen nicht allein lassen durfte. Und so kam es Anfang 2016 in London zu einer internationalen Konferenz, in der zum ersten Mal Gelder für humanitäre Organisationen und Gastländer, für Ausbildungs- und Beschäftigungsprogramme zugesagt wurden. Man traf eine Vereinbarung mit der Türkei. Das Land würde drei Milliarden Euro erhalten, damit es die Flüchtlinge davon abhielt, nach Europa zu fliehen. Und man errichtete Grenzzäune zu den Balkanstaaten, um die bereits in Griechenland angekommenen Flüchtlinge davon abzuhalten, auf diesem Wege nach Europa zu kommen. Natürlich sollte dies auch andere Flüchtlinge, die noch im Nahen Osten waren, abschrecken. Doch die tatsächlich ausgezahlten Finanzmittel fielen viel zu gering aus, um den Flüchtlingen effektiv helfen zu können. Es gibt wenig spürbare Verbesserungen für die Menschen in den Lagern in den Nachbarländern Syriens.

Doaas Geschichte ist nur eine von Millionen, die in dieser Vorhölle leben und auf Asyl warten, während vor ihren Augen der Kampf in der Heimat unvermindert weitergeht. Und es ist die Geschichte eines regionalen Konflikts, der durch die Einmischung ausländischer Akteure eine destruktive Dynamik bekommen hat, die kaum mehr steuerbar ist.

Doaa und ihre Familie sind nun dabei, im sicheren und großzügigen Schweden ein neues Leben anzufangen. Doaa, Hanaa und Shokri gehen fleißig in ihre Schwedischkurse, während Saja, Nawara und Hamudi die Schule besuchen. Aber ich möchte doch eines fragen: Warum musste Doaa ihr Leben riskieren, ihren Verlobten verlieren und Zeugin des Sterbens von fünfhundert Menschen werden, um endlich an einem Ort anzukommen, in dem sie sicher ist und Chancen auf ein gutes Leben hat?

Was wäre gewesen, wenn Bassem ein Visum bekommen hätte, um im Ausland zu arbeiten? Wenn Masa und ihre Familie die Chance gehabt hätten, zu den anderen Angehörigen im nördlichen Europa zu ziehen? Wenn niemand dafür hätte ein Risiko eingehen müssen? Was wäre, wenn es für Flüchtlinge legal wäre, aus Ägypten nach Europa zu gehen, um dort eine Ausbildung zu machen? Warum gibt es keine Einbürgerungsprogramme für Syrer, diese Opfer des schrecklichsten Krieges in unserer Zeit? Warum erhalten die Nachbarländer, die gut vier Millionen Syrer aufgenommen haben, so wenig Hilfe, um für die Flüchtlinge eine Infrastruktur aufzubauen und ihre eigene wirtschaftliche Entwicklung voranzutreiben? Hinter all diesen Fragen steht natürlich die eine, große Frage: Warum wird so wenig getan, um Kriege, Verfolgung und Armut zu verhindern, denn diese Dinge sind es doch, die die Menschen zur Flucht nach Europa treiben?

Die schlichte Wahrheit ist, dass Flüchtlinge ihr Leben nicht riskieren würden, wenn sie dort, wo sie leben, eine Chance für sich sähen. Migranten, die vor bitterster Armut flüchten, würden diese Schiffe nicht besteigen, wenn sie sich und ihre Kinder zu Hause oder in einem Nachbarland ernähren könnten. Niemand würde seine ganzen Ersparnisse ausgeben, um verbrecherische Schlepper zu bezahlen, wenn er legal in ein sicheres Land ausreisen dürfte. Solange diese Probleme nicht gelöst werden, werden die Menschen weiterhin den Weg übers Meer suchen und ihr Leben riskieren auf der Suche nach Asyl. Kein Mensch, der vor Krieg und Verfolgung in seinem Land flieht, sollte sterben müssen, weil er sich in Sicherheit zu bringen sucht.

Doaa hofft, dass keiner ihrer Mitpassagiere auf dem Fischkutter umsonst gestorben ist. Sie ist voller Zorn, dass der Grund des Meeres der einzige Ort war, an dem fünfhundert Menschen, darunter ihr Verlobter, Zuflucht finden konnten. Sie empfindet Dankbarkeit für das Land Schweden, das ihr und ihrer Familie Asyl und die Chance auf einen Neuanfang gegeben hat. Doch sie sorgt sich auch um ihre Schwestern, die mit ihren Familien als Flüchtlinge in Jordanien und im Libanon leben. Heute bringt Doaa täglich viele Stunden damit zu, Schwedisch zu lernen. Sie hofft, eines Tages an die Universität gehen und Jura studieren zu können. Mit einem Abschluss in Rechtswissenschaften glaubt sie, sich für mehr Gerechtigkeit auf der Welt einsetzen zu können.

Im Mai 2016 reiste Doaa nach Wien, um dort den Annual

Award for Development des OPEC Fund for International Development entgegenzunehmen. Das Komitee hat Doaa ausgewählt, um »ihrer Tapferkeit willen und ihrer Entschlossenheit, durch ihre Geschichte die allgemeine Aufmerksamkeit auf die Flüchtlingskrise zu lenken«. Das Preisgeld wird dazu dienen, ihre Ausbildung sicherzustellen und anderen Flüchtlingen zu helfen, die den Schiffbruch überlebt haben. Als sie den Preis entgegennahm, sahen die erwartungsvollen Gesichter der High Society in Abendkleid und Smoking zu ihr auf. Sie sagte: »Keine Familie träumt davon, in einem Flüchtlingscamp zu leben. Kein Mensch will seinem Leben ein Ende setzen, indem er seine Rettungsweste auszieht. – Nicht nur unsere Verzweiflung treibt uns über das Meer. Es ist auch unsere Hoffnung. Wie Sie, liebes Publikum, wollen auch wir in Frieden leben.«

EINE BOTSCHAFT VON DOAA

Ich habe in diesem Buch mein Leid mit Ihnen geteilt. Und doch ist dies nur ein winziger Bruchteil von all dem Elend und dem Leid, das Flüchtlinge in aller Welt zu erdulden haben. Ich bin nur eine Stimme im Chor der Millionen, die Tag für Tag ihr Leben riskieren, um ein menschenwürdiges Leben führen zu können.

Die gefährliche Reise, die Flüchtlinge auf sich nehmen, um sich in Europa in Sicherheit zu bringen, bedeutet oftmals Verzweiflung und Tod. Aber wir vertrauen unser Leben ja nur deshalb grausamen und unbarmherzigen Schleppern an, weil wir keine andere Wahl haben. Wir haben das Grauen des Krieges kennengelernt und die Demütigung, die Heimat verloren zu haben. Unser einziger Wunsch ist es, in Frieden zu leben. Wir sind keine Terroristen. Wir sind Menschen wie Sie. Wir haben Herzen, die fühlen, lieben, Sehnsucht empfinden und Schmerz.

Jede Familie in meinem Land hat so unendlich viel verloren, dass sie ihre Heimat in ihrem Herzen neu aufbauen musste. Wir haben unser Heimatland verloren, und in unseren Träumen blicken wir zurück auf unser damals noch intaktes Leben. Wenn nur all die Tragödien, die wir durchlebt haben, ein simpler Alptraum wären, aus dem wir irgendwann erwachen könnten!

Den Menschen, die für den Krieg in Syrien verantwortlich sind, ist es gleichgültig, ob sie das Blut von Kindern vergießen, Familien auseinanderreißen oder deren Heim zerstören. Und die Welt scheint nicht zu trauern um jene, die auf der Suche nach Zuflucht im Meer das Leben verloren haben.

Mein Verlobter, die Liebe meines Lebens, ist meinen Armen entglitten und vor meinen Augen ertrunken, und ich

konnte nichts dagegen tun. Mein Leben ohne ihn fühlt sich an wie ein Bild ohne Farbe. Mehr als alles auf der Welt würde ich mir wünschen, dass er jetzt bei mir wäre.
Als ich auf dem Meer trieb, tat ich mein Bestes, um Masa und Malak am Leben zu halten. Während dieser vier schrecklichen Tage wurden sie ein Teil von mir. Als ich hörte, dass die wunderbare Malak ihren letzten Atemzug tat, nachdem wir gerettet wurden, fühlte sich das an, als würde mir jemand das Herz aus der Brust reißen. Aber ich finde Trost darin, dass ich weiß: Malak hat ihren Weg in den Himmel gefunden. Einen Himmel, in dem sie sicher ist und in dem es keinen Krieg und keine Kämpfe gibt.
Ich bin all jenen Menschen dankbar, die sich weigern, sich der Gleichgültigkeit zu ergeben. Ich möchte vor allem den Freunden in Ägypten danken, die meine Familie wohlwollend aufgenommen haben. Ich danke dem Kapitän und der Mannschaft der CPO *Japan,* die mich aus dem Wasser gezogen haben, der Hubschrauber-Besatzung, die uns ins Krankenhaus geflogen hat, und den Ärzten auf Kreta, die unser aller Leben retteten. Ganz besonders danken möchte ich dem Büro des UN-Hochkommissars für Flüchtlinge, das sich darum gekümmert hat, dass ich und meine Familie nach Schweden ausreisen konnten. Und der Regierung von Schweden, die uns eine sichere und vielversprechende neue Heimat geschenkt hat.
Eines Tages hoffe ich, nach Syrien zurückkehren zu können, damit ich wieder atmen kann. Selbst wenn es nur für einen Tag ist. Das wäre schon genug.

ZUR ENTSTEHUNG DES BUCHES

Meine Art des Dankes

von Melissa Fleming

Zum ersten Mal las ich von Doaas Geschichte auf der Webseite der UNHCR Griechenland. Als Sprecherin der UN-Flüchtlingshilfe bin ich immer auf der Suche nach Berichten, die zeigen, was Menschen auf der Suche nach Sicherheit und einem besseren Leben ertragen müssen, Berichten, die das Mitgefühl der Menschen wecken und Brücken bauen. Das war im März 2015, als ich gerade meinen Vortrag für die TED-Konferenz in Thessaloniki vorbereitete. Es ging um die Flüchtlingskrise im Mittelmeerraum. Mir war sofort klar, dass Doaas Geschichte die griechische Öffentlichkeit rühren und Menschen auf aller Welt ansprechen würde. Es gibt viele, denen die Situation der Flüchtlinge nicht gleichgültig ist und die mehr wissen wollen über ihr Schicksal.

Ich skypte mit meiner Kollegin in Athen, Erasmia Roumana, die bei der UNHCR für Doaas und Masas Fall zuständig war. Erasmia hatte mit Doaa nach ihrer Entlassung aus dem Krankenhaus gesprochen. Sie sollte herausfinden, was für die junge Frau das Beste war, und sie darüber aufklären, dass sie das Recht hatte, in Griechenland Asyl zu beantragen. Als Erasmia mir von Doaa erzählte, merkte ich, dass sie wirklich erschüttert war. Erasmia hat bei ihrer Arbeit mit Flüchtlingen zahllose tragische Geschichten gehört, aber keine hatte ihr Herz so berührt wie die von Doaa. Also reiste ich ein paar Wochen später nach Griechenland, um Doaa persönlich kennenzulernen.

Meine Kollegen im Pressebüro in Athen – Ketty Kehayioylou, Stella Nanou und Katerina Kitidi – haben meinen

Besuch arrangiert und alle in griechischen Medien erschienenen Artikel für mich übersetzt. Diese Artikel und die zugehörigen Fotos erwiesen sich für das Buch als höchst nützlich, wenn auch nach Überprüfung der Fakten einige Unstimmigkeiten in der Berichterstattung korrigiert werden mussten.

Meine Kolleginnen Ana White und Sybella Wilkes begleiteten mich nach Kreta. Sybella unterstützte mich von Anfang an bei der Aufbereitung von Doaas Geschichte für den TED-Vortrag. Mein erstes Interview mit Doaa führte ich am 21. April 2015 im Wohnzimmer ihrer Gastfamilie auf Kreta. Doaa spricht nur Arabisch, und unser Übersetzer konnte nur aus dem Arabischen ins Griechische übersetzen. Erasmia übersetzte dann drei Stunden lang aus dem Griechischen ins Englische. Schnell wurde deutlich, dass die Presseberichterstattung nur einen Teil des Alptraums eingefangen hatte, den Doaa in Syrien, Ägypten und als Schiffbrüchige auf See erlebt hatte. Doaa war ein offener, freundlicher Mensch, aber auch sehr zerbrechlich und ganz offenkundig traumatisiert. Als sie mir erzählt hatte, wie Bassem ertrunken war, fragte ich sie, ob sie jetzt weitermachen wolle. »Fragen Sie mich, was Sie wollen«, antwortete sie. »Das ist mein Leben. Ich lebe damit.« Zu dieser Zeit war der Schutzwall, den sie um sich errichtet hatte, noch sehr hoch, aber offensichtlich betrachtete sie uns als Menschen, denen man vertrauen konnte und die vielleicht helfen würden. Denn es gab etwas, was sie sich aus ganzem Herzen wünschte: Sie wollte mit ihrer Familie nach Schweden. Ihre Angehörigen lebten noch in Ägypten, und Doaa fühlte sich für sie verantwortlich. Sie wusste, dass wir die Einzigen waren, die sie in dieser Sache unterstützen konnten.

Doaas Gastgeber, die sie nach ihrer Rettung in ihr Haus aufnahmen und sich sechzehn Monate lang um sie kümmerten, als sei sie eine ihrer Töchter, halfen uns, Zugang zu Doaa zu finden. Aber sie lehnten es strikt ab, sich selbst für dieses Buch interviewen zu lassen. Sie erklärten, dass sie Doaa aufgenommen hätten, sei »Gottes Wille« gewesen und verdiene daher keine besondere Erwähnung. Aus diesem Grund habe ich hier ihre Anonymität gewahrt. Trotzdem möchte ich sie an dieser Stelle gebührend würdigen. Sie haben Doaa ein Heim bereitet, in dem sie sich beschützt und geliebt fühlte, so dass ihre Wunden heilen konnten. Das war eine wirklich zutiefst humane Geste.

Am Tag nach unserem ersten Treffen mit Doaa fuhren wir nach Heraklion in die Universitätsklinik, wo die kleine Masa nach ihrer Rettung behandelt worden war. Dort lernten wir Dr. Diana Fitrolaki kennen, die behandelnde Ärztin. Sie bestätigte mir, dass Masa »dem Tode nahe« war, als sie in die Klinik kam. »Wir haben ihr Glukose verabreicht, Flüssigkeit, Sauerstoff«, sagte sie mir. »Und wir haben ihr Liedchen vorgesungen, sie in den Arm genommen und sind mit ihr auf und ab gegangen. Nach zwei Tagen fing sie allmählich wieder an zu lächeln. Sie wollte ständig auf den Arm genommen werden. Irgendjemand von unserem Team lief immer mit der Kleinen herum. Wir alle hier lieben Kinder, doch ein Fall wie dieser ist uns noch nicht untergekommen.« Als ich die Klinik verließ, war ich überzeugt, dass es nicht nur die Segnungen der modernen Medizin waren, die die kleine Masa gerettet hatten. Mindestens genauso wichtig war die Liebe, die Dr. Fitrolaki und ihr Team an der Uniklinik dem kleinen Mädchen schenkten.

Nach der Entlassung aus dem Krankenhaus wurde die kleine Masa in einem Waisenhaus betreut: dem Mitera-Waisenhaus in Athen. Während meines Griechenlandaufenthaltes verbrachte ich ein paar Stunden damit, mit der

Kleinen zu spielen und mit dem Leiter und Masas Pflegepersonal zu sprechen. Offensichtlich war dies der beste Ort für das kleine, übersprudelnde Mädchen, das so schnell Griechisch gelernt hatte, um ihr Trauma zu verarbeiten und den tragischen Tod ihrer Eltern und ihrer Schwester.

Später im Büro der UN-Flüchtlingshilfe in Athen führte ich ein Skype-Interview mit Mohammad Dasuqi, Masas Onkel, der in Schweden lebte. Auch seine Frau, seine beiden Kinder und Masas ältere Schwester Sidra stellten sich während des Gesprächs vor. Mohammad wartete auf das Ergebnis eines Tests, der seine Verwandtschaft mit der Kleinen belegen sollte. Erst dann konnte er sie nach Schweden holen, wo sie mit ihrer älteren Schwester und seiner Familie leben sollte. Er würde dann zum gesetzlichen Vormund bestellt werden.

Am selben Nachmittag hatten meine Kollegen ein Treffen mit einem anderen Überlebenden, Shoukri Al-Assoulli, arrangiert, der in unser Athener Büro kommen sollte. Als wir ihn kennenlernten, war Shoukri in einem schrecklichen Zustand. Aufgrund mangelnder finanzieller Mittel hatte die Palästinensische Autonomiebehörde aufgehört, ihm seine kleine monatliche Rente auszuzahlen. Wenige Tage zuvor hatten Mitglieder der rechtsextremen Partei der Morgenröte ihn und einen Freund in einem Park mitten in Athen zusammengeschlagen, einfach nur, weil die beiden Ausländer waren. Sie hatten sich im Krankenhaus behandeln lassen müssen. Er hatte keinen Cent und war am Boden zerstört. Als er uns ein Foto von seinem verstorbenen Töchterchen zeigte, auf dem sie ihren rosafarbenen Schlafanzug trug, mit dem sie in Gaza immer schlafen ging, fing er an zu weinen. Auch Shoukri wollte seine Geschichte erzählen, und so kamen wir überein, dass Jowan Akkash, ein syrischer Journalist, mit dem er sich angefreundet hatte und der für uns übersetzte, ihm meine Fragen vorlegen würde, wenn die Zeit dafür reif wäre. Dieses Interview und die Monate später folgende Sitzung bestätigten bestimmte Einzelheiten und ließen das, was während der Überfahrt und nach dem Schiffbruch passierte, noch deutlicher werden.

Als ich genug Informationen gesammelt hatte, schrieb ich meinen Vortrag für die TED-Konferenz und schickte den Text zu den Veranstaltern von TED Thessaloniki, Katerina Biliouri und Elena Papadopoulou. Beide waren überzeugt, dass Doaas Geschichte nicht nur die griechische Öffentlichkeit rühren, sondern den Menschen auch verdeutlichen würde, wieso so viele Flüchtlinge vor den Küsten des Landes starben. Katerina und Elena taten sowohl vor als auch nach der Konferenz viel dafür, dass mein Vortrag allgemeine Verbreitung fand. Auch Bruno Giussani, der TED-Direktor für Europa und Veranstalter der TED-Global-Konferenz, bot an, den Text durchzusehen. Er gab mir wichtige Tipps, was mir half, mein Skript weiter zu verbessern. Mark Turner half mir dabei, weiter am Text zu feilen. Auch ihm möchte ich danken. Ich übte den Vortrag immer und immer wieder. Meine Kollegen Sybella Wilkes, Edith Champagne, Christopher Reardon, Alexandre St. Denis und Médéric Droz-dit-Busset spielten die geduldigen und aktiven Zuhörer und gaben mir wichtiges Feedback. Der Präsentationscoach T. J. Walker unterstützte mich während der gesamten Vorbereitung. Er kritisierte die Filmaufnahmen von meinen Übungssitzungen und ließ mich täglich trainieren.

Als ich am 23. Mai 2015 den Vortrag hielt, hörte das Publikum gebannt zu. Sobald ich zu Ende war, stand es geschlossen auf und applaudierte. Viele Menschen hatten Tränen in den Augen. Ein weiterer Vortragender, der bekannte Athener Geschäftsmann Alexis Pantazis, zeigte

sich von Doaas Geschichte so gerührt, dass er ihr ein Stipendium garantierte.
Ich beschloss, den Link zu meinem Vortrag an die Literaturagentin Mollie Glick zu schicken, die damals noch bei Foundry Media arbeitete, jetzt aber zu CAA gewechselt hat. Sie hatte mich schon einmal darauf angesprochen, ob ich nicht ein Buch schreiben wolle, nachdem sie meinen ersten Vortrag über das Thema »Flüchtlinge« gehört hatte. »Aber ist das auch ein Buch?«, fragte ich sie. Ihre Antwort war eindeutig: »Ja!« Mollie setzte sich mit der ihr eigenen Leidenschaft für dieses Buch ein. Ihrer Ansicht nach war es an der Zeit, dass eine Geschichte wie die Doaas eine breite Öffentlichkeit erreichte. Gemeinsam erarbeiteten wir ein Buchkonzept. Sie empfahl mir Dorothy Hearst, eine erfahrene Sachbuch-Lektorin und erfolgreiche Romanautorin, zur Unterstützung für die Erarbeitung des Konzepts. Joy Fowlkes, Mollies Assistentin, die sie auf meinen ersten TED-Vortrag aufmerksam gemacht hatte, managte all die Kontakte über verschiedene Zeitzonen hinweg. Kirsten Neuhaus, Mitarbeiterin der Foundry Media, sicherte mit Hilfe meines Buchkonzepts Verträge mit acht ausländischen Verlagshäusern und arbeitet fleißig weiter daran.
Mein Buch landete schließlich bei Flatiron Books, einem Verlag, der zum MacMillan-Verlagshaus gehört. Mein Lektor Colin Dickerman beeindruckte mich mit seinem Interesse für Biografien, die die Leser bewegen, informieren und beeinflussen. Colin hat mich beim Schreiben des Buches aktiv unterstützt. Er hat dafür gesorgt, dass ich meine Termine einhalten konnte und trotzdem das beste Buch schrieb, das ich nur schreiben konnte. Als das Manuskript sozusagen in die letzte Runde ging, half mir Jasmine Faustino mit ihrem scharfen Auge, Stil und Struktur, Textform und -fluss noch einmal entscheidend zu verbessern.

Am Ende gingen der Schlussredakteur Steve Boldt und der Verlagsanwalt Michael Cantwell die finale Fassung noch einmal durch, um Unstimmigkeiten zu beseitigen und den Text rechtlich abzusichern.

Einen Teil ihrer Geschichte für die TED-Konferenz zu erzählen, war für Doaa eine Sache, ihre ganze Lebensgeschichte in einem Buch auszubreiten, schien sie aber zunächst zu beängstigen. Ich war zutiefst davon überzeugt, dass es ihr helfen würde, die Tragödie zu überwinden, wenn sie darüber sprechen konnte. Völlig abgesehen davon, würde das Buch ihr auch die bitter nötige finanzielle Unterstützung für ihr weiteres Leben verschaffen. Und ich war mir sicher, dass Doaas Lebensgeschichte den Lesern einen Einblick in die Vorkriegszeit in Syrien und das Leben als Flüchtling in den Nachländern Syriens geben würde. Erst dadurch wird klar, warum so viele Flüchtlinge den gefährlichen Weg übers Mittelmeer auf sich nehmen. Mein Kollege Firas Kayal, ein Syrer, der von Doaas Schicksal tief berührt war, trug viel dazu bei, Doaa und ihre Familie zu überzeugen, dass so ein Buch tatsächlich in ihrem Interesse lag und dass sie mir vertrauen konnten. Doaas instinktive Reaktion war, sich in ihr Trauma zurückzuziehen. Firas half ihr zu verstehen, dass sie anderen Menschen helfen konnte, wenn sie ihre Geschichte mit der Welt teilte.

Um wirklich alles zu erfahren, was für das Buch nötig war, brauchte ich einen Mitarbeiter, der nicht nur fließend Arabisch sprach, sondern auch Verständnis für das Leid des syrischen Volkes aufbrachte. Ich fand diesen Mitarbeiter in Zahra Mackaoui, einer Videojournalistin und Dokumentarfilmerin, die für die UNHCR Berichte über syrische Flüchtlinge im Libanon gedreht hatte. Zahra hat mich mit ihrem Talent – Einzelschicksale mit der Lebenssituation im Nahen Osten zu verknüpfen und so gesellschaftliche Zusammenhänge aufzuzeigen – stets beeindruckt. Dabei zeigte sich stets, mit wie viel Mitgefühl sie dem Leid und den Lebensumständen der Betroffenen begegnete. Sie schaffte es bald, eine enge Bindung zu Doaa und ihrer Familie herzustellen. Ihre fürsorgliche und sensible Herangehensweise baute Vertrauen auf. Die meisten Interviews führten wir gemeinsam. Sie übernahm allein, wenn ich nicht reisen konnte. Alles in allem haben wir wohl gut siebzig Stunden Material aufgezeichnet. Einige der Sitzungen waren für Doaa so schmerzlich, dass wir abbrechen mussten und erst am nächsten Tag weitermachen konnten. Wir waren die einzigen Menschen, denen sie bis dato die Einzelheiten des Geschehens enthüllt hatte. Es schien Doaa zu helfen, dass sie darüber sprechen konnte. Zahra verstand es auch, sie zu trösten, wenn Doaa traurig wurde, und sie zum Lachen zu bringen, um sie ein wenig aufzuheitern. In den sieben Monaten, in denen wir gemeinsam an dieser Geschichte arbeiteten, wurde Zahra Doaas Freundin und Mentorin. Die Transkripte, die Zahra erstellte und die Naglaa Abdelmoneim übersetzte, gaben uns detaillierten Einblick in Doaas Leben. Sie griff immer wieder besonders typische Szenen heraus und fing auch den Umgangston innerhalb von Doaas Familie sehr plastisch ein. Zahra achtete besonders darauf, dass die Transkripte eine kohärente und vollständige Erzählung bildeten. Sie überprüfte die Zeitangaben, versuchte, Erinnerungslücken zu füllen und die emotionale Seite des Erlebten ans Licht zu bringen. Außerdem fügte sie noch wichtige Kommentare und lebhafte Beschreibungen hinzu. So wurde daraus langsam eine schlüssige Geschichte, die darüber hinaus Einblick in Doaas Charakter bot.

Etwa um dieselbe Zeit, in der ich begann, an diesem Buch zu arbeiten, also im Oktober 2015, veröffentlichte das TED-Herausgeberteam unter Helen Walters und Emily

McManus meinen Vortrag auf TED.com. Die Reaktion darauf war phänomenal. Bis zum Dezember 2016, als ich das Buch fertigstellte, hatten meinen Vortrag über 1,3 Millionen Menschen angesehen. Die begabten Übersetzer der TED-Konferenzen hatten ihn entgeltfrei in dreißig Sprachen untertitelt. Ich bin dem Team der TED-Herausgeber sehr dankbar dafür, dass sie die Kraft von Doaas Geschichte erkannt haben und ihr die Plattform der Konferenzen zur Verfügung stellten, um die globale Flüchtlingskrise ins Bewusstsein der Öffentlichkeit zu rücken.

Ich hätte dieses Buch nicht schreiben können ohne Dorothy Hearsts meisterhafte Unterstützung. Sie weihte mich ein ins Auf und Ab des Verlagswesens und in die Kunst, lange Texte zu verfassen. Wann immer ich das Gefühl hatte festzustecken, gab sie mir die nötige Zuversicht und half mir mit Tipps und Tricks, den Schreibfluss wieder in Gang zu bringen. Sie sah die einzelnen Kapitel durch, und ihre Anmerkungen machten die Geschichte bald sehr viel lebendiger.

Ich möchte auch Jane Corbin danken. Ihre BBC-Dokumentation über den Aufstand in Dara'a half mir, den dortigen Bürgerkrieg besser zu verstehen. Weitere wichtige Werke, auf die ich mich stützte, waren: *Burning Country* von Robin Yassin-Kassab und Leila al-Shami sowie Patrick Kingsleys *Die neue Odyssee.* Mein inniger Dank geht auch an all die Bürger, die mit ihren mutigen Video-Aufzeichnungen dafür sorgen, dass die Medien, aber auch Historiker und Autoren wie ich sich überhaupt ein Bild vom Bürgerkrieg in Syrien machen können. Ein herzliches Dankeschön auch an Maher Samaan, der die Fakten rund um die Syrienkapitel überprüft hat.

Bruno Giussanis Anmerkungen erwiesen sich wie immer als sehr hilfreich. Des Weiteren danke ich Ariane Rummery, Sybella Wilkes, Edith Champagne, Christopher

Reardon, Elizabeth Tan, Yvonne Richard und Elena Dorfman dafür, dass sie das Manuskript gelesen und mich stets ermutigt haben. Ganz besonders danke ich Elena für die ausdrucksstarken Portraits, die sie von Doaa gemacht hat.

Pat Mitchell, der TED-Women betreut und mich mit dem Rockefeller Center Fellowship Program in Bellagio in Italien bekannt gemacht hat, verdient ebenfalls meinen Dank. Man hat mir dort ein einmonatiges Stipendium zum Schreiben gegeben, das ich im April 2016 in der wunderschönen Villa der Stiftung am Comer See verbrachte. Das war die ideale Umgebung, um die wichtigsten Kapitel fertigzustellen. Der Geschäftsführerin Pilar Palacia gebührt Dank, weil sie dem Projekt aufrichtiges Interesse entgegenbrachte und Doaa und ihre Familie für erneute Interviews drei Tage an der Ruhe und Bequemlichkeit des Rockefeller Centers teilhaben ließ.

Neben Doaas Berichten lieferten auch einige andere Interviews wichtige Grundlagen für das Buch. Ich danke Hanaa, Shokri, Saja und Nawara, die stets unermüdlich all meine Fragen beantworteten und mir so Zugang zu ihrem Familienleben ermöglichten. So wurden die Person Doaa vor der Tragödie sowie die Liebesgeschichte zwischen Doaa und Bassem für mich lebendig und greifbar. Die Interviews mit Doaas Schwestern, Ayat im Libanon und Asma in Jordanien, gaben mir weitere Einblicke in Doaas Persönlichkeit und den Kampf, den sie ausfechten musste, um Bassems Tod akzeptieren zu können.

Auch dem Arzt von »Ärzte ohne Grenzen«, der Doaa und Bassem im Gefängnis in Ägypten besuchte, aber ungenannt bleiben möchte, bin ich Dank schuldig. Er hat mir berichtet, wie angegriffen Doaas und Bassems Gesundheit damals schon war und wie stark der Optimismus und die Liebe der beiden füreinander waren.

Mein tiefempfundener Dank gilt Svante Somizlaff von der Offen Group, einer Reederei in Hamburg. Die CPO *Japan,* die Doaa gerettet hat, gehört zu ihrer Flotte. Svante hat uns geholfen, die Einzelheiten von Doaas Rettung zu rekonstruieren. Er hat seine Personalabteilung angewiesen, die drei genannten Männer ausfindig zu machen, die zu dieser Zeit an Bord waren: Kapitän Vladislav Akimov, Erster Offizier Dmytro Zbitnyev und Ingenieur Vladislav Daleckis. Sie haben per Mail ausführlich auf meine Fragen geantwortet. Diese Interviews bestätigten das Timing der Rettungsaktion und lieferten Details, die Doaa nicht kennen konnte, zum Beispiel die Entschlossenheit des Kapitäns, weiter nach Überlebenden zu suchen, obwohl das andere Handelsschiff schon aufgegeben hatte, das Wetter schlecht und die See rauh war. Sie berichteten, wie sie Doaa rufen hörten und wie man sie am Ende doch fand, wie man sie und die Mädchen medizinisch versorgte und wie die kleine Malak starb.

Auch den Piloten John Fragkiadoukis und Antonios Kollias von der Hellenic Air Force möchte ich danken, denn sie haben mir in allen Einzelheiten von der Rettung Doaas, Masas und der anderen Passagiere berichtet, ja mir sogar das Video geschickt, das sie gemacht hatten, als die Überlebenden vom Schiff in den Hubschrauber gebracht wurden. Für sie sind solche Rettungsaktionen Alltag, doch speziell an diese erinnerten sie sich, denn die junge Frau und das Mädchen standen deutlich an der Schwelle des Todes, und es war bereits für sie nahezu ein Wunder, dass Doaa und Masa die lange Zeit auf See überhaupt überlebt hatten.

Mein inniger Dank gilt auch Aurvasi Patel und Diane Goodman, die mit ihrem Einsatz die Arbeit der griechischen, ägyptischen und schwedischen Behörden koordinierten, damit Doaa und ihre Familie in Schweden ein

neues Leben anfangen konnten. Dank ihnen darf Doaa nun wieder hoffen.
Ein herzliches Dankeschön an Brandon Stanton, bekannt für seinen Blog *Humans of New York*, sowie an die Schriftsteller Khaled Hosseini und Neil Gaiman, die mich unterstützt haben. Auch meine Kollegin Coco Campbell stand immer hinter mir.
Obwohl ich dieses Buch als Privatperson geschrieben habe, hatte ich die volle Unterstützung des damaligen UN-Hochkommissars für Flüchtlinge António Guterres. Er glaubte, dass dieses Buch die öffentliche Wahrnehmung der Flüchtlinge wirklich verändern könne. Außerdem möchte ich hier noch einmal erklären, dass der Großteil der Einkünfte aus diesem Buch als Spende an Organisationen der Flüchtlingshilfe gehen wird.
Ich schrieb dieses Buch, als die Flüchtlingskrise in Europa täglich für Schlagzeilen sorgte und meine Arbeitsbelastung in der UN-Flüchtlingshilfe unvermindert hoch war. Von daher geht mein ganz spezieller Dank an meine beiden Kinder, Alessi und Danny; nicht nur für ihr Verständnis, sondern auch für ihr Interesse und ihre Anteilnahme beim Entstehen des Buches und vor allem für ihre ermutigenden Worte, die mich immer dann zum Weitermachen motivierten, wenn ich an mir zweifelte. Und besonders bedanken möchte ich mich bei meinem Mann, der mit seiner Liebe und seinem Rat die Basis dafür geschaffen hat, dass ich beim Schreiben dieses Buches niemals meine Zuversicht verlor, dass wir eines Tages in einer humaneren Welt leben werden.

UNO-FLÜCHTLINGSHILFE:

Leben retten, Perspektiven schaffen

Das UN-Flüchtlingshilfswerk (UNHCR) hat 1951 von der Völkergemeinschaft das Mandat erhalten, Flüchtlinge weltweit zu schützen. Heute ist UNHCR in rund 125 Ländern im Einsatz und zählt damit zu einer der größten Hilfsorganisationen.

Seine Helfer leisten lebensrettende Nothilfe – oft unter extremen Bedingungen in entlegenen und gefährlichen Krisenregionen. Bildungsprogramme und einkommensschaffende Maßnahmen schaffen Perspektiven, damit Flüchtlinge wieder unabhängig von fremder Hilfe werden.

UNHCR steht den Menschen zur Seite – vom Ausbruch einer Flüchtlingskrise bis zu dem Moment, in dem dauerhafte Lösungen gefunden wurden. Für diese Arbeit wurde UNHCR bereits zweimal mit dem Friedensnobelpreis ausgezeichnet.

Seit über 30 Jahren unterstützt die UNO-Flüchtlingshilfe als deutscher Spendenpartner von UNHCR die weltweite Hilfe für Menschen auf der Flucht.

Spendenkonto: Sparkasse KölnBonn
IBAN: DE78 3705 0198 0020 0088 50
BIC: COLSDE33

Jasna Zajcek

KALTLAND

Unter Syrern und Deutschen

Der harte Alltag der Integration und der Willkommenskultur

Jasna Zajcek will wissen, welche Menschen aus Syrien nach Deutschland kommen, wie der Krieg sie geprägt hat, worauf sie hoffen, was sie antreibt. Sie unterrichtet als Deutschlehrerin in Sachsen Flüchtlinge, recherchiert in Berlin und im Westen unter Pegidisten, Gutmenschen und Sozialarbeitern. Zajcek zeichnet das Bild eines kalten Landes.

Kaltland, denn das Geschäft mit den Flüchtlingen ist wichtiger als ein menschliches Willkommen. Kaltland, denn Angst und Ressentiments greifen auch unter liberalen Städtern um sich. Kaltland, denn viele Flüchtlinge sind schlecht ausgebildet, verbinden hohe Erwartungen mit geringer Lernbereitschaft, finden die Demokratie dubios und den CSD widerlich. Kaltland ist das Deutschland der Gegenwart. Dieses Buch ist ein Blick in den Spiegel und eine Agenda für die Politik, die »das« wirklich schaffen will.

DROEMER